Friederike Achilles   Philipp Rusch

Die beste
Entscheidung
unseres Lebens

Friederike Achilles   Philipp Rusch

DIE BESTE
ENTSCHEIDUNG
UNSERES LEBENS

Wie wir einfach loszogen
und um die halbe Welt
reisten

Kiepenheuer
& Witsch

Verlag Kiepenheuer & Witsch, FSC® N001512

3. Auflage 2016

© 2015, Verlag Kiepenheuer & Witsch, Köln
Alle Rechte vorbehalten. Kein Teil des Werkes darf in irgendeiner
Form (durch Fotografie, Mikrofilm oder ein anderes Verfahren) ohne
schriftliche Genehmigung des Verlages reproduziert oder unter
Verwendung elektronischer Systeme verarbeitet, vervielfältigt oder
verbreitet werden.
Umschlaggestaltung: Barbara Thoben, Köln
Umschlagmotive: © privat
Illustration Umschlaginnenseiten: Markus Weber, Guter Punkt, München
Gesetzt aus der Aldus und der Frutiger
Satz: Buch-Werkstatt GmbH, Bad Aibling
Druck und Bindung: CPI books GmbH, Leck
ISBN 978-3-462-04810-0

Für Nonna

I asked myself for peace
And found a piece of me
Staring at the sea

FUTURE ISLANDS, *A Dream of You and Me*

Inhalt

Im Blick zurück entstehen die Dinge

Kein trister Tag, wie wir befürchtet hatten, kein Grau in Grau, es regnet nicht, keine Wolken hängen am Himmel. Wir atmen tief ein und aus. Die Luft um uns herum ist so frisch und sauber. Und oh, es riecht so gut. Kühl und klar. Die Herbstsonne strahlt, alles leuchtet golden.

Deutschland im Oktober. Ein Land zum Aufsaugen. Es ist ein schöner Empfang.

Nach knapp neun Monaten sind wir zurück. Schon allein für diesen Moment, für die ersten Tage zurück an dem Ort, den wir Heimat nennen, hat sich unsere Reise gelohnt. Denn wir entdecken unser eigenes Land ganz neu.

Und wir stellen fest: Es ist ein seltsames Land mit seltsamen Sitten. Die Autofahrer hupen nicht, beim Fahren schaut man auf Schilder mit verschiedenen Hinweisen und befolgt diese, sonst passieren ganz schnell Unfälle. Kühe leben auf eigenen Grundstücken mit eigenen Häusern. Die Geldscheine sind so klein, doch kostbar; man sollte sie nicht beschriften. Die Menschen erscheinen uns schüchtern; wenn man sie anlächelt, schauen manche von ihnen ganz verdutzt. Taxifahrer sitzen hinter verschlossenen Fenstern, sie beachten einen nicht, sie rufen nicht, sie bieten sich nicht an. Im Geschäft ist man es selbst, der den Verkäufer fragt: »Entschuldigung, darf ich Sie kurz stören?«

Schon nach ein paar Wochen sind wir wieder *da*, wieder Teil des Ganzen, jedenfalls stehen wir nicht mehr wie Außerirdische vor Geschäftseingängen und betrachten verwundert Details wie etwa die Aufkleber mit einem Schäferhund und dem Satz *Wir müssen leider draußen bleiben.*

Doch die ersten Tage unserer Heimkehr, in denen wir staunend durch dieses unser Land wandeln und wie Süchtige all die Farben, den Duft aufsaugen, werden wir nie vergessen.

Aber von vorn. Wir hatten also beschlossen, den Ausstieg auf Zeit zu wagen, das Ersparte auf einen Haufen zu werfen und die Welt zu erkunden.

Fest stand für uns nur, dass wir zuerst nach Kuba – eines unserer Sehnsuchtsländer, das wir außerdem als sonnigen Einstieg ganz angenehm fanden – und dann durch Mittel- und Südamerika reisen wollten. Vor allem die Andenstaaten faszinierten uns sehr, da wollten wir unbedingt hin. Der Rest fügte sich dann auch recht schnell: Da Philipp eine große Familie in Indien hat, beschlossen wir, sie dort zu besuchen. Also würden wir nach Südamerika noch eine Reise durch Südost- und Südasien dranhängen – günstige Länder mit Strand und Sonne, das klang gut. Und so begab es sich, dass wir die halbe Welt bereisen würden: Südamerika und Asien.

Knapp ein Jahr später konnten wir dann endlich das Flugzeug nach Kuba besteigen. Wir hatten keine großen Pläne, keine festen Routen – nur die vage Idee, in welche Richtung es gehen würde.

So zogen wir einfach mal los. Auf ein Blog stellten wir immer wieder Fotos und kleine Geschichten von unserer Reise. Lustige Begebenheiten, traurige Momente, aufregende. Unser gemeinsames Reisetagebuch. Wir sind kläglich daran gescheitert – nach dem ersten Viertel unserer Reise wurden die Einträge spärlicher und spärlicher. Das ist nicht nur sehr schade, sondern auch eine Bedrohung für das eigene Erinnerungsvermögen. Wenn man eine Reise nicht dokumentiert, das Geschehene nicht aufschreibt, sucht dieses sich irgendwann aus, wie es, wo es und wann es passiert ist. Dem Gedächtnis traut man besser nicht über den Weg – es ist unseriös. Dieses Buch schreiben zu dürfen, war also ein

Im Blick zurück entstehen die Dinge

Glücksfall. Es ist zu bezweifeln, dass unsere Erlebnisse, wenn uns dieses Buch nicht dazu ermutigt hätte, jemals den Weg aufs Papier gefunden hätten.

Doch man kann natürlich niemals all das erzählen, was einem in so einer Zeit widerfährt. Es ist einfach zu viel. Zum einen, das wird jeder Langzeitreisende kennen, fehlen oft die richtigen Worte, um zu beschreiben, was eine solche Reise mit einem macht. Wie sie einen verändert. Die Geschichten in diesem Buch sind also immer nur eine Annäherung, oder sagen wir, eine Umrundung der Welt und ein zaghaftes Umkreisen des Eigentlichen. Kleine Spotlights auf der großen Weltenbühne.

Zum anderen würden all die Geschichten und Erlebnisse den Rahmen dieses Buches sprengen – es würde in keinen Rucksack mehr passen. Es gibt so vieles, von dem wir gerne noch erzählt hätten. Wie Philipp mit drei Schuhputzerjungen in Cusco einen McDonald's leer kaufte. Wie wir nach fünf anstrengenden, kalten Monaten in Südamerika bei unseren Freunden Jan und Ivan in San Francisco wohnten und uns fühlten wie neugeboren, und wie uns Kim und Christian vierzehn Tage lang ihr Kambodscha zeigten. Von unserem nepalesischen Freund Ram würden wir erzählen, dem vielleicht warmherzigsten Menschen der Welt, der uns drei Tage durchs Annapurna führte und eines Abends stolz einen viermal gefalteten und an den Rändern zerfledderten Zeitungsartikel hervorkramte: ein Porträt über ihn, erschienen im deutschen Magazin *brand eins*. Für immer unvergesslich wird für uns bleiben, wie wir mit dem polnischen Footballspieler Oskar und seiner Frau Ada eine irrwitzige Woche lang mit dem Nachtzug durch Indien reisten und überall für Massenhysterie sorgten, weil die Inder den riesigen Oskar feierten wie einen Superstar.

Oder wie uns der junge indische Bauer Sanjiv, der uns tagsüber in Khajuraho auf unserer Tempeltour begleitet hatte, abends abholte, um uns einen schönen Platz für den Sonnenuntergang zu zeigen. Ada, der riesengroße Oskar, wir beide und Sanjiv quetschten uns in die Motorriksha seines Freundes, und wir fuhren und fuhren und fuhren. Aus der Stadt hinaus, über einsame Felder, durch unberührte Gegenden. Wir wurden langsam skeptisch. Der leicht paranoide Oskar war sicher, dass wir hinter der nächsten Biegung umgebracht werden würden, und auch wir beide dachten beklommen zurück ans gefährliche Südamerika. Waren wir zu vertrauensselig gewesen, war das hier jetzt doch unser Ende? Aber dann kletterten wir zusammen auf einen hohen Felsen. Dort saßen wir und thronten über dieser unvergleichlichen indischen Landschaft. In den Bachläufen spiegelte sich das rote Licht der untergehenden Sonne. Und Sanjiv sagte:

»Das hier ist mein Lieblingsplatz. Es gibt keinen schöneren, um den Sonnenuntergang zu sehen. Ihr seid zu Gast in meinem Land, also in meinem Zuhause, und darüber bin ich so glücklich. Ihr seid meine Freunde, und ich will euch mein Land von seiner schönsten Seite zeigen, damit ihr es nie wieder vergesst.«

Genau das ist es, was Reisen mit einem macht, was die vielen Begegnungen mit Menschen mit einem machen. Es lässt sich nicht in Worte fassen. Wir können einfach nur Danke sagen. Und immer wieder nur eins: Diese halbe Weltreise war die beste Entscheidung unseres Lebens.

Köln, im Mai 2015
Friederike und Philipp

KUBA

Sabbatical – endlich fremdbestimmt!
Friederike

Als wir auf Kuba, der ersten Station unserer Reise, ankommen, sehr spät abends, und die halbe Nacht an diesem unglaublichen Strand mit dem noch viel unglaublicheren Sternenhimmel über uns sitzen, finden wir am allerunglaublichsten, dass wir jetzt tatsächlich: FREI sind. Dass neun Monate vor uns liegen, in denen wir tun und lassen können, was wir wollen. Keine Zwänge mehr, niemand, der vorgibt, was gemacht werden muss. Dass wir uns von jetzt an wirklich nur noch treiben lassen können.

Was wir, frisch aus dem deutschen Alltag ins Reiseabenteuer gepurzelt, allerdings noch nicht ahnen: Mit dieser Freiheit auf Reisen, das ist so eine Sache. Schon bald wird Fremdbestimmung – viel mehr als zu Hause, oder sagen wir besser, auf eine ganz andere Art und Weise – zu unserem Alltag gehören. Gerade Kuba hat dieses System perfektioniert; wenn man wollte, könnte man sich hier einfach wochenlang durchreichen lassen, von einem Bekannten zum nächsten Freund. Manchmal ist es etwas anstrengend, sich dagegen zu wehren – und wir beide beschließen meistens schnell, nicht allzu viel Energie darauf zu verwenden.

Für unsere Auszeit gilt: Der Eintrittspreis zur großen Freiheit sind die vielen kleinen. Täglich müssen etliche Entscheidungen getroffen werden, wichtige und unwichtige – da ist es manchmal auch ganz nett, wenn sie einem abgenommen werden.

Was man dabei gewinnt, ist ein völlig neues Gefühl für Urvertrauen. Wirf dein Herz voraus – und du wirst Dinge erleben, die dir sonst nicht passiert wären, du wirst interessante Begegnungen haben, du wirst geheime Plätze entdecken und, und das ist das Wichtigste, einen Riesenbatzen Herzenswärme zurückbekommen.

Kuba, diese bunte sozialistische Insel, die »DDR unter Palmen« ist unsere beste Lektion in Sachen Fremdbestimmung.

Nach ein paar Tagen in Varadero wollen wir nach Trinidad an der Südküste – einmal quer über die Insel. Reisen geht hier so: Man geht zum großen Busterminal, um für den nächsten Tag ein Busticket zu kaufen. Bevor man es jedoch überhaupt bis zum Schalter schafft, wird man von einer Armada von Taxifahrern abgefangen, die einem Fahrten »a mismo prezio«, zum selben Preis wie die Busfahrt, aufdrängen. Tritt man aus dem Terminal wieder heraus, hat man einen Fahrer engagiert – oder umgekehrt –, der einem sagt, um wie viel Uhr man fertig zu sein habe.

Am nächsten Morgen sitzen wir also brav mit gepackten Rucksäcken vor unserem Hotel und – warten erst mal, claro, sind ja in der Karibik hier. Als wir gerade überlegen, ob wir einen neuen Fahrer anheuern sollen, kommt das Taxi doch noch um die Ecke. Wir quetschen uns zu zwei italienischen Jungs auf die Rückbank. Nachdem der Motor repariert / kurzgeschlossen / gekühlt ist, kann es auch schon losgehen.

Coco, unser Fahrer, ist ein bisschen wahnsinnig. Er brettert mit uns in einem Irrsinnstempo quer durch Kuba, und dazu läuft in ohrenbetäubender Lautstärke Salsa und Merengue. Nach zwei Stunden habe ich vage Halluzinationen von Musik-

folter in Gefängnissen, nach drei Stunden ist das Hirn weichge-
dudelt.

Die Straßen, schlaglochübersäte bessere Feldwege, führen
mitten durch kleine Dörfer hindurch, wo wir ohne erkennbaren
Grund mal links, mal rechts abbiegen, mitten durch Wohnvier-
tel – und das vier Stunden lang. Ich sehe in der gesamten Zeit
fünf Straßenschilder; mit einem Mietwagen wären wir wohl
tagelang im Kreis gefahren. Immer wieder stehen große Men-
schentrauben an Kreuzungen oder Tankstellen und warten darauf, mitgenommen zu werden. Ein Auto können sich nur wenige Kubaner leisten, öffentliche Verkehrsmittel funktionieren
kaum. Am Wegesrand grasen abgemagerte Pferde, überhaupt
sind Pferde das allgegenwärtige Haupttransportmittel – überall fahren kleine Kutschen herum, auch in den Städten. Wie die
Leute ihre Pferde wiederfinden, wenn sie da so im Nirgendwo
an der Straße stehen (nur selten ist mal eins angebunden, und
um sie herum ist nur kilometerweite Weite), ist mir ein Rätsel. Ich denke eine Weile darüber nach und beschließe irgendwann: Diese Pferde *gehören* gar niemandem, man besitzt hier
kein spezielles Pferd, sondern man nimmt einfach immer das
nächstbeste, wenn man gerade eins braucht. Wir leben schließlich im Kommunismus.

Nachdem er uns für eine halbe Stunde an einer Tankstelle
vergessen hatte, nimmt Coco wieder seine halsbrecherische
Fahrt auf, eine Hand ständig an der Hupe. Das hat nichts mit
fröhlich-exotischer Karibik zu tun, wie wir Deutschen es so
gern mögen – dieser Mann ist eindeutig hupneurotisch. Im Lauf
der Zeit versuche ich herauszufinden, wann genau Coco hupt.
Hier meine Ergebnisse: a) Wenn er überholen will, b) wenn ein
Fahrzeug es wagen könnte, möglicherweise vor uns auf unsere
Straße einzubiegen, c) wenn er sich von hinten Radfahrern,
Kutschen und Fußgängern nähert, d) wenn er sich ebenjenen
von vorne nähert, e) zum Gruß bei ungefähr allen vorbeifah-
renden Transportmitteln, f) zum Gruß bei ungefähr allen Ein-
wohnern der Dörfer, durch die wir fahren, g) wenn wir an gottverlassenen Haciendas vorbeifahren, h): Ich gebe auf.

So tuten und dudeln wir uns jedenfalls durch die Gegend, bis wir ziemlich ermattet in Trinidad ankommen. Philipp und ich hatten uns im Reiseführer ein nett klingendes Casa Particular, ein Gästezimmer bei einer Familie, ausgesucht, da soll Coco uns hinfahren. Das war so *unsere* Idee von Taxifahren. Coco sieht das anders: Seine Cousine vermietet auch ein Zimmer, das ist garantiert besser, er fährt uns jetzt erst mal dahin und wir gucken das zuerst an. Es fühlt sich nicht so an, als hätten wir eine Wahl. Aber ja, das Zimmer bei Marina gefällt uns, es gibt Frühstück auf der Dachterrasse; wir bleiben.

Im Gästebuch des Casa hat jemand hinterlassen: »Trinidad is a tourist trap. But a nice one.« Besser kann man es nicht ausdrücken. Es ist eine sehr touristische Stadt, und man hat immer ein bisschen das Gefühl, durch ein eigens hergerichtetes Katalog-Kuba zu wandeln, ein Disneyland des Kolonialstils, aber das ändert ja nichts daran, dass es wunderschön ist. Außerdem auch extrem entspannt. Die Uhren ticken hier, wie generell auf Kuba, tatsächlich irgendwie langsamer. Wir genießen diese lockere, angenehme Atmosphäre und lassen uns mit Mojito *para llevar* durch die Gassen treiben.

Am zweiten Tag fahren wir per Cocotaxi – nicht zu verwechseln mit Cocos Hup-Salsa-Taxi; das sind kleine gelbe Halbkugeln auf Rädern, in denen man wie in einem Sechzigerjahre-James-Bond-Sessel Platz nimmt – zum zwölf Kilometer entfernten Strand. Meer, Himmel, Sonne, Ruhe, herrlich. Bis Philipp an der Strandbar steht und ein »Eeeh, amigo!« hinter sich hört. Da steht tatsächlich, strahlend: Coco, der wahnsinnige Taxifahrer. Oh, äh, hallo. Schön, dich wiederzusehen … Dass wir später mit ihm zurück in die Stadt fahren, versteht sich von selbst; nichts, worüber man unnötige Worte verlieren müsste. Ganz so wie eine Katze sich ihren Besitzer selbst aussucht, scheint es sich hier mit Taxifahrern und ihren Fahrgästen zu verhalten.

Als Coco uns bei Marina absetzt, haben wir irgendwie für den nächsten Tag einen Ganztagsausflug mit ihm verabredet, keine Ahnung, wie das passieren konnte. Aber er möchte eben, dass wir möglichst viel von Kuba kennenlernen – dass das Honorar für so einen ganzen Tag bei Weitem den Monatslohn der meisten Kubaner übersteigt, ist für ihn natürlich völlig nebensächlich. Generell ist den Kubanern sehr daran gelegen, ihren Besuchern die schönsten Seiten ihrer Insel zu zeigen. Ob man selbst genau diese Seiten sehen wollte oder vielleicht andere Pläne hatte, ist für sie eher zweitrangig.

Sozialismus ist Turbokapitalismus hinter vorgehaltener Hand. Die Hand liegt auf Castros Augen. Und er schaut durch einen Fingerspalt hindurch und denkt: »Na, läuft doch.« (P.)*

Coco jedenfalls entlässt uns an diesem Abend mit der Ansage, wann wir morgen früh fertig zu sein haben. Na gut, warum nicht mal ein bisschen Umgebung und Natur kennenlernen. Und so verbringen wir schon den dritten Tag mit unserem neuen Freund und seinem ohrenbetäubenden Salsa-Gedudel. Wir sehen einen Mann mit einer Tarantel in einer Schachtel, mit der man für einen CUC Fotos machen kann. Wir wandern drei Stunden lang durch den Dschungel – es sind nur 2,5 Kilometer, aber es geht so dermaßen über Stock und Stein und bergauf, bergab, dass wir am Ende (dieses Klima!) völlig abgekämpft am Höhepunkt der Wanderung, einem Wasserfall, ankommen. Zum Glück wartet Coco in dieser Zeit im Taxi; ich will mir gar nicht ausmalen, wie wir unter seiner Führung durch den Dschungel gehetzt wären.

Und wir lernen ein Paar kennen, von dem die eine Hälfte (Alberto, Kubaner) warmherzig und relaxt ist und die andere Hälfte (Doris, Schwäbin) gemein und hektisch. Wir laden sie ein, mit uns zurück nach Trinidad zu fahren. Für uns ganz logisch: Super, wir sind zu viert, lasst mal die Taxikosten teilen! Am Morgen hatten wir mit Coco einen Fixbetrag für den ganzen Tag ausgehandelt – wobei, was heißt ausgehandelt. Coco nannte eine

---

* Nicht wundern, manchmal kommentiert der eine von uns den anderen. P. steht für Philipp, F. für Friederike.

Zahl, und wir sagten: »Sí, vale.« Als wir jetzt zu viert aus dem Dschungel zurückkehren, ist Coco überhaupt gar nicht begeistert. Seine Logik lautet: Je voller das Taxi, desto mehr Spritverbrauch, ergo höherer Fahrtpreis. Doris – wir erinnern uns, sie ist aus Schwaben – akzeptiert das mit dem höheren Preis natürlich nicht, und Alberto muss jetzt verhandeln. Mir ist das alles äußerst unangenehm, ich gehe ins innere Exil. Philipp hat mehr mitbekommen:

Alberto und Coco reden und reden, und es wird teurer. Unser Fixpreis bleibt, und die beiden neuen Fahrgäste zahlen noch mal dasselbe. Während wir beide der Gleichgültigkeit darüber Schritt für Schritt näher kommen, beißt Doris sich fest, und Alberto (»Alberto, jetzt mach doch mal!«) muss das regeln. Sie versteht Spanisch, aber sie redet nicht mit. Sie schreit Alberto nur an, auf Schwäbisch, Alberto stattet alle halbe Minute Bericht ab über den aktuellen Stand des Fahrpreises. Ich verstehe nichts mehr. Mal ist es doppelt so teuer, dann kostet es genauso viel, dann will sie überhaupt nicht mehr mitfahren, dann hat Alberto Kopfschmerzen und ich gleich Heimweh. Wir fahren los, geeinigt hat sich hier niemand. (P.)

Ich habe vergessen, was wir nun am Ende zahlen mussten – aber Coco dankt es uns mit noch aggressiverer Fahrweise, *noch* lauterer Musik und extrem schlechter Laune. Langsam macht er mir Angst.

Am Tag darauf müssen wir leider unser Zimmer bei Marina verlassen, sie ist ausgebucht. Aber wir hatten da ja noch dieses andere hübsche im Reiseführer gesehen, da könnten wir es ja jetzt mal … Ach nein, was rede ich, wir sind ja in Kuba. *Selbstverständlich* hat Marina bereits am Vorabend bei einem guten Freund angerufen, der ebenfalls ein Zimmer vermietet, und uns bei ihm angemeldet. Nein nein, no problema, das ist … toll. Ehe wir uns versehen, materialisiert sich neben dem Frühstückstisch auch unser spezieller Amigo schon wieder. Ach Coco, du auch hier? Der grinst diabolisch und packt schon mal unsere Rucksäcke in sein Auto. Wir versuchen gar nicht erst zu widersprechen.

Als wir Trinidad schließlich schweren Herzens verlassen, um nach Camagüey weiterzureisen, schaffen wir es auf wundersame Weise, dies ohne Coco zu bewerkstelligen. Ich hatte schon Visionen von einem zweiwöchigen Kuba-Trip an Cocos Seite – aber wir haben einfach ganz heimlich einen Bus gebucht und schleichen uns leise von dannen.

Als wir in Camagüey ankommen und in ein Tuktuk umsteigen, fragt der Fahrer, ob wir denn schon eine Unterkunft hätten. Er kenne da jemanden …

Unser Soli-Beitrag:
Ein Kubaner mit DDR-Vergangenheit

Philipp

Als Juan an diesem Samstagmorgen gegen zehn Uhr erwacht, findet er einen kleinen Fetzen von den Blättern der Pfefferminze zwischen seinen strahlend weißen Schneidezähnen. Er entfernt ihn, legt ihn auf sein Nachttischchen aus dunklem karibischen Holz, betrachtet ihn stumpf, dann dreht er sich noch mal um. Nach ungefähr einer Stunde erwacht er erneut, diesmal aus einem Nickerchen, das ihm zur Erholung genügen muss, Erholung von einer zu kurzen Nacht, die außerdem von einem unruhigen Traum begleitet wurde, die aber nun unwiederbringlich zu Ende ist und ihn, den verkaterten Juan, unbarmherzig aus dem Bett wirft. Er wischt den Dreck vom Nachttisch, richtet sich auf, richtet sein Unterhemd, stattet der Toilette einen laut plätschernden Besuch ab und betritt dann die Küche. Dort findet er seine nichtsnutzige Stieftochter vor, sich selbst die Haare flechtend und, so behauptet er, nichts, absolut nichts denkend. Dummes Ding. Was weiß sie von der Welt? Wüsste sie, wie ein Springer beim Schach laufen dürfte, wenn sie fragte? Wohl kaum.

Da ist seine Frau. Sie haben bessere Zeiten gesehen. Er küsst ihr dickes schwarzes Haar. Kokosöl, daran hat sich in den vergangenen fünfunddreißig Jahren nichts geändert.

Es war in den Achtzigerjahren des vergangenen Jahrtausends,

eine Mauer verlief durch Deutschland. Juan ist Anfang zwanzig, seine Frau lernt er gerade kennen, er muss um sie buhlen, endlich, sie verabredet sich mit ihm, da werden sie ein Paar. Und wie es eben so ist, passieren in ereignisreichen Zeiten viele verschiedene Dinge, die nicht immer in Einklang zu bringen sind. Juan erhält ein Angebot; eine Ausbildungsstelle für irgendwas mit Optik bei den Carl-Zeiss-Werken in Jena. Jena. Aus den Buchstaben dieses unbekannten Ortes lässt sich fast Juans eigener Name bilden. Juan liebt es, seine Frau zu lieben, doch er weiß schon sehr bald: So schlecht kann es nicht sein, nach Deutschland zu gehen. Es wird sogar sehr gut sein, wie in Kuba, nur vielleicht noch etwas besser.

Juan fährt im November des Jahres 1983 in die Deutsche Demokratische Republik. Es ist ein ungewöhnlich warmer Novembertag, vierzehn Grad lassen sich auf dem Thermometer draußen vor der Tür des Wohnheims ablesen. Viel mehr Informationen kann Juan noch nicht verstehen, die Sprache muss er erst noch lernen. Er zittert, er friert.

Seine Zeit in Deutschland wurde gut, er hatte viel Spaß. Sie nannten ihn nicht Juan, sie riefen ihn Camagüey, weil er von dreizehn Kubanern bei Carl Zeiss der einzige aus dieser Provinz war. Juan gefiel das, er repräsentierte hier etwas.

Friederike und Philipp standen in der Menge, sahen sich die Feierlichkeiten zur Fünfhundert-Jahr-Feier der Stadt Camagüey an und tauschten sich in ihrer Muttersprache aus. Da hatten sie einen stillen Zuhörer, der lauschte. Bis die Menge sie auseinandertrieb und die beiden für einen kurzen Moment trennte. Wir kehren gleich zurück an diesen Ort …

Aber wissen wir schon, wie es Juan weiter erging? Wir wissen: Er blieb fünf Jahre in Jena, er schloss seine Ausbildung ab, kehrte zurück nach Kuba und arbeitete schließlich nie in seinem erlernten Beruf. Da ertönten schon die ersten Hämmer, die auf Meißel klopften, die Mauer wurde in faustgroßen Stücken in Plastik verpackt und für fünf D-Mark das Stück verkauft.

Alle hatten dieselben Ohrwürmer; man stand abwechselnd im *Wind-of-Change*-Kanal der Scorpions oder suchte mit David Hasselhoff wieder und wieder nach der Freiheit. Als Letzterer in der Silvesternacht 89/90 in einer leuchtenden Lampenjacke auf der Berliner Mauer auftrat, fragte sich so mancher RTL-Zuschauer, ob wir *das alles* jetzt tatsächlich Michael Knight und der Foundation für Recht und Verfassung zu verdanken hatten. Die Mauer war weg.

Als ich Juan frage, wie das für ihn war, der Zusammenbruch der DDR, sagt er, ihm habe es nicht gefallen, wie jeder fortan nur an den Konsum irgendwelcher Dinge dachte, wie viele ihr Land verließen, unsolidarisch kam ihm dies vor, wie ein Land leerer und leerer wurde, weil es das eh schon war, leer und arm an Dingen, die man kaufen und machen konnte.

Als Juan jedenfalls in sein Land zurückkehrte, hatte er eine Tochter. Eine einmalige Sache war das. Zwischen seiner Frau und einem, der da war, als Juan es nicht war. Das ist seine Stieftochter. Sie ist faul, erfahren wir, mehr nicht.

Juan macht alles Mögliche, um sich und seine Familie über Wasser zu halten. Was, das erzählt er nicht so recht. Er verrät, dass er heute Schachlehrer für Schulkinder ist. Die Mädchen hätten nicht so viel Lust darauf wie die Jungen, Mädchen hätten grundsätzlich wenige Interessen. Juan wurde nach seiner Zeit in der DDR auch Schach-Vizemeister von Camagüey, wieder repräsentierte er seine Provinz. Er scheint viele Talente zu haben. Und jetzt?

Friederike und ich stehen auf einem zentralen Platz; um uns herum tanzen Schulkinder Salsa wie die Großen (es sieht sehr niedlich aus), irgendwo wird sehr lauter Billigtechno gespielt, es gibt Feuerwerke, Jonglage, Budenzauber – eine Stadt feiert ihren 500. Geburtstag. Als wir uns kurz aus den Augen verlieren, spricht mich ein Mann auf Spanisch an, ich verstehe nicht, frage ihn, ob er Englisch kann, er fragt, woher ich komme, und von da an sprechen wir deutsch. Juan ist sein Name, und sein Deutsch ist sehr gut. Später wird er behaupten, er hätte mich gefragt, wie lange die Feierlichkeiten andauern würden, weil er mich für einen Einheimischen gehalten habe. Tatsächlich fragt er mich, als ich ihn dann verstehe, was wir hier machen. Ich weiß keine Antwort darauf, ich sage ihm, was wir unmittelbar zu tun gedenken, und das ist essen, wir hatten gerade ein bestimmtes Restaurant gesucht. Es ist schwierig, in größeren touristischen Orten Kubas nach dem Weg zu fragen, wenn es sich bei den Orten, die man sucht, um Restaurants oder Casas Particulares handelt, denn einige der Kubaner kennen meistens einen besseren Ort zum Essen, an dem es besser schmeckt und billiger ist, der zentraler ist und die besseren Betten hat. Sie heißen Jineteros* und erhalten Provisionen von den Läden, in die sie die Turistas bringen.

Das Lokal, das uns Wolfgang empfohlen hatte (Wolfgang Ziegler hat unseren Reiseführer geschrieben für den Michael Müller Verlag, inzwischen unterhalten wir eine sehr innige Beziehung zu ihm), kannte niemand, dafür andere Lokale. Juan kennt da auch etwas, gleich in der Nähe, wir sollen ihm einfach folgen. So ganz in der Nähe ist es nicht, ein bisschen schäme ich mich, ihm hinterherzulaufen, zumal er auch ständig irgendjemanden auf der Straße grüßt und ich mich des Eindrucks nicht erwehren kann, dass die Grüßenden etwas Mitwissendes im Blick tragen, was mich dazu bringt, mich dumm und ganz blöd zu fühlen.

Jetzt aber hinterher, Juan hat einen strammen Schritt drauf. Wir landen in einer unbelebten Gasse. Das Restaurant ist nicht sehr deutlich als solches gekennzeichnet, da stehen aber Tische im Eingangsbereich, wir laufen hindurch, auch noch durch die

---

* Der Jineterismo hat viele Gesichter. Viele bringen mit diesem Begriff ausschließlich Prostitution in Verbindung. Aber ein Jinetero oder eine Jinetera kann auch ganz andere Geschäfte betreiben. Er oder sie kann versuchen, dir olle Zigarren anzudrehen oder irgendwelche Schmuckstücke, die Che Guevaras Konterfei zieren, Nippes halt. Oder eine wunderbar irgendwie kubanisch gekleidete Frau steht auf der Straße, du machst ein Bild von ihr, und dann will sie Geld von dir. Fertig. Oder der Jinetero kommt in Gestalt eines netten Typen daher, der auch mal guten Rum trinken möchte und dafür deine Gesellschaft sucht. Kurz: Ein Jinetero ist ein kubanischer Staatsbürger, der ökonomischen Aktivitäten nachgeht, die in seinem Land qua Wirtschafts- und Staatssystem so nicht vorgesehen sind.

Küche, und dann stehen wir in einem Innenhof, der leider nicht sehr schön ist, niemand da, vielleicht kommt ja später noch jemand. Friederike und ich setzen uns, Juan steht rum.

Und dann, Friederike, was machst du dann? Erzähl doch mal …

In meiner grenzenlosen Freundlichkeit (und um die etwas peinliche Situation zu beenden, wie wir da so ganz alleine mit Juan in diesem winzigen Hinterhof stehen) frage ich Juan, ob er denn mitessen wolle. Tja. Will er. (F.)

Wir essen also mit Juan. Es ist ein nettes Dinner, wir fragen viel und erfahren einiges, das meiste davon habe ich eingangs erwähnt. Dann stelle ich eine blöde Frage. Blöde Fragen oder etwas Blödes sagen kann ich gut, wenn das Gespräch ins Stocken gerät oder ich glaube, jetzt genug über seine DDR-Vergangenheit erfahren zu haben. Ich frage: Ist der Unterschied zwischen dem dreijährigen, siebenjährigen und fünfzehnjährigen Rum wirklich so groß, dass es sich lohnen könnte, einen der länger gelagerten zu probieren? »Aber Philipp, ja klar!«

Beschreiben kann es Juan nicht so wirklich. Wie auch? So oft wird er nicht in den Genuss gekommen sein. Eine Flasche des fünfzehnjährigen Rums kostet 90 CUC. Ein Arzt verdient in Kuba im Schnitt 30 CUC im Monat.

Jetzt, wo wir beim Thema angelangt sind, schlägt Juan vor, den Ort zu wechseln und in eine Bar zu gehen. Aber Juan, klar doch. Wir zahlen unser Essen und das Hühnchen von Juan.

Ich glaube, an dem Abend wären wir ganz gerne alleine gewesen. Aber Jasagen war schon immer leichter als Neinsagen. Darauf trinken wir einen, und zwar zu dritt.

Unser neuer Freund kommt wieder auf den Rum zu sprechen, wir könnten mal einen probieren …

Da, wo wir jetzt sitzen und ich mich schließlich doch gegen das Arztgehalt in Form von fünfzehn Jahre gelagertem Rum entscheide und wir mit normalen Mojitos vorliebnehmen, sitzen, zusammen mit Kubanern, auch Kanadier. Bisher habe ich ausschließlich diese eine Nation gesehen, die sich mit den Kubanern an Tischen, Plätzen und sogar Stränden zusammenfindet.

Die Kanadier, man könnte ihnen ein ganzes Kapitel widmen, aber so ganz haben wir noch nicht herausgefunden, wie wir ihre Überpräsenz in Kuba einordnen sollen. Erst dachte ich, Kuba muss für sie so was wie Mallorca oder die Kanaren für uns Deutsche sein. Ich glaube, das kommt auch ganz gut hin, aber hier geht noch ein bisschen mehr. Die Frau, die sich mit uns eine Etage des Casas in Trinidad teilte: Kanadierin. Sie ist für vier Monate in Kuba und bleibt in dieser Zeit in Trinidad. Keine Ahnung, was sie hier so lange macht. Ich habe mich nicht getraut zu fragen aus Angst vor einer anzüglichen Antwort. Ich unterstelle hier natürlich einiges, aber man kann ja auch nicht jeden immer komplett ausquetschen, da gebe ich mich also mit hausgemachten Unterstellungen zufrieden. Normal, oder?

Dann dieses Paar, das vor mir in einer Schlange stand, die zu einer Bretterbude führte, in deren Innerem Slush-Eis mit Rum verrührt und völlig krank (aber praktisch) in riesige Thermoskannen mit großer Öffnung gefüllt wurde: Kanadier.

Warum stand ich in dieser Schlange? Wir waren nach Camagüey auf der merkwürdigen Cayo Coco gelandet. Cayo Coco ist, glaube ich, die größte Insel eines Archipels mit traumhaften Reisekatalogsträuden. Wirklich wunderschön. Das könnte man so stehen lassen, wenn es nicht einen kleinen Haken gäbe, den ich nicht verschweigen will. Cayo Coco ist nicht nur sehr teuer, es ist auch Kuba ohne Kubaner. Die einzigen Einheimischen tragen Hoteluniformen. Wenn man keinen Pauschalurlaub in den riesigen Fünf-Sterne-Tempeln gebucht hat, erreicht man die Strände nur mit Taxis, deren Fahrer sich den Ausflug gut bezahlen lassen.

Jedenfalls, die Menschenschlange vor dieser Bretterbude auf Cayo Coco: Alle haben diese Thermoskannenbecher in der Hand. Ich frage das Paar vor mir, woher sie diese Becher haben.

Und ich frage mich selbst, woher ich diese Becher kenne. Ich stelle mir einen Beamten in der Agentur für Arbeit vor, wie er sich gerade eine Fünf-Minuten-Terrine warm gemacht hat und nicht ans Telefon geht, der Becher ist voll, und die Terrine bleibt warm, bleibt sehr lange warm. Mittagspause. Nein, das ist es nicht. Wie hätte ich das sehen können? Woher kenne ich dann diese Becher? Ich komme nicht drauf.

Der Mann antwortet: »Wir haben sie in Kanada gekauft und mitgebracht.«

Ich habe das Gefühl, gerade ganz schlimm verarscht zu werden. Versteckte Kamera? Dahinten im Gebüsch, was ist das? Ach so, Wind. Ich sage ihm, dass hier jeder so einen Becher in der Hand hält, die haben den doch nicht alle von zu Hause mitgebracht, und wofür ist der überhaupt gut, und bekomme ich auch etwas zu trinken, wenn ich mich ohne Becher anstelle?

Er sagt, ja, doch, die meisten bringen ihn mit, sie kommen jedes Jahr nach Cayo Coco, sie kennen das Prinzip, ich bräuchte zwar keinen, aber dann bekäme ich mein Getränk nur in kleinen Plastikbechern, da passe dann nicht so viel rein. Ich versuche zu verstehen: Es gibt Menschen in Kanada (und anderen Ländern), die packen in ihre Koffer riesige Thermoskannenbecher, um dann damit am Strand von Cayo Coco anzustehen und sich diese Becher mit großen Mengen Slush-Eises mit Rum befüllen zu lassen. Gut, akzeptiert. Früher haben sich diese Menschen, als sie klein waren, eine Schippe und einen Buddeleimer von ihren Eltern einpacken lassen, heute packen sie selbst ihre Koffer und ihren eigenen Eimer ein. Jetzt hätte ich auch ganz gerne so einen Becher.

Ich bin dran: Tres Mojitos, por favor (soll sich ja lohnen). Mir werden drei volle Plastikbecher hingestellt. Die sind wirklich sehr klein. Ein Mann mit französischem Akzent fragt mich, was ich da bestellt habe. Ich wiederhole: Ein Mann fragt mich auf Kuba, was das ist, ein Mojito. (Kurze Anmerkung am Rande: Es ist hier das Nationalgetränk. Nicht etwa Cuba Libre, wie man denken könnte. Dafür haben die Kubaner nicht viel übrig.) Ich antworte, dann bestellt er Lemonslush-Eis mit Rum. Sein eigenes Nationalgetränk.

Fassen wir zusammen: Kanadier, es gibt sehr viele davon in Kuba. Keine Ahnung, was die treiben. Das ist Privatsache.

Wo waren wir eigentlich? Ach, bei Juan, wie wir da in der Mojito-Bar sitzen. Das Thema DDR haben wir jetzt so langsam durch. Sprechen wir doch über Che. Sag mal, Juan, weißt du eigentlich, dass so ziemlich jeder »alternative« Jugendliche in Deutschland irgendwann ein Che-T-Shirt kauft oder zumindest mit dem Gedanken daran spielt, oder dass es eine Band namens *Rage Against The Machine* gab, die ihr Merchandise mit dem Konterfei des Commandante schmückte? Juan weiß das alles irgendwie, und dann sagt er:

»Che war ein großer Mann, so einen wie ihn gibt es nur alle tausend Jahre einmal, er war ein guter Mann mit einem großen Herzen.«

Wir nicken. Dann frage ich nach Fidel, wie ist der denn so drauf? Diese Pause, die jetzt folgt, ist ganz großes Kino, es ist, ich weiß nicht, macht er Spaß, denkt er wirklich nach? Es ist jedenfalls ein besonderer Moment, den wir auskosten, voller Suspense.

Endlich sagt Juan: »Fidel ist ganz genauso.«

»Wie wer?«

»Wie Che.«

»Auch ein großer und ein guter Mann? Mit einem großen Herzen?«

Juan nickt gewissenhaft. Ja, so ist es.

Aber so einen gibt es doch nur alle tausend Jahre einmal, denke ich noch, da raschelt es hinter Juan im Gebüsch. Zwei Sträucher, aus denen schwarze Stiefel herausschauen, stehen auf und gehen zufrieden in den Feierabend.

Inzwischen sind wir bei der vierten Runde Mojitos angelangt. Juan sagt: »Philipp, du musst Zigarren kaufen. Philipp, unbedingt. Zigarren sind teuer, aber wenn du nach Mexiko kommst«, er kennt unsere Route, »dann wollen alle deine Zigarren aus Kuba haben, du kannst sie für viel Geld verkaufen. Mein Freund arbeitet in einer Zigarrenfabrik, er kann sie dir ganz günstig verkaufen. Philipp, überleg mal.«

Warum muss es jetzt geschäftlich werden, warum wird es in Kuba immer irgendwann geschäftlich? Ich versuche es mit Ausreden: Nee, passt nicht, zu groß, wir haben doch nur diese Rucksäcke. (Wolfgang warnt vor Zigarrenkäufen auf der Straße, alles Abfälle, nicht machen.)

»Aber Philipp«, Juan sagt sehr oft meinen Namen, »du verkaufst sie doch in Mexiko schon wieder.«

Die Vorstellung gefällt mir sogar, dann bin ich mal der Checker und verkaufe Zigarren an Mexikaner. Aber ich habe mich schon längst dagegen entschieden. Ich frage nach seiner Telefonnummer, und zusätzlich verabreden wir uns für den nächsten Tag. Friederike und ich wissen, dass wir nicht kommen werden. Und Juan weiß es sicher auch.

Friederike und Philipp gehen an dieser Stelle nach Hause, halb geben sie vor, es zu sein, halb sind sie es wirklich: müde. Juan besteht darauf, sie ein Stück zu begleiten, er behauptet, sein Fahrrad abholen zu müssen, fast bringt er sie bis zur Tür. Er weiß jetzt, wo sie wohnen. Morgen wird es leichter sein, die beiden zufällig zu treffen. Der Kubaner bedankt sich bei den beiden Deutschen mehrfach für die großzügige Einladung. Die drei verabschieden sich voneinander wie echte Freunde.

»Du, Friederike, ich glaube, das war so ein Jinetero.«
   »Glaubst du wirklich?«
   »Ach, klar.«
   »Aber dafür ein sehr netter.«
   »Ja, das war er.«

Erzählung vom Pferd

Philipp

Endlich machen sich die vielen Jahre im Reitstall bezahlt: Ich reite durch das wunderschöne Tal Valle de Viñales. Doch nicht nur das, ich führe eine Gruppe von zwei weiteren Pferdefreunden durchs Gebiet: Friederike und einen Einheimischen, der uns netterweise die Tiere zur Verfügung gestellt hat. Letzterer heißt, ich glaube schon, dass ich es richtig verstanden habe, Joseline. Heißen so nicht nur Mädchen?

Joseline erzählt, dass seine Mutter, gesegneten Leibes, eine amerikanische Fernsehsendung sah, die gefiel ihr so gut, dass sie beschloss, ihr Kind, komme, was wolle, nach der Heldin dieser vergnüglichen Serie zu benennen. An diesem wirklich sehr schönen Fernsehnachmittag vor ungefähr vierunddreißig Jahren ließ Joselines Mutter eine Verabredung sausen: Ihr Doktor blieb alleine vor dem Tiegel frisch angerührten Ultraschallgels sitzen und starrte verloren auf den Monitor, auf dem man die Dinge, so wie sie waren, sowieso nicht so gut erkennen konnte. Dafür den weiten Weg auf sich nehmen? Oh, Joseline! Joselines Mutter machte sich einen großen Topf Reis und Bohnen vom Vortag warm, ging rasch in den Garten, kam mit einem gackernden Bündel im Arm zurück auf die Veranda, drehte diesem Bündel den Hals um, rupfte es, garte es und verspeiste es gemeinsam mit der Beilage, die es wie gesagt bereits gestern schon gegeben hatte und auch morgen wieder den Weg auf die Teller Kubas finden würde.

Joseline trägt vielleicht einen Frauennamen, man müsste allerdings schon sehr große Tomaten auf den Augen haben, Fleischtomaten, um Joseline für ein weibliches Wesen halten zu können. Joseline ist eigentlich ein Joe. Massiges Paket, schwere olivgrüne Che-Jacke, stämmige Beine, die ein O schreiben und an ihren Enden Stiefeln tragen, mit echten Sporen dran. Seine Stimme klingt ein bisschen wie die von einem Fernsehstar (seine Mutter hatte es irgendwie geahnt). Sein Lachen muss er in einer Mülltonne gefunden haben. Dreckig. Cooler Hund. Joe, der Horsebackriding-Guide.

Ja, ich habe gleich zu Anfang gelogen. Es war Joe, der *uns* durch die Prärie (mit Joe ist alles Prärie) geführt hat. Auch wenn man es mir nicht ansieht, ich habe gar keine Westernreitausbildung genossen. Überhaupt, ich saß noch nie länger als ein paar Minuten auf einem Pferd. Minuten, die auch mit Angst verbunden waren. Aber das hier mit Joe, die Wanderung, der Ritt, Ausritt, wie heißt das denn?, war ganz schön. Nach kurzer Zeit habe ich das Gefühl, ein ganz passabler Reiter zu sein, dieses Reiten kommt mir doch sehr einfach vor. Mein Pferd heißt Negrito und läuft sehr langsam, sehr, sehr langsam. Für Negrito ist das gesamte Gelände eine große verkehrsberuhigte Zone. Joe hat so eine Rassel in der Hand; wenn er damit Krach macht, rennen die Pferde los. Joe nennt das Galopp, aber ich weiß aus Pferdemagazinen, dass wir eigentlich traben, wenn die Rassel ertönt. Trotzdem, ich schütte Adrenalin aus, was mich aber nicht davon abhält, einen unangenehmen Schmerz zu empfinden, der etwas mit meinem Skrotum zu tun hat, das sich bei diesem Pseudogalopp hebt und senkt, wie sich mein ganzer Körper hebt und senkt, und dann auf dem Sattel aufschlägt. Mama, entschuldige, dass ich das so sage, aber mein Sack tut weh beim Reiten. Wie soll denn erst richtiger Galopp gehen? Danke, Joe, reicht jetzt.

Wir schlendern also wieder durch die Gegend, besser so. Die Pferde laufen eigentlich vollautomatisch, und wenn sie trotzdem mal unsicher sind, ruft Joe irgendwas, und wir geraten wie-

der auf Kurs. Einmal haut er Negrito mit einer Peitsche auf den Hintern, das mag ich nicht. Nach kurzer Zeit nämlich bin ich ganz eins mit dem Tier, ich bin ein starker Kentaur. Trotzdem wehre ich mich nicht gegen Joe, und wir rennen im Trabgalopp los. Galopp-lopp-lopp-doing-doing-doing. Ich gebe Joe zu verstehen, dass wir jetzt genug Spaß hatten und ich es heute lieber gemütlich habe.

Zumal Negrito die Eigenschaft hat, immer vorlaufen zu wollen und somit das Tempo vorzugeben. Friederikes Pferd hängt meinem im Hintern, und meines verdaut eigentlich fortwährend nach hinten raus. Als stolzer Kentaur schäme ich mich ein bisschen dafür, mir gelingt es aber leider nicht, die Kontrolle darüber zu erlangen.

Hier möchte ich kurz einwerfen, dass Negrito nicht nur SEHR langsam vorauslief, sondern jedes Überholmanöver von Caramello und mir durch hinterhältiges Zickzacklaufen und Vom-Weg-Abdrängen unterband.

Er wäre ein 1-a-Abwehrspieler. Dafür latscht er ab und
zu in eine völlig falsche Richtung, was Caramello und
mir zumindest immer so lange das Vergnügen berei-
tet, endlich mal zügig vorneweg gehen zu können, bis
Negrito mit dem schreienden Philipp auf dem Rücken
an uns vorbeiprescht und sich wieder vor uns wanzt.
Frage mich ab und zu, was Joe eigentlich über uns
denkt. (F.)

Ich lenke mich damit ab, Negrito ein wenig die Haare zu legen, alles verstrubbelt hier. Nach der Wanderung werden wir sehr gut aussehen. Ein Kentaur putzt sich heraus.

Was macht eigentlich die wunderschöne Natur? Schon lange nicht mehr aufgesehen. Alles grün, so soll es sein, ein paar Hügel, Tabakplantagen, Maniokfelder, Reisfelder, Königspalmen, da wird Kaffee angebaut, dahinten Kakao, Mangobäume, eine Ananas wächst aus einem Strauch. Wusste ich nicht, dachte, die fallen vom Baum. Bananen, die ich im Vorbeigehen pflücken könnte, wenn nicht meine beiden Hände mit weiß angelaufenen Knöcheln das Lenkseil *(er spricht von den Zügeln; F.)* von Negrito halten würden.

Stopp, wir bleiben stehen. Eine Höhle. Alles absteigen. Kein großes Problem für mich, nur Negritos Mähne gerät dabei durcheinander, da ich mich daran abseilen muss. Müssen wir gleich wieder in Ordnung bringen. Die Höhle ist mehr so ein Erdloch aus Stein, ein paar vereinzelte Stalagtiten hängen herab, dahinten geht es noch weiter. Ich knöpfe die große Seitentasche meiner Fjällräven-Hose Modell Karl auf und hole meine stufenverstellbare Stirnlampe von Petzl hervor, Tikka Plus 2 mit drei Leuchtstufen. Ich setze sie auf den Strohhut, den ich im Ort gekauft habe, den so ziemlich jeder Tourist gekauft hat und der ihn als ebensolchen gut erkennbar macht.

Meinen allerdings sollte ich zwei Tage später im Taxi nach Havanna auf der Hutablage liegen lassen, wo ich ihn mit den Worten »Ah, endlich kann man mal von der Hutablage Gebrauch machen« ablegen würde.

Es leuchtet sehr hell, die Expedition kann beginnen.

Und schon wieder zu Ende. Dahinten ging es doch nicht weiter. Nur eine große Pfütze ist zu sehen. Meine Hanwag Waxenstein konnte ich bereits in der Eifel auf Wasserdichtheit prüfen, ich muss da jetzt nicht rein.

Wir machen noch ein paar Fotos von irgendwelchen festgewachsenen Tropfen, die wir uns garantiert nie mehr anschauen werden, und gehen langsam, dem Erlebnis Höhlenwanderung noch in uns nachspürend, die drei Stufen wieder hoch.

Hey Joe, was jetzt?

Wir setzen die Pferde wieder auf die Schienen und gehen sehr gemächlich weiter. Es geht vorbei an einem See, leider haben wir kein Schwimmzeug dabei. Als unser Casa-Particular-Wirt gesagt hatte, wir sollten *things for water* mitnehmen, dachten wir, damit können nur mit Wasser gefüllte Plastikflaschen gemeint sein. In Wahrheit meinte er Wasserbälle, aufblasbare Krokodile, Tauchringe, Kanus und andere Spaßgerätschaften. Schade.

Es dauert nicht lange, da steigen wir schon wieder ab. Ein Mann mit einem großen Hut empfängt uns. Netter Mann, führt uns in eine Scheune, hier hängen Tabakblätter von der Decke. Schön hier nach dem Ritt in der Knallsonne, halbdunkel, riecht ganz angenehm, auch wenn man sich jetzt nicht hocharomatische Ausdünstungen vorstellen muss (Moment, wäre das ein Indiz gewesen?). Joe verschwindet. Der Mann hält einen Vortrag, muss er schon oft gemacht haben, erst nach fünf Sätzen merke ich, dass das Englisch sein soll. Es wird mal wieder gekauderwelscht. Diesmal über die Herstellung von Zigarren. Ich schaue konzentriert und höre mir alles an. Er hat eine sehr große Uhr an. War die teuer?

Nach zehn Minuten weiß ich Folgendes: Der Tabakblattstrunk enthält das meiste Nikotin und kommt nicht in die Zigarre. Alles hier im wunderschönen Valle de Viñales ist *natural* und somit gut. Will jemand einen Mojito natural?, fragt der Mann. Friederike und ich fragen schüchtern, ob wir uns auch einen teilen könnten, erstens weil es noch sehr früh ist, vielleicht elf Uhr, zweitens, und das ist der wahre Grund, wir wollen nicht schon` wieder Geld ausgeben müssen.

Im Gästebuch unseres Casa stand so was wie: »Horseback-riding war echt toll. Nur wurden uns überall Sachen angedreht.«

Das soll uns nicht passieren, wir sind gewappnet. Der Mojito kommt und ist wirklich sehr gut und natural. Natural bedeutet, er wurde mit Honig angerührt und nicht mit Zucker. Mmmh, ist der gut, trink nicht alles alleine, Friederike! Wir rangeln auf dem Boden um den letzten Schluck.

Der Mann erzählt seelenruhig weiter. Jetzt sollen wir rüberkommen, er will uns was zeigen. Ich bekomme eine Zigarre. Der Mann hat an das Mundstück Honig geschmiert. Ganz lecker. Raucht man so Zigarre, mit Honig dran? Es schmeckt zigarrig, ganz okay, ich habe keine Ahnung, wie gute und wie schlechte Zigarren schmecken. Die einzige Zigarre in meinem Leben hat zwei Mark fünfzig an der Tankstelle gekostet und wurde von mir nach dem ersten Drittel weggeschmissen, weil völlig unrauchbar, nicht inhalierbar, viel zu dick und auch nicht lecker. Diese hier ist anders. Ich schmiere mir noch ein wenig mehr Honig ums Maul und ziehe genüsslich. Ich bin nun ganz eins mit meiner Zigarre. Ich bin ein Che.

Mmh, noch mal ziehen und Dampf machen. Joe kommt rein und schnappt sich eine Zigarre; wenn er raucht, sieht das auch ganz cool aus, fast wie bei mir. Wenn es so üblich wäre, würde ich am liebsten mit ihm und unseren Zigarren anstoßen und »Cheers« rufen. Der Mann nimmt jetzt zehn Zigarren und rollt sie in ein Palmblatt. Das Paket nennt er *Humidor natural*.

Das klingt doch schon mal gut. Jetzt geht es ums Geschäftliche. Eine Zigarre soll vier CUC kosten, zehn ist die Mindestabnahmemenge. Die Zigarre hat auch einen Namen, sie heißt Montecristo No. 4. Moment, das kenne ich, das ist eine gute Zigarre, Che hat sie gerne geraucht. Der Mann sagt, wir sind hier in Viñales, Pinar del Río, hier werden die besten Zigarren Kubas hergestellt. Stimmt, steht auch so im Reiseführer, also Pinar del

Río steht da. Klar hätten seine Montecristos noch keine Banderole und kein Siegel. Wie auch, dafür bräuchte man ja eine Fabrik. Wir überspringen bei unserem Geschäft quasi einen weiteren Vertriebs- und Herstellungsweg, das macht die Montecristo No. 4 auch so unschlagbar günstig.

Ich muss jetzt nachdenken.

Der Kuba-Aufenthalt ist bald vorbei, ich habe gerade meine erste Zigarre geraucht, die mich in einen honigmaulverschmierten Che verwandelt hat, ich habe mich an die Regel gehalten, keine Zigarren auf der Straße zu kaufen, alles Abfälle, ich wollte in einen offiziellen Laden gehen, aber jetzt sitze ich hier auf einer Tabakplantage in Pinar del Río, das ist doch wie der Direktbesuch beim Winzer. Wo, wenn nicht hier, sollte ich Zigarren kaufen? Ich sage dem Mann, dass ich noch ein paar Monate unterwegs sein werde, und frage, ob sich die Dinger halten. Der Mann sagt, dass erst gestern einer da war, der nach Kuba noch acht Monate unterwegs sein wollte, er kaufte dreißig Zigarren. Zufällig ist das genau die Zeit, die Friederike und ich noch vor uns haben. Ich frage: »Oh, really?«, der Mann nickt mit geschlossenen Augen. Außerdem: Die Zigarren halten sich im Humidor natural zwei Jahre; wenn ich sie dann zu Hause ins Gemüsefach in den Kühlschrank lege, halten sie noch weitere vier Jahre. Ich denke noch einmal nach. Worüber denn eigentlich noch?

»Friederike, wie viel Geld hast du dabei?«

Alle sind glücklich. Joe feuert sogar vor Freude seine gerade angerauchte Zigarre in die Ecke und stampft sie in den Scheunenerdboden. Vámonos! Sorgsam packe ich meine gerade erstandenen Tabakabfälle* in den Rucksack und steige mit Zigarre im Maul aufs Pferd. Yeeha.

Am Ende unserer Tour machen wir noch halt bei Joselines Familie. Da gibt es ein paar Pferde, zwei kleine Hütten, und alles ist natural, sagt Joe, als er auf ein Feuerchen im Hof zeigt, darüber hängt ein Topf, in dem befinden sich Bohnen und Reis. Natural. Man könnte auch sagen: normal. Wir werden zu einer schönen Veranda gebracht, eine Art Ausguck ist das, sehr hübsch, sogar mit Bar und Blick aufs Tal. Joes Vater hat Geburtstag, die ganze Familie ist versammelt.

---

* Einige Tage später: Wir besuchen in Havanna eine Touri-Kneipe allererster Güte. Ich ordere die günstigste Zigarre, die es dort gibt, eine Romeo y Julieta für vier CUC. Sie schmeckt unglaublich fantastisch. Ich rauche meine erste gute Zigarre, defloriert, diesmal wirklich. Sofort beschließe ich, Zigarrenraucher zu werden, und bin todtraurig über den Umstand, bald schon Kuba verlassen zu müssen und so spät mit dem Zigarrenverkosten begonnen zu haben. Die letzten Tage in Kuba verbringe ich zigarrerauchend, und wenn ich nicht dazu komme, rauche ich Zigarillos der gleichen Marken. Ich rauche Montecristos, dann rauche ich Cohibas, aber ich komme immer wieder zurück zu den Romeo y Julietas. Die mag ich am allerliebsten. Im Rucksack liegen noch die Zigarren aus Viñales, eingerollt im Palmblatt. Denke, ich werde sie in Mexiko an irgendeinen Traveller-Trottel verticken.

Wir bekommen zwei Coco Locos, aufgebohrte Kokosnüsse, deren Milch, glaube ich, mit Rum und Honig aufgefüllt wird. Kann man trinken. Joe stellt uns eine Flasche Rum hin und sagt, wir dürfen uns jederzeit nachschenken. Das mache ich, jederzeit. Joe greift jetzt in meine Lucky-Strike-Schachtel und nimmt sich eine Zigarette. Aber, aber, ich dachte, immer nur natural! Joe, das fällt mir gerade ein, hatte uns auf dem Weg zur Tabakplantage seine Zähne gezeigt. Makellos weiß. Warum? Weil er nur die Zigarren von der Plantage rauchen würde, only natural products, die enthalten kein Nikotin und andere Giftstoffe, die für gelb verfärbte Zähne verantwortlich sind.

Jetzt, wo mir das einfällt, will ich noch einmal Joes Zähne betrachten. Joe hat sehr weiße Zähne, das ist wahr. Aber ich erkenne jetzt, dass darüber hinaus nicht mehr viel in seinem Mund ist. Er hat eine hübsche weiße Wand aus Schneidezähnen, dahinter wird es schwarz. Ist da gar nichts hinter, oder ist da was, und das ist schwarz? Joseline schließt den Mund und schaut mich ernst an, dann fragt er »Finished?« und räumt die Kokosnuss ab.

Der Vater soll jetzt mal mit seiner Familie alleine feiern. Wir ziehen dann mal unsere Rucksäcke auf. Joe versteht und ruft einem kleinen Mann »La cuenta« zu, die Rechnung, bitte. Zwölf CUC, wir sind entlassen. Es geht zurück auf die Pferde. Jetzt mit dem ganzen Rum im Bauch darf es gerne auch etwas schneller sein, soll er mal gleich mit seiner Rassel rasseln. Ich bin ein starker Kentaur und galoppiere jetzt mit Vollblut nach Hause.

Joe bleibt nach zehn Metern stehen, Negrito auch.

»Finish my friend.«

Friederike und ich dürfen absteigen und Joe bezahlen. Ein Mann kommt hinter einem Gatter hervor und nimmt die Pferde mit. Tschüss, Beine.

Joe fragt: »Are you happy?«

Wir bejahen dies eifrig und ja, wir meinen es eigentlich auch so. Soll Joe für die sieben Kilometer zurück in den Ort ein Taxi rufen, oder wollen wir zurücklaufen? Wir entscheiden uns zu laufen.

Zu Fuß. Naturalmente.

Lesen

Pedro Juan Gutiérrez:
Schmutzige Havanna Trilogie

MEXIKO

Bahnfahrt zum Pazifik

Philipp und Friederike

Chihuahua, hoch im Norden Mexikos, ist unter Reisenden aus nur einem bestimmten Grund beliebt: Hier startet der Ferrocarril Chihuahua al Pacífico, auch bekannt unter dem Namen El Chepe (sprich Zschäpe). Beate ist allerdings an diesem Morgen nicht mit an Bord, auch nicht Thorsten, Stefan, Monika, Hermann, keine Cindy, kein Steve, kein Dan, auch nicht Jean-Pierre und keine Aurelie, kein … Was ich sagen will: Wir sind fast die einzigen Traveller. Mit uns reisen bis auf wenige Ausnahmen nur Mexikaner. Im Zug ist auch noch reichlich Platz. Wahrscheinlich hätten wir noch eine halbe Stunde länger schlafen können, aber wir stehen nach einer Nacht im Hotel, das direkt am Bahnhof liegt, um Punkt fünf Uhr morgens am Zugticketverkaufsschalter parat. Und wie ich da so in der Schlange stehe, wie ich da so meine Augen reibe und wie ich da so ganz schnell wieder ins warme Bett will, muss ich mich immer wieder fragen: Was mache ich hier? Ich stehe um halb fünf auf, um anderthalb Stunden später sieben Stunden Zug fahren zu dürfen. Ich bin noch nie einfach so Zug gefahren, aus der puren Freude am Fahren. Aber okay, es soll gut sein. Wollen wir mal sehen.

Und deshalb soll es gut sein: Eine der schönsten und spektakulärsten Zugstrecken der Welt, 600-irgendwas Kilometer, vierzehn Stunden, vom mittleren Norden bis zum Pazifik, und zwar durch (irgendwo habe ich das

glaube ich gelesen) sechs verschiedene Vegetationszonen,
dabei überwindet der Zug ca. 2200 Höhenmeter. Dazu
ganz viele Schluchten, Brücken über Flüsse, Klippen,
Urwald und vor allem: die berühmte Barranca del Cobre,
die Kupferschlucht, ein riesengroßer Canyon. (F.)

Der Ticketkauf enthielt eine interessante Passage, die jeder Datenschutzdozent gerne in sein Portfolio der hundert schlimmsten Arbeitsplätze und dümmsten Kunden der Welt aufnehmen darf. Ich möchte die Tickets mit Kreditkarte bezahlen. Kein Problem, Sie möchten mit Karte zahlen, dann schieben Sie die Karte bitte unten durch den Schlitz. Ich schiebe die Karte durch den Schlitz, durch diesen Schlitz dieser Scheibe passen auch noch andere Dinge: Bargeld, Tickets, Zettel, Federn, Schmetterlingsflügel, seidene Tücher … Und die Scheibe ist durchsichtig, ich kann alles sehen, den Ticketverkäufer, meine Kreditkarte, die Tickets … und das Kartenlesegerät mit PIN-Eingabefeld. Da wandert jetzt meine Karte rein. Meine PIN möchte der Mann hinter der Scheibe erfahren, er entschuldigt sich, aber wenn ich mit Karte zahlen will, muss ich ihm meine PIN verraten, weil der Schlitz, es ist nur ein winziger Schlitz, wie soll da ein Kartenlesegerätklotz durchpassen? Ich sage –

Hier jetzt bitte Philipps Gesicht vorstellen, auf dem ganz
kurz die blitzartige Erkenntnis abzulesen ist, dass das
jetzt eigentlich gar nicht mal so cool ist, irgendeinem
wildfremden Mann, der im Besitz seiner Karte ist, auch
noch seine PIN zu sagen (und eingedenk der Tatsache,
dass wir inmitten eines völlig überfüllten recht kleinen
Wartebereichs und hinter uns noch zwanzig Leute in
der Schlange stehen), dann aber, wohl aufgrund der
morgendlichen Frühe und des uns mittlerweile sehr
vertrauten Gefühls, unser Schicksal in die Hände anderer
zu legen – dann also fragt er einfach nur matt: »Okay …
But do I have to say it loud?« (F.)

Er sagt, nein, nein, und schiebt mir einen Zettel rüber und einen Kugelschreiber. Datenschützer, jetzt passt auf und schreibt mit, ich mache Folgendes: Ich schreibe meine PIN auf den Zettel und schiebe den Zettel durch den Schlitz. Und empfinde dann großes Urvertrauen in die Menschheit, in den Planeten, das ganze Universum. Was soll ich sonst tun? Ich habe gerade meine Kreditkarte inklusive PIN durch einen Schlitz in einer Scheibe in Chihuahua, Mexiko geschoben. Gleich werde ich in einen Zug steigen, der mich an einen Ort ohne Internet und damit ohne Internetbankingabfragemöglichkeiten bringt.

Bis zur Abfahrt haben wir noch etwas Zeit. Im Hotel packen wir also zusammen und wollen dann zeitig wieder rüber zum Bahnhof. Friederike schafft das auch und geht schon mal vor, ich bleibe noch, denn ich sehe, dass mir ein Freund das neue *Notwist*-Album in die Box gedroppt hat. Das will ich unbedingt für den Zug haben, aber dafür muss ich es erst herunterladen. Es lädt und lädt und lädt. Um 5:54 Uhr ist es bei mir, ich knall den Laptop zu, reiß den iPod aus der Buchse, quetsche alles in den Rucksack und renne los. Ach so, ich kann gar nicht rennen mit dem Hinkelstein auf dem Rücken und dem Findling in der Hand, ich hieve mich und die beiden Rucksäcke also zügig zum Zug. Alle schon eingestiegen, Männer mit Maschinengewehren stehen da. Angst. Friederike, fährst du jetzt ohne mich? Ah, da steht sie vor unserem Waggon und gibt mir ein Zeichen mit den Händen, es ist das Ruhig-Brauner-Zeichen. Jetzt nehme ich Tempo raus, laufe gemütlich zum Zug und pfeife ein munteres Lied, da gibt sie mir zwei andere Zeichen, zuerst das Hast-du'n-Vogel, dann das Zeichen für Gib-Gas. Ich renne wieder los, und endlich können wir, ganz wichtig, wenn man zu zweit reist, in *denselben* Zug einsteigen. Türen schließen nicht selbsttätig, elegante Schaffner machen das. Nimm das, Deutsche Bahn, und nimm noch viel mehr. Dem Chepe verzeihe ich nämlich Verspätungen, dir nicht! Ich sage dir später noch irgendwo zwischen den Zeilen, warum.

Der Zug tuckert los. Ich hatte am Vorabend in einem Online-Magazin einen Artikel von 2013 über den Chepe gelesen, da klang das so, als würde eine ganz alte Lok mit riesigem Dampfausstoß und so Stäben an den Rädern, quasi ein Modell von kurz nach der Erfindung selbigen Gefährts, durch die Prärie fahren. Prärie stimmt, der Rest, na ja, es ist eine normale Lok, es sind, glaube ich, sogar drei hintereinander, sieht zumindest so aus. Aber dann das Tuten, das ist nun wirklich dieses Tuten, wie man es aus Filmen kennt. Wunderschönes Sehnsuchtsgeräusch.

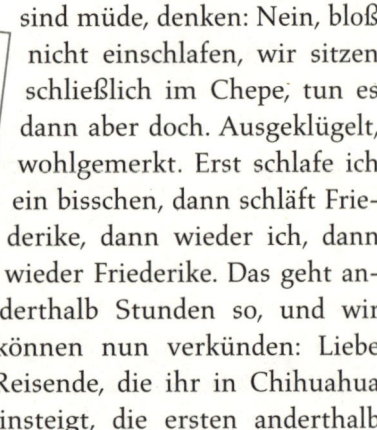

Es ist immer noch früh am Morgen. Wir sind müde, denken: Nein, bloß nicht einschlafen, wir sitzen schließlich im Chepe, tun es dann aber doch. Ausgeklügelt, wohlgemerkt. Erst schlafe ich ein bisschen, dann schläft Friederike, dann wieder ich, dann wieder Friederike. Das geht anderthalb Stunden so, und wir können nun verkünden: Liebe Reisende, die ihr in Chihuahua einsteigt, die ersten anderthalb Stunden könnt ihr verschlafen. Es ist zwar spannend, aber die wirklich spektakulären Leinwände werden erst später aufgestellt.

Kurzes Protokoll

6:45 h. Ich habe Kühe gesehen. Endlich wieder Wolken-Schauspiel, ich hatte den kubanischen Himmel schon vermisst. Die Berge sind blau. Felder. Die Berge sind riesige Wände, hintereinandergeschichtet ergeben sie dieses blaue Gebirge. Die Sonne ist hinter uns klammheimlich über den Berg gekrochen. Der Zug war zu schnell, obwohl er doch so langsam fährt, vielleicht 50 km/h. Rinder, viele Rinder, hier wird gezüchtet.

6:54 h. Manchmal ruckelt und holpert der Chepe, er bleibt irgendwie hängen und macht einen Buckel wie eine Raupe, die Anlauf nimmt. Banditen haben versucht, die Schienen zu blockieren, glaube ich. El Chepe brettert über diese Hindernisse gemächlich hinweg. Die Menschen in ihm werden jedes Mal durchgeschüttelt und, ein Glück, vom Schlaf abgehalten. 7:04 h. Hier leben Menschen, ein paar. Friederike sieht eine tote Kuh, oben ist noch Fell dran, unten ist das Skelett zu sehen. Wieso sehe ich so was nie? Jetzt ist alles schön hell. Schlafe gleich ein. 8:39 h. Bahnhof Cuauhtemoc. Geschlafen. Wir sind 133 km gefahren. Ein Schild steht da draußen, kein Witz, in deutscher Sprache: »Ich kauffe Bohnen, zahle gleich«. Ein Mann mit Cowboyhut läuft durch den Zug und fotografiert jeden. Langsam wird es lustig. Jede Stunde läuft ein anderer Mann mit einem Wischmopp durch den Zug und wischt äußerst kräftig durch. Die Außenseite meines Schuhs wird dadurch sehr sauber. Danach riecht es im Abteil nach der Kinderzahnpasta Blendi.

Protokoll-Ende

Ich wusste nicht, wie schön es sein kann, einfach nur dazusitzen und die Welt an sich vorbeiziehen zu lassen. Zum ersten Mal kann ich das ganze Potenzial des ARD-Füllprogramms *Die schönsten Bahnstrecken Deutschlands* wenigstens im Ansatz nachfühlen (bescheuert ist es natürlich trotzdem, so ganz ohne Fahrtwind). Nach der anfänglichen Erkundung des Zuges, dem Rumstehen in den offenen Bereichen (die Türen sind zur Hälfte geöffnet, der Zug wird zum fahrenden Balkon), gibt es hier nichts mehr zu tun. Irgendwann liegt auch der Fotoapparat schwer in der Hand, mit einiger Kraftanstrengung mache ich ein paar letzte Fotos, klebe an der Scheibe und überlasse mich der Welt, die der Zug verwischt und auf meine Netzhaut malt, bis auch diese kapituliert, meine Augen sich schließen und ich nicht mehr weiß, ob das Schnaufen und Stolpern, das Western-Tuten des Zuges schon Teil meiner Träume sind oder ob es wirklich um mich herum passiert. Wobei, so streng muss das auch nicht unterschieden werden, es spielt ja doch keine Rolle.

Ich muss jetzt mal meine Finger entspannen, Friederike, übernimm du doch mal!

Der Zug schraubt sich bis auf über 2000 Meter hoch. Immer schön im Schritttempo oder jedenfalls kaum schneller. Zwischendurch vergesse ich manchmal kurz, wo wir eigentlich sind: Ohne dass ich da jemals gewesen wäre, sieht es hier irgendwie nach Kanada oder jedenfalls Rocky Mountains aus; die kleinen Dörfchen, die wir im Abstand von Stunden passieren, wirken wie eine Mischung aus Goldgräbersiedlungen in Alaska, Cowboy-Städten im Mittleren Westen und Fischerdörfern in Grönland. Jedenfalls sieht das alles nicht nach dem Mexiko aus, wie man es sich so vorstellt, mit Wüste und Kakteen und Palmen und Pyramiden.

Kurz vor Posada Barrancas, dem Ort, in dem wir ein paar Nächte bleiben wollen, kommt einer der sehr aufmerksamen Schaffner, die sich nämlich vorher notieren, wer wo aussteigen will, und befördert uns in die erste Klasse. Da sitzen noch mehr Polizisten mit Maschinengewehren. Würden wir in der zweiten Klasse sitzen bleiben, erfahren wir jetzt, wäre das unser baldiges Ende: Der Bahnsteig in Posada ist zu kurz für den Chepe, wir würden unvermittelt aus dem Zug in eine tiefe Schlucht stürzen. So aber klettern wir sicher in die Hochgebirgssonne (falls die 2300 Höhenmeter, auf denen wir uns jetzt befinden, schon als Hochgebirge gelten) und winken dem Zug noch mal nach, der mit dröhnendem Tuten davonruckelt.

Wir sind auf der Suche nach einer Farm, auf der man kleine Hütten mieten kann, und laufen dann mal los Richtung Ort. Alles sehr übersichtlich hier, gefühlte fünf Häuser und eine Straße. Weit kommen wir allerdings nicht: Ein Chevy-Bus hält neben uns, ein sonnengegerbter grauhaariger Mann beugt sich aus dem Fenster und fragt, ob wir zur Familie Díaz möchten. Ja, wollen wir. Zack, Rucksäcke eingeladen und die Bekanntschaft des Familienoberhaupts Armando gemacht. Das ist hier übrigens normal: Der Chepe kommt einmal am Tag bzw. zweimal, einmal von Norden und einmal von Süden. Alle Gastgeber, Hoteliers usw. eines Ortes steigen dann zu Hause in ihre großen dicken Autos, fahren zum Bahnhof, fragen die Ankommenden, ob sie bei ihnen wohnen wollen, und chauffieren sie direkt dorthin. Sehr praktisch.

Jedenfalls, unser neues Zuhause mögen wir sofort. Die Hütte (eigentlich ist es ein kleines Haus, wir haben zwei Stockwerke mit vier Betten) steht auf einem Hügel oberhalb der Farm, außer uns wohnt dort oben niemand, wir gucken kilometerweit über Berge und sonst ist da – gar nichts.

Philipp flippt vor Freude fast aus, als er entdeckt, dass wir nicht nur per Kaminfeuer heizen müssen, sondern dass vor der Hütte auch noch ein Riesengrill steht. Feuer machen, uga-uga! Per *Monkey-Island*-Modus findet er sogar heraus, wie das Licht in der Grillhütte funktioniert: *Benutze irgendwo herumstehenden Holzblock mit Glühbirne.*

Im örtlichen Laden (Format: Kölner Büdchen) decken wir uns mit Essen ein, darunter Würstchen, die wir grillen wollen, und noch ganz viele andere Sachen. Bier gibt es leider nicht, wir sollen in dem anderen Laden fragen. Dort steht aber auch kein Bier in den fast leeren Kühlschränken. Als wir nachfragen, verschwindet die Besitzerin in einem Hinterzimmer, und heraus kommt wenig später ein kleiner Junge von vielleicht zehn Jahren, der uns Bier verkauft. Wir haben bisher noch nicht herausgefunden, ob in dieser Gegend Frauen keinen Alkohol verkaufen dürfen oder ob man gar gar keinen Alkohol trinken darf. Ein Blick unter das Dach der Grillhütte lässt das jedenfalls nicht vermuten – auf einem Balken reiht sich eine leere Tequila-Flasche an die nächste.

Was an diesem Ort allerdings das Allerschönste ist: Wir finden eine Freundin. Sie kommt ganz schüchtern den Hügel herauf, schaut uns still an und reicht uns zart ihre Tatze. Damit ist unsere Freundschaft besiegelt. Ab jetzt haben wir einen Hund: unsere Bella. Sie ist der vornehmste und höflichste Hund, den

wir je kennengelernt haben, und sie weicht uns nicht von der Seite.

Sie geht auch mit auf unsere kleine Abendwanderung, bei der wir auf einen ziemlich steilen Berg kraxeln, um von da wieder runterzugucken: in den riesigen Schlund des Canyons, die Barranca del Cobre. Wahnsinn!

Und dann grillen wir endlich Würstchen auf unserem Riesengrill! Ach nee, doch nicht. Wir finden nicht genug Holz, und überhaupt ist uns das jetzt irgendwie zu anstrengend. Erst mal in der Hütte Feuer machen, weil ziemlich frisch hier oben auf dem Berg. Ich packe zum ersten Mal mein Fleece aus und sitze mit Wolldecken vor dem Kamin und finde es trotzdem nur so mittelwarm. Da wir, auch wenn ich es kaum sagen möchte, leider nicht so wirklich viel Holz vor der Hütte haben, klaut Philipp einfach alles von den anderen unbewohnten Hütten. Ach so, und die Würstchen essen wir irgendwie halb angebraten, schmeckt … so okay.

Anderntags mache ich frühmorgens die Tür unserer Hütte auf, und wer sitzt da? Bella, ganz still und brav, und wedelt mich an. Und schon muss ich nicht alleine* frühstücken. Die Gute!

Und dann: unser zweites Reit-Abenteuer! Zum Glück ist Philipp ja, wie berichtet, ein sehr erfahrener Reiter. Er bekommt dann auch wieder das Leitpferd, das auf gar keinen Fall duldet, dass mein Pferd an ihm vorbeigeht. Dann wird gebissen und getreten, bis alle wieder in der richtigen Reihenfolge gehen. Aber was heißt gehen! Ich bin noch nie so geritten wie hier. Die meiste Zeit der vier Stunden verbringen wir auf zentimeterschmalen, steinigen Pfaden mit fünfzigprozentiger Steigung (oder auch Fallung, oft geht es jedenfalls steil abwärts), die unglaubliche Schlucht des Canyons starrt uns beständig an, aber wir starren zurück. Die Pferde stolpern öfter mal oder bleiben schnaufend stehen, die Sattelgurte müssen mehrmals nachgezurrt werden (was ja wohl heißt, dass wir sonst mitsamt der Sättel vom Pferd rutschen und in den Abgrund stürzen würden?), so richtig geheuer ist mir das hier alles nicht. Erwähnte ich schon mal, dass ich auch nicht mehr so ganz schwindelfrei bin? Na ja. Philipp vor mir schaukelt dagegen völlig entspannt durch die Gegend und schießt ein Foto nach dem anderen. Er wird hier wirklich noch zum Cowboy.

Unser Führer, ich nenne ihn jetzt mal Diego, ist ein sehr, sehr ernsthafter, wortkarger und auch irgendwie altersloser Mann. Die meiste Zeit verzieht er keine Miene. Zwei-, dreimal erklärt er uns irgendetwas in einem Spanisch, das ich kaum als solches erkennen kann, also wissen wir leider nicht so genau, was er uns erklärt. Aber die sagenhaften Ausblicke sprechen ohnehin für sich.

Irgendwann lassen wir die Pferde stehen und wandern zu Fuß weiter; dabei kommen wir an einer gottverlassenen kleinen Hütte vorbei, in der eine Tarahumara-Familie wohnt. Die Tara-

---

* Hierzu muss man vielleicht wissen, dass ich quasi immer alleine frühstücke, weil Philipp nämlich noch schläft.

humara sind das in dieser Gegend ansässige indigene Volk, und sie leben bis heute sehr ursprünglich, bleiben unter sich und halten sich von größeren Orten fern. Sie sind sehr schnell und halten angeblich Wettkämpfe ab, bei denen sie hundertsechzig Kilometer durch den Canyon rennen und dabei einen kleinen Ball vor sich hertreten. Ich kann mir das alles absolut nicht vorstellen, schon gar nicht in Anbetracht dieser unfassbaren Fellandschaft. Aber was begreifen wir Großstadtdschungel-Flachlandtiroler schon von der Welt?

Auf einer schönen Aussichtsplattform geschieht dann ein kleines Wunder: Der ernste, fast abweisend wirkende Diego lacht. Er lacht wirklich! Wie konnte das geschehen? Es liegt an

unserer schönen Bella. Sie ist doch tatsächlich auch auf diesen Reitausflug mitgekommen, wohlgemerkt vier Stunden über unglaubliche Steigungen und Höhen. Wir können nichts dafür, sie wollte das so. Sie läuft eifrig um uns herum und vorweg und checkt die Lage und knurrt fremde Hunde aus dem Weg und stromert immer wieder zurück zu uns. Auf der Aussichtsplattform liegt sie brav im Schatten, bis wir genug gestarrt haben.

Diego fragt, ob das unser Hund sei, er ist offensichtlich ziemlich irritiert, dass zwei Turistas einen Hund mitbringen. Ich versuche zu erklären, dass Bella bei den Díaz' auf der Farm lebt und dass sie uns ständig begleitet, und sage, wer weiß, vielleicht haben wir ja jetzt einen Hund, ohne dass wir es wissen. Das findet er schön, und er lacht. Ich glaube, er mag Bella auch sehr.

Zur Belohnung für die anstrengende Wanderung kriegt Bella zurück zu Hause all unsere übrigen Würstchen. Und den Käse. Und ein paar Kekse, bis ich das Philipp verbiete. Wir hingegen essen einen ziemlich ekligen Fertigfraß, so was wie Fünf-Minuten-Terrine. Ich schaffe nur die Hälfte, über den Rest macht sich die herrische Farm-Hündin her, bevor unsere schüchterne Bella zum Zug kommen kann.

Eigentlich ist unser Plan, nachmittags noch mit einer spektakulär aussehenden großen Seilbahn über die Schlucht zu gondeln. Dazu soll es allerdings nicht mehr kommen, denn jetzt schlägt sie zu: die berüchtigte *Rache des Montezuma*. Genau genommen ist es eher Philipp, der seit Mexiko City unter diesem nicht so schönen Phänomen leidet und seitdem mit Diarrhoe-Kapseln lebt. Bei mir passiert etwas anderes. Irgendwann nach dem Essen wird mir ein bisschen komisch, ich will mich ausruhen, irgendwann wird mir ziemlich schlecht, irgendwann geht Philipp alleine runter zum Farmhaus, um unser bestelltes Abendessen zu essen, und irgendwann renne ich ins Bad und, na ja, beuge mich über die Schüssel. Und das mache ich dann die nächsten sechs Stunden lang im Abstand von zwanzig Minuten, während Philipp mit Bella gemütlich vor dem Kamin sitzt und Zigarre raucht. Ich hoffe sehr, dass ich die beiden nicht so sehr mit störenden Würgegeräuschen belästige. So geht Idylle.

Das komische Zeug gegen Übelkeit, das Philipp von Señora Díaz bekommen hat, bleibt leider auch nur recht kurz in meinem Magen. Vor meinem inneren Auge läuft in Dauerschleife diese grauenvolle Sterbesequenz aus *Into the Wild*. Ich lieg da also so in dieser einsamen Berghütte fernab der Zivilisation, die nächste Stadt dürfte fünf Autostunden entfernt sein, während meine Lebensgeister schwinden und ich nur noch ein Häuflein Elend bin, und muss ständig an diese Szene denken. Nee, so will ich nicht sterben! Aber wenigstens haben es Philipp und Bella kuschlig.

Zum Glück habe ich aber einen Arztsohn mit prall gefüllter Reiseapotheke dabei, der mir Elektrolyte verabreicht – meine Rettung! Bald geht's mir besser, und irgendwann ist endlich auch diese Nacht überstanden.

Später irgendwann lese ich, dass Wasser, das man ja ohnehin nie trinken und immer mindestens eine Minute abkochen sollte, ab einer Höhe von 2000 Metern – warum auch immer – sogar drei Minuten abgekocht werden sollte. Habe ich für unsere Fünf-Minuten-Terrine nicht gemacht. Keine Ahnung, ob das nun wirklich die Ursache war, aber seltsam, dass Philipp, der sich ja schon seit einer Woche herumquält, das so unbeschadet übersteht. Die Rache des Montezuma ist eben unergründlich. Ich kann jedenfalls seitdem den Anblick und Geruch dieses Instant-Lunch-Dingsbums nicht mehr ertragen, das wir nachmittags gegessen hatten. Als am übernächsten Tag eine Frau im Bus so ein Teil direkt neben mir isst, muss ich mich mal eben spontan … nein, nur ans andere Ende des Busses setzen. Aber es war knapp.

Das Traurigste am nächsten Tag ist natürlich der Abschied von Bella. Sie begleitet uns noch bis zum Van, der uns zum Bahnhof bringt, und läuft noch ein Stückchen hinterher – dann verschwindet sie langsam aus unserem Blickfeld. Ich würde gerne sagen, dass sie herzerweichend gejault hat, aber das tut sie nicht. Sie bleibt wohlerzogen und erhaben da sitzen und guckt uns nach. Obwohl sie heulen kann wie ein Wolf, das hat sie ab und zu bewiesen.

Ich freue mich auf weitere sieben Stunden im Chepe, in denen ich meinen ausgemergelten Körper und die zittrigen Beinchen nicht bewegen muss, sondern nur im Sessel liegen und endlose Landschaft (diesmal: langsamer Abstieg aus dem Gebirge durch eine Art Dschungel) an mir vorüberziehen lassen kann, bis wir in Los Mochis ankommen, das nur ca. zwanzig Kilometer vom Pazifik entfernt liegt.

In den nächsten Wochen wird uns der Pazifik ein treuer Begleiter werden – wir tauchen unfreiwillig in den Karneval von Mazatlán ein, entdecken geheime Inseln, Wale und Traumstrände vor Puerto Vallarta und chillen bis zum Umfallen in einem Surferparadies. Aber noch lange Zeit müssen wir immer wieder an Posada Barrancas, dieses kleine Dorf am Rande des riesigen Canyons, zurückdenken.

Und an unsere Bella.

Bei den Mayas feat. Max Frisch

Philipp

> Ein Volk wie diese Maya, die das Rad nicht kennen und
> Pyramiden bauen, Tempel im Urwald, wo alles vermoost
> und in Feuchtigkeit verbröckelt – wozu?
> Ich verstand mich selbst nicht.
>
> (MAX FRISCH, HOMO FABER)

Wir erreichen in der Mittagshitze das glühende Palenque. Die
Sonne hier, sie ist … Ich habe lange nach einem Wort gesucht, bis
ich es bei Max Frisch in *Homo faber* fand. Sie ist schleimig.

Da stehen wir nun, ausgespuckt am Busbahnhof, und haben
keine Ahnung, wo es langgehen soll. Im Reiseführer hatten wir
von einem Dschungeldorf gelesen, das sich auf der Straße Richtung Maya-Ruinen befinden soll. Wir sehen viele Straßen, aber
welche führt zu den Mayas? Ein Mann nimmt uns unter seine
Fittiche. Er sagt, wir sollen uns einfach auf die andere Straßenseite stellen, von dort aus kämen wir weiter, Autos würden uns
mitnehmen. Autos? Kommen die von alleine oder müssen wir die
anhalten? Kleine Autos? Große Autos? Wir gehorchen – paradox,
aber das ist es, was man in der Fremde lernt, auf seinem Freiheits-
trip raus in die Welt: Gehorsam!

Wir müssen nicht lange grübeln, auf was oder wen wir hier auf
der anderen Straßenseite eigentlich warten, da hält es schon. Tatsächlich, ein Auto. Ein Van. Wir steigen erst mal ein. Keiner fragt
vor Antritt der Fahrt, wohin wir eigentlich wollen. Es scheint,

hier hätte sowieso jeder das gleiche Ziel: geradeaus, die Straße runter. Und wir sagen auch nichts, der Van hier sieht nach einem grundanständigen Taxi Colectivo aus. Denn man lernt auch noch etwas anderes auf Reisen: Vertrauen. Wenn man gut ist, vertraut man sogar nur den Richtigen. In diesem Fall, in diesem Van sind es die Richtigen. Nach fünf Minuten fragen sie, wo es hingehen soll. Wir sagen »El Panchan?«, so heißt das Dschungeldorf, das Fragezeichen dahinter betonen wir nur, weil wir keine Ahnung haben, ob wir in die richtige Richtung fahren. Die Jungs nicken. Setzen uns nach weiteren, sehr aufregenden fünf Minuten ab. Hier ist aber nix. Wir fragen nach: »El Panchan? Aquí?« Die Jungs bejahen dies, ziehen die Tür hinter sich zu und setzen ihre Fahrt fort.

Da stehen wir nun wieder, mitten im Dschungel-Nirgendwo, an einer einsamen Landstraße. Zum ersten Mal auf unserer Reise sind wir im Dschungel. Der Reptilienhaus-Effekt im Zoo, wenn man die Tür zu den Tieren öffnet und die feuchtschwüle Membran durchschreitet, ist jedes Mal ein besonderer Moment. Es gibt zwei Sandwege, die von der Straße abgehen, der eine führt nach rechts, der andere nach links. Das kann mal wieder nur eines bedeuten: Wir müssen uns entscheiden. Auch so ein Reisethema: Entscheidungen. So viele Entscheidungen, wie ich in den letzten drei Monaten treffen musste, habe ich in meinem ganzen Leben noch nicht getroffen. Freisein ist gut, macht aber viel Arbeit. Friederikes Stein zerschlägt meine Schere. Das Schnick-Schnack-Schnuck-Orakel hat entschieden, wir gehen nach links.

Da steht ein Schild mit verschiedenen Namen von Unterkünften. Die, die wir uns im Reiseführer ausgeguckt hatten, ist dort auch verzeichnet. Tafeln aus Holz mit verschiedenen bunten Schriftzügen, das sieht schon gut aus, handmade. Nur Pfeile oder Wegrichtungen sind darauf nicht verzeichnet. Wir drehen uns im Kreis wie das Ladesymbol einer Navigations-App, wir erlangen zwar durch mehrmalige Imkreisdreherei keine präzise Routenvorgabe mit voraussichtlicher Ankunftszeit, dafür entdecken wir aber einen einbeinigen dicken Mann auf einer Mauer, der uns interessiert beobachtet. Fragen wir doch einfach den. Er spricht leider sehr undeutlich, aber sein Arm zeigt nach links. Ganz einfach.

Nach ein paar Minuten erreichen wir das erste Haus, eine Bretterbude, dann geht es über eine Brücke, die über einen kleinen Bach hinein ins Dorf führt. Dorf kann man nicht sagen, es ist eher eine lichte Ansiedlung verschiedener Menschen mit verschiedenen Motiven, hier im Dschungel zu hausen. Es gibt hier ein größeres und ein kleineres Restaurant, eine Wäscherei und drei, vier Hostels (das ist der kommerzielle Bereich, der von Einheimischen geführt wird), und dann gibt es noch eine Bar, ebenfalls mit einfacher Küche, die von einem Kurzhaarigen mit einer hüftlangen Dreadlock geführt wird, und eine kleine Hippie-Alternativszene, die, natürlich nicht weniger kommerziell, folgenden Geschäften nachgeht: Piercings und Tattoos (auch nach traditioneller Maya-Art), Schmuck (aus Halbedelsteinen, Knochen und Tierpfoten) und einer täglich stattfindenden Feuer-Akrobatik-Show, die im größeren Restaurant abgehalten wird und schön anzuschauen ist.

Unsere auserwählte Unterkunft gibt es nicht mehr; wir entscheiden uns für das Hostel Margarita and Ed, dort bekommen wir ein im Erdgeschoss gelegenes, sehr sauberes und glücklicherweise kühles Zimmer zugewiesen, genau zwei Meter vom dichten Dschungel entfernt.

Tür zu: Dschungel weg, Tür auf: Dschungel da. Dieses Spiel könnte ich stundenlang spielen. Es fasziniert uns sehr, hier zu sein. Grün, alles ist sattgrün, gleich platzt das hier alles, und es wird Chlorophyll regnen. Überall knackt, schreit, zischt es. Grillen. Und es tropft und plätschert, raschelt, modert vor sich hin oder springt auf und erblüht mit einem leisen Knall.

> Überhaupt diese Fortpflanzerei überall, es stinkt nach Fruchtbarkeit, nach blühender Verwesung. Wo man hinspuckt, keimt es!
>
> (MAX FRISCH, HOMO FABER)

Ja, immer wieder stinkt es. Zu viel stirbt im Dschungel, weil zu viel lebt.

Unseren ersten Abend verbringen wir im großen Restaurant. Essen okay, gute Pizza.

Eine Live-Combo spielt karibische Rhythmen, und wie um der Absurdität die Krone aufzusetzen, gibt es hier, mitten im Dschungel, einen richtigen, echten EINTÄN-ZER. Ein älterer Herr, massig, den Panamahut tief ins Gesicht gezogen, graubezopft, in Dschungel-Klamotten, greift sich eine Dame nach der anderen aus dem Publikum und tanzt mit ihr vor der Bühne vor aller Augen Salsa. Ich kriege Angst und verkrieche mich möglichst unauffällig möglichst weit hinten. Bin zum Glück ungeschoren davongekommen. (F.)

Interessanter ist es, dem immer noch vorhandenen Gefühl der Unwirklichkeit Raum zu geben, das soll sich bitte alles schön ausdehnen, bis es verpufft und man angekommen ist. Das ist der Flirt mit der Fremde, bis es zur ernsthaften Beziehung reift und man entweder gehen muss oder nie mehr wegkommt. Wir sitzen in einem echten Dschungel und trinken echtes Bier und essen echte Pizza, das ist doch nicht wahr, das ist viel zu schön! Wie immer, wenn die Eindrücke zu stark sind, der Klima-Ortswechsel zu abrupt vollzogen …

Das ist echt lustig, ich bin gestern genau an dieser Stelle vorm Rechner eingeschlafen! Ich wollte sagen, wie immer, wenn die Eindrücke zu stark sind, schläft man ein, oder man schläft sehr viel und lange. Das taten wir dann in unserem Dschungelappartement. Auf dem Weg vom Restaurant zum Zimmer hörten wir im Dunkeln ein Tier, das klang wie das *Pssssst* von dem Willst-du-ein-A-kaufen-Typ aus der *Sesamstraße*, bei diesem Tier war es aber nach dem *Pssst* zu Ende, es wollte uns keinen Buchstaben verkaufen, eigentlich hat es mehr *Kkkkssssssssssssssstttt* gemacht. Wichtig, die harte T-Endung, wie bei einer Stimmausdrucksübung für Chorsänger oder so. Dieses Tier war extrem nah und unglaublich laut an uns dran, als würde es uns rufen. Nein, wir sind ihm nicht gefolgt. Das »T« hätte ich ihm trotzdem gerne abgekauft, das war unheimlich.

> Es schwirrte und lärmte wie im Zoo, wenn man nicht weiß, was da eigentlich pfeift und kreischt und trillert, Lärm wie moderne Musik, es können Affen sein, Vögel, vielleicht eine Katzenart, man weiß es nicht, Brunst oder Todesangst, man weiß es nicht.
>
> (MAX FRISCH, HOMO FABER)

Am nächsten Tag machen wir uns auf in die Ruinenstadt. Und endlich komme ich zu meinem Lieblingsthema: den Mayas. Was habe ich nicht alles über sie gelernt. Und vergessen. Ich muss einschieben, nach Palenque besuchten wir die berühmte Maya-Stätte in Tikal in Guatemala, dann eine weitere in Copán, Honduras. Ohne es geplant zu haben, sind wir der Maya-Route gefolgt.

So viel ist von den Stätten nicht hängengeblieben, zumal wir nicht immer einen Guide hatten, sondern oft nur kleine Faltblätter und ein paar Infotafeln am Wegesrand, für einen Wikipedia-Eintrag würde es nicht reichen, den gibt es aber glücklicherweise schon. Der Maya-Route folgt man am besten, indem man Filme schaut. Ein guter, sehr guter Film ist *Der Maya-Code*, der mir die Erkenntnis brachte: Die Mayas, das waren eigentlich die ersten Writer (Graffiti-Maler), nicht die Steinzeitmenschen, die zwar auch Illustrationen an Wänden anbrachten, das aber, vermute ich zumindest, nicht so sehr aus Style-Gründen, wie es bei den Mayas der Fall war. Diese ganze Entschlüsselungsgeschichte der Maya-Glyphen hat so lange gedauert, weil das Schriftsystem kein einheitliches war, keine vereinfachte Ausgangsschrift mit erkennbaren Regelmäßigkeiten. Diese indigenen Writer fanden, während sie das Leben der Hochgeborenen nacherzählten, Vergnügen daran, ihrer Schrift einen eigenen Stil zu geben. Nicht der Inhalt hatte Vorrang, sondern die Form der Glyphen, der ganz eigene Style, die Handschrift des Überbringers.

Maya-Glyphen. Nur, warum sehe ich Hakenkreuze und SS-Runen? Ich weiß, was mich zu solch freien Interpretationen bringt. Es ist dieser Ort, er macht einen ganz spinnert. Es folgen drei Fälle exzessiven Spinnertums.

Fall 1: Es gab hier mal einen Grafen … Ganz sicher war er gar kein Graf, aber damals konnte man mit solchen Titeln Eindruck schinden bei wichtigen Leuten, heute klappt dieser Trick nur noch mit Fans schlechter Musik neuer deutscher Härte, zu hart für mich. Jedenfalls, dieser Graf, 1766 geboren um zu leben, nannte sich Johann Friedrich Graf von Waldeck. Eigentlich war er französischer Herkunft und wird bei Wikipedia unter dem Namen Jean Frédéric Maximilien de Waldeck geführt. Dieser jedenfalls hat in Palenque zwei Jahre lang in einer Pyramide gewohnt und rückblickend, er war vielleicht teilweise anderer Auffassung, Quatsch gemacht. Er malte alles ab, er sah (in der Gestalt von Maya-Göttern) Elefanten, wo keine waren (in Mexiko), und interpretierte die sehr stylishen Glyphen der Mayas größtenteils falsch. Seine Aquarelle legen an einigen Stellen viel Wert auf das genaue Detail der Sache, lassen jedoch an anderen Stellen den Verdacht aufkommen, der Aquarellierende hat an jenen Stellen zu sehr dem eigenen Interpretations- und Gestaltungswillen gehorcht. Ein Wissenschaftler kommt bei dieser Art von Dokumentation vielleicht nicht rum, aber ein Mann, der andere ansteckt, dem Ganzen nachzugehen, und sogar einen Menschen im Speziellen ganz besonders anfixt und ihm dazu verhilft, als Pionier der modernen Maya-Forschung in die Geschichtsbücher einzugehen: John Lloyd Stephens. Graf Waldeck starb, so berichtet die Wikipedia-Autorenschaft unter Hinzufügung eines »angeblich«, mit hundertundneun Jahren an einem Herzinfarkt in Paris, nachdem er einer hübschen Frau nachgeschaut hatte. Wer weiß, was er wirklich gesehen hat.

Fall 2: Erich von Däniken, die Älteren dürften diesen Namen in den Sechzigern des vergangenen Jahrtausends schon mal gehört und vielleicht sogar ein Buch dieses Autors im Regal stehen haben. Zu gut möglich, immerhin verkauften sich die Bücher des Anhängers der Prä-Astronautik insgesamt dreiundsechzig Millionen Mal.

Erich von Däniken hat einiges in seinem Leben behauptet und erschaffen, gerade wenn die Tage lang waren, und das waren sie ab 1970, von da an saß er drei Jahre im Zuchthaus. Verurteilt wegen Urkundenfälschung (oder eines ähnlichen »Bagatelldelikts«). Sein Werk ist ein umfassendes, ich kenne es nicht, aber natürlich hebe ich es, zwar mit einiger Anstrengung, aber zuversichtlich auf meinen wankenden Stapel ungelesener Bücher. Wenn er nicht umfällt, der Stapel, und großes Chaos verursacht, dann kommt Däniken noch vor Karl May und Dan Brown dran.

Ich weiß also nichts über ihn, nur gerade Angelesenes, was zumindest einen Rückschluss zulässt: Däniken traute der Menschheit nicht besonders viel zu. Das kann man okay finden. Aber wie findet man es, wenn Däniken sagt, dass all die großen historischen Bauwerke (Pyramiden, Stonehenge) nicht von Menschenhand geschaffen wurden, weil viel zu schwierig und auch körperlich, ohne Heranziehung noch nicht erfundener Gerätschaften, echt schwer? Das kann man auch okay finden. Wer anderer Meinung ist, hebe bitte den ersten Pyramidenstein. Okay. Aber wie findet man es, wenn nun dieser Bestsellerautor behauptet, es waren Außerirdische, die vor vielen Jahren die Erde besuchten und den Schwächlingen, uns Menschen, halfen, Monumentales zu erschaffen, wie zum Beispiel diese Pyramiden hier in Palenque? Also wie? Dafür will man doch schon den ein oder anderen Beweis erbracht sehen, oder? Däniken hat ihn gefunden! Und zwar in einem Relief, das 1952 im »Tempel der Inschriften« auf der Grabplatte des Maya-Königs

Pakal hier in Palenque gefunden wurde. Es zeigt, so Däniken, nicht, was viel zu erwartbar wäre, den König selbst, sondern einen Raumfahrer, auf einer Rakete sitzend, mutmaßlich seinen verdienten Heimflug antretend, nachdem er ein paar Jahrhunderte auf dem Bau der Mayas geackert hatte. Da ist man sprachlos.

Betrachtet man das Bild genauer, erkennt der mit Abstraktionsvermögen gesegnete Betrachter sogar die Sauerstoffzufuhrschläuche, auf die der schweizerische weibliche Guide jetzt mit einem Stock zeigt und die Botschaften ihres Landsmannes Däniken verkündet.

Die Reisegruppe giggelt. Frieda und ich stehen in dritter Reihe. Eigentlich erkunden wir das Gelände auf eigene Faust, aber manchmal stellen wir uns heimlich zu den guidegeführten Gruppen und lauschen, oder wir versuchen mit den Souvenirhändlern zu quatschen. Hier und da mal ein bisschen lauschen, einfach weitergehen, wenn es langweilig wird oder man etwas anderes entdeckt. Manchmal ist es ganz angenehm, sich auf diese Weise alles zusammenzureimen.

»Nicht wahr?«, will man Erich von Däniken fragen. »Zusammenreimen, das kennen Sie doch?«

Fall 3: Der Dritte im Bunde, der sich allein durch seine Profession schon als Spinner auszeichnet, schließlich ist er Romancier, ist Max Frisch. Lange, lange Zeit lag Max Frisch bei mir auf dem schon erwähnten Stapel ungelesener Bücher, bis sein Roman reif war und von höchster Stelle des Stapels mir in die Hände fiel. Reif wurde er durch den Umstand, dass Max Frisch seinen *Homo faber* zu großen Teilen in Palenque spielen lässt und ich mir natürlich nicht das Vergnügen nehmen lasse, einen (großartigen) Roman (erstmalig) dort zu lesen, wo er stattfindet. Totale Leseverstärkung.

Palenque ist nach Teotihuacán unsere zweite große Ruinenstadt. Wie gesagt, ich glaube, es ist viel komfortabler, alles, wirklich alles, was es über die Mayas und ihre Bauten zu wissen gibt, in Form von Texten und Filmen zu erfahren. Man muss hier nicht hinkommen, wirklich nicht. Natürlich flasht es, vor diesen Bauten zu stehen, es blitzt gewaltig auf, ist dann aber schnell wieder vorbei. Was bleibt, ist die Reise an sich, die Unterkunft, El Panchan, wir kommen später noch darauf zurück. Man steht also *davor*, tausend andere Menschen stehen mit *davor*, es ist zu laut, um den Geist des Ortes einzufangen, und letztlich –

> Nach einiger Pyramidenkletterei aus purer Langeweile (die Stufen sind viel zu steil, gerade das verkehrte Verhältnis von Breite und Höhe, sodass man außer Atem kommt) legte ich mich, schwindlig vor Hitze, irgendwo in den Schatten eines sogenannten Palastes, meine Arme und Beine von mir gestreckt, atmend.
>
> (MAX FRISCH, HOMO FABER)

– erkennt man seine Grenze der Belastbarkeit, es ist heiß, die feuchte Luft, die schleimige Sonne, und man fragt sich, was mache ich hier? Und was macht ihr, Füße? Schon wieder seid ihr plattgelaufen, schon wieder müssen wir hier gemeinsam ausruhen:

Überhaupt der ganze Mensch! – als Konstruktion möglich,
aber das Material ist verfehlt: Fleisch ist kein Material, sondern ein Fluch.

(MAX FRISCH, HOMO FABER)

Ich gestehe: Der grantelnde Walter Faber ist in mich gefahren.
So schlimm finde ich es doch gar nicht, hier zu sein.

Palenque – die Ruinenstätte

Gehen wir mal zurück zum Eingang. Das Erste, was beim Betreten der Anlage auffällt, ist der akkurat geschnittene Rasen. Unweigerlich denkt der Deutsche: bitte nicht betreten. Aber dieses Verbot gibt es hier zum Glück nicht. Trotzdem, bevor man
das Staunen über diese doch ganz eindrucksvollen Paläste beginnt (»doch ganz«, weil wir waren zuletzt immerhin in Teotihuacán, die Pyramiden dort sind die XXL-Versionen dessen,
was wir hier zu sehen bekommen; allerdings nur an der physi-
schen Größe gemessen, eleganter wurde hier gebaut), ist es, wie
gesagt, der kurze Rasen, der verstört. Warum ist das so? Es will
so gar nicht zum Dschungel passen, aus dem diese Überbleib-
sel einer verlorenen Übermacht ragen. Er macht die grauen Ko-
losse, die wir uns im damaligen Blutrot vorstellen müssen, zu
»Parkpyramiden«, leider verkommen sie zu Kulissen, werden
Teil einer touristischen Anlage. Obwohl sie so einst auch konzi-
piert waren, vermute ich zumindest, wollen wir die Paläste lieber zugewuchert sehen. Möglich, dass uns eine zugewachsene
Pyramide viel mehr ein Gefühl von Entdeckertum vermitteln
würde. Nun ja, wir könnten entdecken, schließlich sind erst fünf
Prozent der Ruinen freigelegt, aber die Tiere, die wilden Tiere!
Dann lieber doch ganz ungeniert den Rasen betreten.

Doch wir befinden uns erst am Eingang, wir wollen nicht
gleich motzen.

Wir werden noch weitergehen, wir werden Dschungelpfade
betreten und massive Steinpaläste mit fein gearbeiteten Stuck-

reliefs sehen, die wie vom Himmel gefallen, pardon, wie von Wesen aus dem Himmel geschaffen, scheinen.

Wir werden an einem Wasserfall vorbeikommen, wo die Queen Moms verschiedener Dynastien ihr morgendliches Bad nahmen.

Wir werden Hängebrücken überqueren, die es zwar früher noch nicht gegeben hat, die aber zu erheiternden Hüpf- und Hochschleuderspielen einladen und Teil eines wunderschönen Wanderweges sind.

Wir werden die hier so charakteristischen Dachkämme verwundert betrachten.

An manchen Stellen werden uns die roten Farbreste auffallen, derer wir uns imaginär bedienen und alles hier Herumstehende aus Stein in dieses Rot tauchen.

Wir werden den Tempel erklimmen, in dem die unterirdische Grabkammer von K'inich Janaab Pakal I. liegt (leider inzwischen für Besucher gesperrt), und uns an das großartige Anthropologische Museum in Mexico City erinnern, wo wir die zur Ikone gewordene Jademaske von Pakal dem Großen sahen.

Wir werden hoch oben auf Tempelanlagen sitzen und den Wahnsinns-Ausblick über ewige Dschungellandschaft genießen – und zum ersten Mal den unvergleichlichen Sound von Brüllaffen hören! Palenque liegt wirklich sagenhaft schön und beeindruckend, dort an den Hängen mitten im Dschungel.

Und: Wir werden Ameisen sehen.

Die Blattschneideameisen sind eines unserer Highlights in der Ruinenstadt. Erstens, weil wir diese starken Tiere noch nie live gesehen haben, und zweitens, weil wir, besonders nach den Lehren Dänikens, die Gelegenheit bekommen, den Blick mal vom Universum abzuwenden und das Gewusel hier am Boden näher zu betrachten, um in die Falle des Symbolhaften zu tappen.

Hier an den Rändern des Weges entdecken wir sie. Es ist lustig (gleich ist es nicht mehr lustig), diese Ameisen hier im Dschungel nutzen den gleichen Weg wie wir, sie laufen an den Steinrändern der Wege entlang, sehr weite, weite Strecken, bis ihre kleine Autobahn von einem Felsen unterbrochen wird. An dieser Stelle müssen sie sich neu orientieren und leider schrecklichen Gefahren ausweichen. Die Gefahr kommt in Gestalt von Wegelagerern, viel größeren Ameisen oder was auch immer … (Moment, ich habe es gerade gegoogelt. Es sind tatsächlich Über-Ameisen, und sie heißen Aztecas!) Also diese Aztecas, sie stehen am Felsen, es sind nur ein paar, aber sie sind so viel größer und schauen komplett furchterregend und unsagbar ekelhaft aus, sie lauern den Blattträgern auf, beißen sie und schmeißen sie, die Emsigen, das fünfmal größere Blatt noch immer in die Höhe haltend, runter in ihre Azteca-Verliese, wo sie sie schließlich, geschützt vor größeren zur Hilfe eilenden Blattschneideameisen, töten und sich einverleiben.

Mein Gott, das haben wir alles beobachtet. Das wird mir jetzt erst klar. Ich habe das Verhalten der Aztecas für ein bisschen Gängelung gehalten, dachte, die gehören irgendwie zusammen, die Großen sind die Vorarbeiter und blasen den Kleinen den Marsch. In unserem Kopfkino, als wir das Gewusel der Ameisen betrachteten, lief ein Film über die Mayas und ihre strenge Hierarchie-Kultur mit Adel und einfachen Arbeitern ab. Aber das, was wir hier gesehen haben, war mindestens Krieg zwischen zwei verschiedenen Stämmen.

Wir sehen also: Palenque ist ein fantastisches Freilichtmuseum, das einem sogar, wenn man nur lange genug auf Ameisen starrt, das harte kriegerische, überhaupt nicht friedliche Leben der Mayas auf eine höchst anschauliche Art und Weise vor Augen führt. Mel Gibsons Maya-Film *Apocalypto* ist nichts dagegen.

El Panchan

Zurück im Dschungeldorf El Panchan stelle ich eine blöde Eigenschaft an mir fest, die ich nicht in den Griff bekomme: Wenn ich mich erschrecke, zucke ich zusammen und stoße dabei meist ein ziemlich schrilles Geräusch aus, dann atme ich heftig und will sofort jemandem erzählen, was mir soeben widerfahren ist. Dieses zutiefst kindliche Verhalten hat kurz nach unserer Rückkehr ins Dschungeldorf dazu geführt, dass ich diesen riesigen Leguan, der neben mir hockte, leider nur eine kurze Schrecksekunde lang beobachten konnte, ihm dann hinterherschaute, wie er sich, ebenfalls zu Tode erschrocken, in einem Affenzahn aus dem Staub machte, durch einen Bach rannte und im Dschungel verschwand. Das lässt sich leider nicht abstellen. Wenn ich ein ungewöhnliches Tier sehe, das mich auch noch latent anekelt, muss ich quietschen. Das gilt für Spinnen, komische Insekten, Hirnkorallen, Tausendfüßler und Katzen gleichermaßen. Schade, den Leguan hätte ich gerne noch ein bisschen beobachtet. Hier das Phantombild.

Wie oben schon irgendwo erwähnt, gibt es in El Panchan eine Bar mit eher schlichter Küche, die nicht so heimelig folkloristisch eingerichtet ist wie das große Restaurant, das auch Menschen aus dem Stadtkern Palenques anzieht, aber doch ganz (schon wieder dieses »doch ganz«) nett ist. Die Bar wird von ebendiesem kurzhaarigen, eine Dreadlock tragenden Deutschen geführt.

Ohne Überleitung fragt er mich, ob ich gerne tanze. Ich wundere mich nicht mehr, diese Frage bekomme ich seit Kuba ständig gestellt. Wie immer sage ich vage: Joa, schon, aber Salsa nicht so ... Da verweist er mich doch glatt an den EINTÄNZER! Um Gottes willen, rufe ich erschrocken, das fand ich gestern ganz grauenvoll, wie er die armen Frauen dazu zwang, vor all den Leuten mit ihm zu tanzen! Dann sagt der Barbesitzer, dass der Mann ein sehr guter Freund von ihm sei. Ups. Und dass er sehr gut Salsa tanzen würde und es mir gerne beibringen könne. Äh, nein! Und dann erkenne ich, wer drei Meter entfernt am Tresen sitzt: der Eintänzer ... Da hockt der doch tatsächlich den ganzen Tag im Dschungel rum, mit einer Rassel in der Hand, mit der er bisweilen karibische Rhythmen rasselt, und lauert auf Beute. Ich werd bekloppt. (F.)

Jetzt erfahren wir vom Barbesitzer: Er ist Programmierer, kommt aus dem Osten (Ort nennt er nicht), ist dann in den Süden gegangen (Stuttgart) und hat irgendwo da seine mexikanische Frau kennengelernt, die aus Palenque stammt. Jetzt versucht er sich etwas mit dieser Bar aufzubauen. Allein, die Konkurrenz ist groß, auch wenn sie nur aus zwei anderen Gastrobetrieben besteht. Bei drei Hostels sind drei Bars schon eine ganze Menge. Ich frage ihn, was es mit den Anti-Drogen-Schildern auf sich hat, die hier überall hängen, gab es hier mal Probleme, *Orgien* vielleicht? Er sagt, das habe der Barbetreiber von nebenan gemacht, dieser Spinner (schon wieder ein Spinner). Er sagt, in seine Bar kämen eben nachts immer noch gerne die Leute zum Feiern hin, natürlich ganz friedlich, versteht sich, aber das sei dem Nachbarn ein Dorn im Auge, der hier schlimmste Drogengelage vermutet, und einfach nur neidisch sei, dass er, der Deutsche, mehr Kundschaft habe als der Nachbar. Der glaubt, mit diesen Schildern könne er dafür sorgen, potenzielle Klientel (Drogensüchtige) für den Deutschen zu vertreiben und die cleane Kundschaft in seine eigene Bar zu locken.

Das ist das Allerletzte! Das Letzte, was wir über den Dschungel erfahren, bevor wir am nächsten Tag abreisen: Auch hier bleibt einem der ganz normale Krieg unter Nachbarn nicht erspart. Das tut mir leid, gerade für den Deutschen, der diesen langen Weg auf sich genommen hat.

Am nächsten Tag erwartet uns der gebuchte Shuttle, mit dem wir uns von Mexiko verabschieden und aufmachen nach Guatemala.

Lesen
Max Frisch: *Homo faber*
Erich von Däniken: *Erinnerungen an die Zukunft*

Gucken
David Lebrun (Regie): *Der Maya-Code*

GUATEMALA

Temple Run: Die Ruinen von Tikal

Friederike

Einer der wenigen guten Gründe fürs Frühaufstehen lautet: Sonnenaufgang. Den wollen wir in den Ruinen von Tikal, tief verborgen im guatemaltekischen Regenwald, erleben. Daher wecken wir mitten in der Nacht erst mal unseren niedlichen Gastwirt, was mir sehr unangenehm ist. Auf einer Isomatte liegt er in der Eingangshalle, um heimkommende Partygänger rein- oder kulturinteressierte Reisende wie uns rauszulassen. Jetzt sitzen wir also um drei Uhr morgens in Flores auf der Straße und warten auf den Bus, der uns abholt. Dann geht es erst mal eineinhalb Stunden lang durch tiefste schwarze Nacht.

Moment. Ich möchte noch von meinem Tragik-Verstärker erzählen, obwohl er nicht beschreibbar ist, denn ich landete so dermaßen tief in einem Kitsch-Kübel aus Sehnsuchtsmotiven, dass es mir den Verstand raubte und ich nur mehr der Musik in meinen Ohren lauschen konnte und eine Flut von martialischen und supertragischen Bildern (die ich Mel Gibson zu verdanken habe, dazu später mehr) an meinem inneren verheulten Auge vorbeiziehen ließ. Ich hatte den universellen Film-Soundtrack eingelegt. Es lief: »The Golden Age« von Woodkid. Der Text ist eigentlich in moderneren Zeiten angesiedelt, aber dieses »The Golden Age is over« reichte mir vollkommen, um den Mayas bitterlich nachzu-

*weinen. Das war sie, meine Sentimentalitätsbeichte. Und
ich muss außerdem zugeben: Diese Geräusche in meinen
Ohren machten die Fahrt durch die guatemaltekische
Nacht für mich zu einem hochemotionalen und dadurch
unvergesslichen Erlebnis. (Brechen Sie ruhig in meinen
Kübel, hier ist noch Platz.) (P.)*

Irgendwann, es ist immer noch stockdunkel, halten wir, und eine
kleine, dickliche Silhouette schiebt sich in den Van und stellt
sich als Manuel vor – unser Guide für Tikal. Wir fahren noch
ein Stück weiter, dann ist erst mal Eintrittsprozedere inklusive
Durch-dunkles-Gelände-Stolpern angesagt. Wir werden mit einem Kaffee begrüßt, und el baño dürfen wir auch benutzen. Das
ist leider finsterer als die schwärzeste Nacht; mit Handys und Kameras leuchten wir Mädels uns gegenseitig, man weiß ja auch
nicht, welches Spinnengetier da vielleicht herumkreucht (die Toiletten sind, wie fast immer, eher rudimentär, in offenen Bereichen, mit nur provisorischen Klapptüren) – großes Gekicher. Ein
bisschen aufgeregt sind wir, glaube ich, alle, denn jetzt heißt es, ab
in den nächtlichen Dschungel!

Manuel erweist sich als absolut fantastischer Führer; er erklärt uns im Lauf des Tages nicht nur wirklich interessante
Dinge über das Leben und den Glauben der Mayas, sondern ist
auch noch superlustig. Zunächst mal rennt er jetzt aber in einem Irrsinnstempo los (wir wollen bei Sonnenaufgang auf Tempel IV sitzen, und der steht am anderen Ende der Maya-Stadt),
wir eher nicht so mit dem stockdunklen Dschungel vertrauten Turistas stolpern mehr oder weniger hinterher, viele wieder
mit dem Licht ihrer Handys als Hilfe. Zum Glück haben wir ja
Stirnlampen mitgenommen. Also, auf die Reise. Jetzt gerade liegen sie in unserem Hotelzimmer in Flores.

Aber wenigstens Manuel hat eine Taschenlampe. Damit zeigt
er uns jetzt einen riesigen Ceiba-Baum, den Weltenbaum der
Mayas. In ihm sehen sie ihre kosmologische Ordnung verkörpert: Die riesigen Wurzeln stehen für die Unterwelt, der Stamm
für das jetzige Leben, und die Baumkrone verkörpert den Him-

mel bzw. das nächste Leben, das hoffentlich ein besseres sein möge. Noch heute kommen Mayas auf das Gelände von Tikal, um an diesem Baum ihre Rituale zu begehen, besonders zur Sonnenwende.

Wir stolpern weiter. Interessanterweise merkt man nach ungefähr zehn Minuten, dass man immer trittsicherer wird, obwohl man wirklich rein gar nichts sieht und der Boden von Wurzeln, Steinen und weiß der Geier was noch übersät ist. Manuel zeigt uns kurz die Wurzeln und sagt, wir sollten gut aufpassen, wo wir hintreten – es könnte sich auch mal um eine Schlange handeln. Na toll! Noch dazu müssen wir über Stufen rennen. Bevor wir überhaupt unsere erste Ruine sehen, ist diese Entdeckung der eigenen Trittsicherheit schon ein ganz spannendes Erlebnis. Und auch der Hörsinn funktioniert besser als sonst – es gibt aber auch viele irritierende Geräusche hier im Regenwald, und so ganz geheuer ist einem das alles nicht. Irgendwann ertönt ganz dicht neben uns ein ziemlich furchteinflößendes Gebrüll, und wir alle erschrecken uns zu Tode. Manuel findet es sehr lustig, uns mit einem vermeintlichen Jaguar noch mehr Angst einzujagen – die gibt es hier nämlich wirklich. Also, ich mag ja Katzen, und mir ist schon klar, dass ein Jaguar wohl kaum eine größere Gruppe von Menschen angreifen würde. Trotzdem wird auch mir ein bisschen anders. Das könnte allerdings auch daran liegen, dass ich kurz zuvor noch Helge Timmerbergs *Der Jesus vom Sexshop* gelesen habe. Seitdem weiß ich nämlich, wie sich der Angriff eines Jaguars anfühlt (für mich bis dahin eine völlig abstrakte Vorstellung): Man stelle sich vor, eine entfesselte Kreissäge würde einem Gesicht und Körper zerfetzen. Das will ich dann lieber doch nicht am eigenen Leib erfahren. Aber zurück zu diesem Jaguar hier: Der zeigt sich zum Glück doch nicht. Ich habe ja den leisen Verdacht, dass es sich nur um irgendeinen kleinen Affen handelte.

Apropos Affen: Im Lauf der Zeit hören wir immer mehr Brüllaffen. Wer schon mal einen davon im Zoo in Aktion erlebt hat, kann sich vielleicht in etwa vorstellen, was das für ein Krach ist. Es klingt, als wären wir von Tausenden riesiger, unwirklicher Tiere umringt, die kurz vorm Durchdrehen sind. Und believe it or not: Hier in Tikal wurde der Sound für *Jurassic Park* aufgenommen! Uns wundert's überhaupt nicht. Dieser unbeschreibliche Lärm klingt wirklich wie ein paar wild gewordene T-Rexes. Und dabei stammt er von so kleinen und netten Tierchen!

Immer noch im Dunkeln kommen wir auf den riesigen Großen Platz von Tikal. Man erahnt inzwischen Schemen, und wie Ungetüme bauen sich die beiden turmhohen Haupttempel vor uns auf. Mit vierzig und siebenundvierzig Metern gehören sie zu den höchsten Stufentempeln Mittelamerikas, und man fühlt sich plötzlich ganz schön klein, da unten, im Dunkeln. Überhaupt ist Tikal eine Stadt von solchen Ausmaßen, dass man das alles wieder mal kaum fassen kann: Vom dritten bis zum neunten Jahrhundert eine der bedeutendsten Maya-Städte, dehnt sie sich auf ca. 65 km² aus. Allein der zentrale Bereich ist 16 km² groß und hat über dreitausend Gebäude; man schätzt, dass rund zehntausend Gebäude noch nicht ausgegraben wurden. Auf dem Höhepunkt der Macht, im achten Jahrhundert, sollen ungefähr 50 000 Menschen hier gelebt haben.

Wir kommen jetzt an einigen weiteren Tempeln vorbei, die sich schemenhaft aus dem Urwald erheben – sehr beeindruckend, wie sie sich erst von Nahem gegen den Nachthimmel abzeichnen. An einer Weggabelung, an der man zum ersten Mal den riesengroßen Tempel IV erkennen kann, auf den wir gleich klettern, erklärt Manuel, dass er auch der Star-Wars-Tempel genannt werde. Warum? Weil George Lucas 1977 hier eine Sequenz für den ersten *Star-Wars*-Film, Episode IV, gedreht hat. Der Tempel war damals die Rebel Base. Dass es sich tatsächlich um einen Tempel von überirdischer Macht handelt, führt Manuel uns auch direkt sehr beeindruckend vor: Mit seiner Taschenlampe gibt er ein Morsezeichen – und, huuh, prompt antwortet ein roter langer Laserstrahl vom Haupt des Tempels. Ach, diese Guatemalteken. Immer zu Scherzen aufgelegt.

Egal, jetzt stehen wir also davor und erklimmen das steile Ungetüm von 65 Metern Höhe und damit das höchste Gebäude von Tikal. Schwindelfreiheit ist ratsam, denn ganz oben sitzt man auf sehr steilen Stufen. Das erkennen wir zum Glück erst, als es dämmert. Jetzt ist es immer noch ziemlich duster hier. Auf den Stufen sitzt auch schon eine weitere Touristengruppe, wir verteilen uns und starren in den dunklen Dschungel. Dieser Ort hat wirklich etwas Magisches, wie man da so über den Wipfeln des Dschungels thront und die Geräusche des beginnenden Tages hört – Affengebrüll, Zischen, Knacken, Vogelrufe, allmählich lassen sich die Silhouetten der anderen Tempel ausmachen, und das alles sieht wirklich aus wie aus einer anderen Welt. (Genau dieser Ausblick ist es übrigens, den man in *Star Wars* sieht.) Leider ist uns ein atmosphärischer Sonnenaufgang mit Morgenrot nicht vergönnt, denn dafür ist es zu bewölkt. Aber auch (oder erst recht?) der Anblick, wie sich nach und nach der Nebeldunst hebt und wie man immer mehr erkennen kann, ist einfach atemberaubend. Irgendwann turnt ein Spinnenaffe in den Baumkronen vor uns vorbei, große Sittiche fliegen in Gruppen durchs Bild, und der Lärm der Brüllaffen begleitet den aufkommenden Morgen. Noch schöner wäre das alles, wenn die anderen Touris nicht laut in ihren Rucksäcken rascheln, Lunchpakete rausholen, Reißverschlüsse auf- und wieder zuziehen, laut klickende Handykameras benutzen und sich vor allen anderen auf den Stufen fotografieren würden … Unglaublich, dass zwanzig Menschen nicht mal eine halbe Stunde Stille aushalten.

Wenn man es aber schafft, von dem menschlichen Geräuschpegel abzusehen, ist dieses Erlebnis sicher eines der intensivsten, vielleicht auch meditativsten und jedenfalls beeindruckendsten, die wir bisher hatten.

Zurück auf dem Boden der Tatsachen, mittlerweile mit Sonnenlicht, ist erst mal wieder Klopause angesagt. Ich warte mit Manuel auf die anderen. Plötzlich verschwindet er etwas entfernt im Gebüsch, und als er wieder auftaucht, winkt und ruft er ganz aufgeregt. Er muss irgendein beeindruckendes Tier entdeckt haben, vielleicht sitzt da ein Brüllaffe oder ein Nasenbär? Ich renne natürlich sofort los, und auch die Gruppe kleckert nach und nach ein. Jetzt zeig schon, was gibt es hier Niedliches? Oh, eine Tarantel. Äh, schön. Die krabbelt gemächlich über Manuels Arme und dann auch sein Gesicht und versteckt sich unter seiner Mütze. So, und jetzt darf jeder das Tierchen mal auf die Hand setzen. Am Ende bin ich die Einzige, die darauf verzichtet – und das arme Ding wird durch die ganze Gruppe gereicht. Immer wieder versucht es sich zu verstecken, was bei den betreffenden Menschen verständlicherweise zu leichter Panik führt (eine handtellergroße Spinne im Ausschnitt muss man schon mögen), sodass Manuel die Tarantel schnell wieder abpflücken muss. Während alle von der Spinne fasziniert sind, drückt Manuel seinem »Stift«, wie Philipp und ich ihn nennen – einem Jungen, der die ganze Tour mitmacht und Manuel auf Schritt und Tritt

folgt –, einen Geldschein in die Hand. Und der gibt ihn unauffällig einem Mann, der an einem Baum am Wegesrand lümmelt. Als Manuel uns alle weitergescheucht hat, sehe ich, wie er die Tarantel komischerweise genau in diesen Baum zurücksetzt und dem Mann die Hand schüttelt. So viel zum Thema zufällig entdeckte Spinne im Dschungel. Das arme Vieh, es muss sicher noch etliche Touristengruppen überstehen an diesem Tag.

Jetzt aber mal wieder zum Ernst der Dinge – schließlich sind wir wegen der beeindruckenden Ruinen von Tikal hier. Manuel erlärt uns, dass Maya-Tempel alle zweiundfünfzig Jahre neu gebaut wurden, weil die Mayas glaubten, dass nach zweiundfünfzig Jahren ein wichtiger Lebenszyklus ende und hernach alles neu sein sollte. Daher übrigens die angebliche Apokalypse am 21.12.2012 – da war aus Maya-Sicht einfach nur eine dieser Perioden zu Ende, und der berühmte Kalender wurde einfach nicht weitergeführt, vielleicht hatte der Kalenderschreiber schlicht keine Lust mehr, oder die Hände waren inzwischen zu steif. Wie wir inzwischen ja zum Glück alle wissen, war das Datum nie als Weltuntergang geplant.

Lustig an diesem Ausflug ist der direkte Vergleich mit dem ziemlich hanebüchenen Film *Apocalypto* von Mel Gibson, dem Tikal als Inspiration für seine Kulisse diente. Diesen Film habe ich mir auf einem Mini-Tablet-Bildschirm angeschaut – im Original. Also auf Maya. Ohne Untertitel. Macht aber nix, die Handlung wird einem auch so klar. Aber sofort merkt man: Der gute Mel muss wirklich einen an der Waffel haben. Ein einziges Gemetzel und Blutvergießen, ein verrückt gewordener Priester, der oben auf dem Tempel steht und Gefangenen reihenweise die Köpfe abschlägt, um diese dann unter dem Gejohle der Menge die Stufen des Tempels hinunterkullern zu lassen – mit der wahren Maya-Kultur hat sich der Mann offensichtlich recht wenig beschäftigt. Trotzdem zeigt der Film zum Teil tolle Bilder, und ein paar kleinere Dinge darin stimmen ja sogar.

Eine Szene aus dem Film spielt Manuel jetzt für uns nach. Wir kommen an einem riesigen Termitenhügel vorbei, er nimmt sich eine Ameise, setzt sie auf seine Hand, lässt sie zubeißen und reißt dann ihren Körper ab. Die Fangzähne der Ameise bleiben mitsamt dem Kopf in der Haut verbissen. Diese Methode haben die Mayas zum Nähen von Wunden genutzt. Manuels Hand weist schon eine ziemliche Narbe auf, immerhin führt er das täglich vor. Es scheint auch ganz schön zu brennen, aber er behauptet, es tue nur am Anfang weh, später würde man davon high. Trotzdem will es niemand von uns ausprobieren.

Auch von den Ameisen abgesehen zeigt Manuel uns sehr viel Natur; verschiedene Gift- und Heilpflanzen, an denen wir riechen oder die wir probieren sollen, eine Fledermaus-Höhle, Tukane (die »Flying Bananas«), in Baumhöhlen lebende Sittiche, Spinnenaffen und eben auch Brüllaffen, die wir im Unterholz verfolgen und die uns genauso interessiert beobachten wie wir sie.

Außerdem lernen wir das auf den ersten Blick etwas kompliziertes Rechensystem der Mayas kennen, das letztendlich eigentlich ganz einfach ist, sodass sie mit nur drei verschiedenen Symbolen auskamen, um alle Zahlen auszudrücken; wir hören Geschichten über den Herrscher der Stadt, Ah Cacao, der so hieß, weil er genauso verehrt wurde wie die Kakao-Pflanze, die für die Mayas das höchste Handelsgut war – Kakao war ein heiliges und rituelles Getränk. Und wir lernen natürlich die Geschichte Tikals kennen. Zum Beispiel, dass auch bei dieser Stadt noch heute gerätselt wird, warum sie so schnell unterging.

Wie schon in Palenque oder Teotihuacán kann man auch hier wieder nur über die akkurate Anordnung der Tempel staunen. Tempel II auf dem Großen Platz etwa verkörperte das Tor zur Unterwelt und ist nach Westen, zur untergehenden Sonne (die Mayas sagen »die Sonne stirbt«), ausgerichtet – Tempel I gegenüber eben genau umgekehrt zur aufgehenden (auferstehenden) Sonne hin. Oder auch das: Wenn man am 23. März und am 21. September vom Tempel »Großer Jaguar« aus den Sonnenuntergang betrachtet, versinkt die Sonne exakt zwischen den beiden Hauptsteinen des Dachkamms von Tempel III. Während Manuel uns das erklärt, krame ich in meinem Hirn nach dem aktuellen Datum. Irgendwie ist mir dunkel so, als ob … Tatsächlich. Heute ist der 23. März. Tja, schade, dass wir nachmittags wieder in die Busse gestopft und nach Flores gefahren werden. Wäre ja vielleicht mal schön gewesen, das Spektakel mit dem Sonnenuntergang.

Lesen

Helge Timmerberg:
Der Jesus vom Sexshop: Stories von unterwegs

Gucken

Mel Gibson (Regie): *Apocalypto*
George Lucas (Regie):
Star Wars, Episode IV – Eine neue Hoffnung
Steven Spielberg (Regie): *Jurassic Park*

An einem viel zu schönen See: Lago de Atitlán

Philipp und Friederike

»You wanna finish?«

Ein Hippie, der mit einem Bein schon im abfahrbereiten Bus steht, hält mir einen fast toten Joint-Stummel hin. Als ich ablehne, schüttelt er verständnislos den Kopf und schnipst den Stummel weg.

Es ist sieben Uhr am Morgen. Ich will hier jetzt mal wach werden. Aufwachen. Nach zehn Tagen Aufenthalt in San Pedro verlassen wir diesen besonderen Ort in Richtung Honduras. Die Zeit hier war ziemlich genau zweigeteilt: Die letzte Woche verbrachten wir ausschließlich (bis auf einen Friseur- und einen Schusterbesuch) im unteren Teil der Stadt, in der ersten Woche wohnten wir oben.

Oben

Nachdem wir es geschafft hatten, uns von einem sehr aufsässigen Spanischschuldirektor in Antigua den Lernstandort San Pedro am magical Lago de Atitlán nicht ausreden zu lassen (»San Pedro ist gut für Party, aber doch nicht, um Spanisch zu lernen!«), erreichen wir in den Abendstunden dieses Kleinod am See mit den drei Vulkanen, von denen einer so aussieht wie die schlaue Nase eines Indianers.

Schon die Fahrt hierhin war mal wieder ein Erlebnis.
Ich hatte das Glück, vorne neben dem Fahrer zu sitzen,
und habe wie immer stundenlang völlig fasziniert aus
dem Fenster (diesmal eben mit Rundumsicht) gestarrt.
Es ging von Antigua ins Hochland von Guatemala,
und wir fuhren durch wunderschöne grüne Bergland-
schaften. Immer wieder unterbrochen von Dörfern oder
Ansammlungen von ein paar Hütten, mit Obst- und
Kleiderverkaufsständen am Straßenrand. Guatemala ist
ein armes Land, das begleitet einen auf Schritt und Tritt.
Je weiter wir ins Gebirge fuhren, desto mehr Menschen
in traditioneller Kleidung sah man: die Frauen, lange
schwarze Zöpfe auf dem Rücken, in ihren bunten
Wickelkleidern, die Männer allerdings nur selten mal in
ihren weißen langen Hemden und Mützen, ansonsten
eher im Cowboy-Look. Auf Motorrädern fahren
ganze Familien zu viert oder fünft, die Frauen in ihren
hübschen Kleidern immer im Damensitz mit beiden
Beinen auf einer Seite. An einer Tankstelle machten
wir halt, und wir wissen nicht genau, was die Männer
mit unserem Van machten, aber ich kam mir vor wie
in einer Karre aus einem 90er-Jahre-Gangsta-Rap-

Video, so dermaßen hüpften wir auf und ab da drin.
Kann man Stoßdämpfer irgendwie pimpen? Das jeden-
falls wurde dort mit unserem Auto gemacht. Kurz drauf
wussten wir auch, warum. Es ging von der Straße auf
einen Schotterweg mit unfassbar riesigen Schlaglö-
chern oder anderen Kanten und Abbruchstellen, auf
dem wir ungefähr eineinhalb Stunden lang komplett
durchgeschüttelt wurden. Immer wieder waghalsigste
Kurven und gähnende Abgründe direkt vor oder neben
uns, Ausweichmanöver ins Gebüsch bei entgegenkom-
menden Lastern. Irgendwann sagte der Fahrer zu mir:
»Gleich kann man ihn sehen!« – und wir bogen um
die nächste Serpentine, und da lag er vor uns, ganz tief
unten im Tal: der Lago de Atitlán. Ein riesiges königs-
blaues Auge inmitten von Grün und Bergen und
Vulkanen. Wow! (F.)

Als wir in San Pedro aus dem Van steigen, nimmt uns jemand von der Schule in Empfang und führt uns zum Sekretariat. Ich kann mich noch erinnern, wie seltsam ich den Weg dorthin fand. Die Wege waren sehr schmal, es waren eher Gänge, Gangways, durch die wir liefen, eingefasst entweder von Holzpalisaden oder Mauerwerk, beides führte dazu, dass man sich wie eine Laborratte vorkam, ausgesetzt in einem verheißungsvollen Labyrinth aus Röhren. Auf den Holzwänden entdeckte ich ein Plakat, das für ein Pokerturnier warb, schon morgen. Das gefiel mir gleich.

Einen Vorteil hatten diese schmalen Gänge, es gab keinen Autoverkehr, fast hätte man von verkehrsberuhigter Zone sprechen können, man musste jedoch achtgeben auf besonders wagemutige Motorriksha-Fahrer, die mit nur ein wenig Spiel rechts und links durch diese Röhren tuckerten. Das war das Nächste, was gleich auffiel, es gibt in San Pedro massenweise Tuktuks. Hin und wieder schossen also ein paar drei- oder auch zweirädrige Höllenhunde um die Ecke, aber in der Regel konnte man entspannt den Röhrenwegen bis zu den fabelhaften Kneipen (zu denen werden wir später kommen) folgen, und auch zur Spanish School San Pedro.

Im Sekretariat erwartet uns der – nennen wir ihn Chefsekretär. Die Schule gleich nebenan war schon seit einer Stunde geschlossen, aber wir hatten uns angekündigt (und 200 Dollar vorab überwiesen), der Chefsekretär musste also ein Überstündchen für uns einlegen. Nachdem die Formalitäten erledigt waren, durften wir auf einem Sofa Platz nehmen und warten. Wir beide waren sehr auf die Personen gespannt, die uns gleich abholen sollten. Bei den Leuten würden wir nämlich wohnen. Wir hatten das Paket mit Familienanschluss gebucht. Eine Woche Spanischeinzelunterricht mit Unterbringung bei einer Gastfamilie.

Ein Junge! Lockenkopf, riesige schwarze Augen, große Zähne, sechzehn Jahre alt. Der sieht viel mehr aus wie ein Brasilianer und nicht wie ein Guatemalteke. Nett sieht der aus, kann kein Englisch, vergisst sich vorzustellen, wir sollen ihm folgen. Es geht bergauf. Aha, so sieht es hier aus, hier ist noch einiges los, viel Gewusel. Schnell wird deutlich: Das angebliche Partystädtchen San Pedro können wir hier nicht ausfindig machen, hier oben spielt sich das echte Leben ab. Die Formel lautet in etwa so: Je höher du bist, desto weniger Party und desto mehr einheimisches Leben. Und wir laufen weiter hoch. Meingottnochmal ist das anstrengend, mit den Backpacks vorne und hinten in Steillage hochtrippeln. Ronaldinho könnte uns auch mal was abnehmen. Nach fünfzehn Minuten Fußweg, unser kleiner Gastbruder hatte uns unterwegs den einzigen Bankautomaten in der Oberstadt gezeigt, erreichen wir – auf den letzten Metern schieben wir uns noch durch verschlungene Gassen – das an der Spitze des Hügels gelegene, Moment, ich sage das mal auf Spanisch: Casa de la familia.

Ein Geschäft für Computer mit angeschlossenem Internetcafé – hier stehen wir zunächst ein bisschen verloren am Verkaufstresen und rätseln, wer von diesen Personen was für uns sein könnte. Der Mann da ist ziemlich jung, zumindest wenn er der Vater von unserem Lockenkopf sein soll. Die Frau daneben

mit den beiden Kleinkindern scheint seine Ehefrau zu sein. Papa? Mama? Seid ihr es doch? Ja, sie sind es. Großes Hallo. Ronaldinho wird weggescheucht, er ist nur der Auszubildende von Papa, wie sich herausstellt. Bartolo und Lía heißen unsere Gasteltern. Bartolo ist in Friederikes Alter, Lía ist so alt wie ich. Die beiden haben Zwillinge, Frank und Angie. Und ein drittes Kind ist unterwegs. Wenn das da ist, soll Schluss sein mit Spanischschülern, dann wird das Gästezimmer nämlich gebraucht; wir sind die allerletzten Schüler, die bei den beiden wohnen werden. Es ist ganz okay, das Zimmer, wir hatten keine Sterne-Suite erwartet, also können wir uns mit diesem recht schlicht eingerichteten Zimmer arrangieren. Es fällt auf: Alle Zimmer sind so nicht-eingerichtet. Kein Teppich, wenig Möbel, kaum Bilder. Mein Herz stellt schüchtern einen Antrag auf Gemütlichkeit. Abgelehnt. Wir sind nicht in Deutschland, und wir sind hier zum Lernen.

Wir teilen uns die Etage mit unseren Eltern und den süßen Zwillingen. Darüber ist noch ein Stockwerk, in dem sich die Küche befindet, und ein kleiner Raum, der mit einem christlichen Altar geschmückt ist, und gegenüber: eine große Dachterrasse, hauptsächlich zum Wäscheaufhängen gedacht und für mich, da stehe ich und rauche. Vor dem Essen, nach dem Essen, vor den Hausaufgaben, nach den Hausaufgaben, nach dem Schlafen und davor.

Wie wir da so unsere erste Nacht in dem etwas karg dreinschauenden Zimmer verbringen, muss ich an Mel B, Baby Spice, Sporty Spice Mel C, Posh Spice … und natürlich Ginger Spice denken. Als ich, Achtklässler damals, das Zimmer meines englischen Austauschbruders betrat, schaute ich in alle vier Richtungen vor eine akkurat tapezierte Wand aus *Spice-Girls*-Postern. Marc stellte mir eine Frage, die mir damals vorkam wie eine Prüfung, die man bestehen oder failen konnte. Ich weiß noch, dass ich viel zu lange über diese Frage nachdachte. Was ich dachte und warum überhaupt, das weiß ich gar nicht mehr, aber ich erinnere mich, dass ich das Ganze für hochexistenziell hielt.

Er fragte: »Welche?«

Nach minutenlanger Herumüberlegerei und Herumdreherei auf seinem Schreibtischstuhl sagte ich: »Mel B.«

Irgendwie war Marc damals nicht ganz konform mit mir, oder er fand es komisch, dass ich mich nicht schon längst auf eine Favoritin festgelegt hatte, fand aber Mel B ganz okay *für mich*. Für ihn allerdings sollte es Ginger Spice sein, Geri Halliwell. Dann ließ er mich allein mit den Girls an der Wand und wünschte mir eine gute Nacht. Schlafen konnte ich natürlich nicht in der ersten Nacht im fremden englischen Jugendzimmer, der erste Schultag stand bevor, und Mel B war ja eigentlich auch die Falsche gewesen. Geri … Ich wollte auch Geri!

Heute Nacht in San Pedro bin ich auch noch ein wenig aufgeregt, an der Wand hängt hier gar nichts, aber ich bin viel weniger allein, neben mir liegt schließlich Frieda Spice. Und wir werden morgen denselben Schulweg haben. Ich werde dann doch sehr schnell recht müde und frage mich noch: Was verspreche ich mir eigentlich von diesem Aufenthalt? Ich gähne und murmele I wanna, I wanna, I wanna, I wanna, I wanna really really really wanna zig-a-zig-ah. Dann schlafe ich ein.

Wir haben verschlafen. Nicht sehr. Ich bin eigentlich ganz gut in der Zeit. Für mich bedeutet das: aufstehen, duschen, aus dem Haus rennen. Nur, wenn man schon in einer Gastfamilie wohnt, sollte man vielleicht auch etwas Zeit für Begegnung einplanen, frühstücken zum Beispiel (was ich hasse) oder reden (was ich morgens schwierig finde), beides zusammen soll beliebt sein. Die Zeit reicht am ersten Tag nicht so ganz dafür, wir müssen los.

Als wir das Schulgelände betreten, sind wir sehr erfreut über das, was wir zu sehen bekommen. Hier gibt es keinen Schulhof, überhaupt nichts aus Beton, keine Fahrradständer oder ähnliches böses Feng-Shui. Diese Schule ist ein wunderschöner Park mit einzelnen kleinen Terrassen am Hang, die jeweils für zwei Personen gedacht und mit Tisch, Stühlen und Tafeln ausgestattet sind. Der Blick geht auf den See Atitlán. Die Temperatur beträgt superangenehme fünfundzwanzig Grad. Es gibt ein hübsches Café und einen Raum, in dem Kaffee und Wasser bereitstehen. Hier führt mich mein Lehrer Manuel hin. Friederike wurde schon längst von ihrem Lehrer abgefangen.

Manuel, mein Lehrer, ist einundzwanzig Jahre alt. Ich muss mir das kurz noch mal vergegenwärtigen: Mein Papa Bartolo ist fünfunddreißig, meine Mama Lía zweiunddreißig, mein Lehrer Manuel ist einundzwanzig. Ich fühle mich wie zehnmal öfter sitzengeblieben als sowieso schon und folglich sehr erfahren. Von mir aus kann es losgehen.

Bevor ich sämtliche Ereignisse des ersten Schultages schildere, möchte ich lieber über die gesamte Zeit, die ich mit meinem Lehrer Manuel verbrachte, berichten.

Was Manuel macht:

Manuel ist ein ehrgeiziger junger Mann. Er möchte mal Architekt werden oder Musiker. Manuel hat eine Freundin, die mag er nicht so sehr, traut sich aber nicht, Schluss zu machen. Er möchte, dass sie Schluss macht, daher verhält er sich ganz besonders arschig. Manuel möchte in San Pedro ein großes Musikkonservatorium aufbauen, es soll die Form eines Kontrabasses haben. Manuel hat keine Maya-Nase, ich solle mal auf die Nasen der anderen Lehrer achten. Manuel hat recht. Manuel mag die Hippies im Dorf nicht. Manuel ist seine Kultur sehr wichtig. »Findest du eigentlich auch, dass ich aussehe wie ein Mexikaner?« Manuel spielt Bass in einer Band. Aber der Rest der Band hat San Pedro zum Studieren verlassen. Manuel möchte wissen, was ich an seiner Stelle machen würde. Englisch lernen, antworte ich. Hätte ich das doch lieber nicht gesagt.

Manuel hat am Wochenende eine kennengelernt. Dann sind sie zusammen Bus gefahren, und seine Freundin stieg ein. Er musste sich unterm Sitz verstecken. Manuel möchte mal nach Deutschland zum Architekturgucken. Manuel möchte eine leuchtende Pyramide bauen, solarbetrieben. Sie soll neben dem Kontrabass stehen.

So war das. Wir redeten sehr viel Englisch miteinander, das heißt, er redete die meiste Zeit. Ich verbesserte ihn, und wenn *ich* was sagte, musste ich erzählen, welche Läden es in unserer Straße in Köln gibt, was meine Hobbys sind, was ich gerne koche und esse usw. Ich erzählte ihm halt von den Dingen, die das Wichtigste auf der Welt darstellen, wenn man eine Sprache nicht beherrscht. Ach ja, Lieblingsfarben hatte ich auch. Viele, viele Lieblingsfarben.

Eigentlich brachte ich ihm genauso viel bei wie er mir. Ich befürchte, er wird genauso wenig damit anzufangen wissen, wie es bei mir der Fall war. Alles in allem führten wir eine Woche lang eine gleichwertige symbiotische Beziehung. Ob ich jetzt Spanisch kann?

Síí, claro!

Themenwechsel por favor. Wie war das eigentlich mit dir und deinem mayanasigen Lehrer, Friederike? Du musst jetzt auch erzählen …

Was Antonio macht:

Antonio ist ebenfalls einundzwanzig, und er ist ganz und gar kein ehrgeiziger junger Mann. Am liebsten liegt er, glaube ich, in seinem Bett und macht: nichts. Leider nervt ihn da sein kleiner Bruder, der ist fünfzehn, Antonio muss sich das Zimmer mit ihm teilen und findet ihn sehr anstrengend. Zwanzig Minuten lang erzählt er mir von den unangenehmen Eigenheiten seines Bruders. Antonio ist oft sehr müde, und er spricht sehr leise und auch sehr wenig. Im Unterricht (immerhin vier Stunden pro Tag) rede die meiste Zeit ich, und zwar doppelt so schnell wie er. Auf Spanisch wohlgemerkt. Antonio wohnt in einem Ort auf der anderen Seite des Sees, San Marcos, es ist die absolute Hippie-Hochburg am Lago, aber dazu später mehr. Er mag die Hippies, sie sind so schön entspannt. Jeden Morgen fährt er mit dem Motorrad seines Vaters um den See herum zur Schule. Er weiß, glaube ich, nicht, warum er Spanischlehrer ist, irgendwas musste er nach der Schule halt machen. Ich glaube, er weiß auch nicht, was er überhaupt mit seinem Leben anstellen soll. Er hat einmal in der Woche Englischunterricht, weil er in der Schule unglaublich schlecht in Englisch war. Er ist jetzt immer noch unglaublich schlecht in Englisch und beschwert sich darüber, wie schwierig diese doofe Sprache sei. Er erzählt mir von seinen Hausaufgaben und dass er überhaupt nicht versteht, was er da machen soll, und am nächsten Tag erzählt er mir, dass alles falsch war. Ich habe kurz ein schlechtes Gewissen und frage mich, ob ich vielleicht mit ihm Englisch hätte üben sollen – aber ich zahle doch hier für Spanisch! Antonio macht an den Wochenenden meistens nichts. Er ist zu faul auszugehen. Er liest und schaut Filme. Sein Dorf ist sehr klein, aber er weiß nicht, wie die meisten Leute heißen. Er ist nämlich irgendwann in ein anderes der drei Viertel gezogen. Manchmal sagen ihm die anderen Jugendlichen ihre Namen, aber er vergisst sie immer wieder. Er interessiert sich sehr für Köln und findet extrem lustig, was ich ihm von der Brauhaus-Kultur erzähle, vor allem von den unfreundlichen Köbessen. Auch den Karneval findet er faszinierend. Ich glaube, er hält Köln jetzt für die seltsamste

Stadt der Welt. Antonio hat eine Maya-Nase, und er ist stolz auf die Maya-Kultur. Er ist ein großer Naturfreund und sieht in der Natur seine Religion, und er fordert, dass man jedes Lebewesen zu achten habe. Er erzählt mir, dass jeder Ort hier am See seinen eigenen Maya-Dialekt hat und dass er oft Menschen aus San Pedro gar nicht verstehe, weil sie ganz andere Worte für bestimmte Dinge benutzen als die Leute in San Marcos. Er mag keine großen Städte, sondern mag es hier am See, in den kleinen Dörfern. Hier ist das Leben muuuy tranquilo, das kommt ihm sehr entgegen. Antonio ist wie ein kleines Tier, das man soeben aus dem Winterschlaf geweckt hat. Philipp und ich möchten ihn sehr gerne adoptieren und mit auf unsere weitere Reise nehmen, aber ich glaube, das würde ihn überfordern, und so lassen wir ihn schweren Herzens zurück.

In unserer täglichen Freistunde bekamen wir nur eine leichte Ahnung von den Vergnügungsmöglichkeiten hier im unteren Teil der Stadt, ganz besonders in der Nacht. Erst in der zweiten Woche zogen wir aber direkt neben die großartige Buddha Bar ins Hotel Pinocchio und wurden ein bisschen zum Inventar, vom Buddha, aber auch von den umliegenden Cafés, Restaurants und Bars. Aber jetzt gibt es erst einmal Mittagessen, und zwar zu Hause. Mama hat gekocht.

Lía ist eine gute Köchin, nur die Portionen waren leider immer ein wenig klein, was natürlich einzig und allein unserer Verfressenheit geschuldet war, das wussten wir, und dementsprechend diszipliniert benahmen wir uns am Tisch und fragten nie nach Nachschlag. Den kauften wir uns nach dem Essen selbst. Wir wurden zu großen Zwischenmahlzeitessern. Sowieso war uns jede Gelegenheit recht, eines der schönen Cafés mit den paradiesischen Gärten voller Hängematten downtown zu besuchen, wir fühlten uns einfach zu gut dort in den gemäßigten Zonen am Ufer des Lago de Atitlán.

Dem Lago wird eine magische Atmosphäre nachgesagt. Und es stimmt. Aus allen Zylindern hier schauen Kaninchen. Aber ich weiß nicht, warum. Warum scheint dieser Ort so ganz besonders verzaubert zu sein? Es gibt einige Umstände, die dieses Wohlgefühl, das es bei Spanischschülern und Travellern auslöst und das einige davon zu Expats werden lässt, erklären. Der Lago Atitlán liegt in einer Klimazone, die fast durchgehenden Frühling verspricht, er ist umgeben von drei eindrucksvollen Vulkanen und einem Gebirge, das einen zu mystischen Verklärungen hinreißt. Der Gipfel mit dem Profil eines liegenden Indianers lässt einen ehrfürchtig erstarren und rätseln: Wie ist das möglich? Hinzu kommt, ganz gegenwärtig, dass San Pedro, einer der vielen kleinen Orte am See, über die bereits erwähnte Vielzahl an verlockenden Lokalen verfügt und dazu mehrere kleinpreisige Massage-Möglichkeiten anbietet. Außerdem befindet sich das Ufer des Ortes San Marcos, den man schnell mit einer Fähre erreichen kann, in der Hand von zahlreichen Yoga-Lehrern, die ihre Dienste anbieten und mit Lebensläufen ausgestattet sind, die von großer Experimentierfreude zeugen und annehmen lassen, der hier esoterisch Geschulte hat die eine oder andere Erleuchtungsstufe irgendwann bestimmt schon mal erreicht oder zumindest gestreift.

Als wir einen Trip auf die andere Seite des Ufers nach San Marcos wagen, ist allerdings wenig los. Vielleicht hatten wir uns das anders vorgestellt. Riesige Hippiemärkte, Gaukler, Wahrsager, Yogis, Artisten, die sich um einen Platz scharen und ihre Kunststücke vollführen. Das alles sahen wir, nur im absoluten Kleinformat. Hier und da gab es ein paar Versprengte, aber wären die vielen Flyer und holzbemalten Schilder nicht gewesen, wir hätten nicht gewusst, dass fast in jedem Gebäude unterhalb des Ortes, gleich am Ufer, die eine oder andere esoterische und spirituelle Dienstleistung angeboten wird. Wir nahmen nichts davon in Anspruch. Ein bisschen bereue ich es, weder die heilenden Hände des Reiki auf meinem Körper gespürt noch eine charaktererkundende Sitzung durch einen mayanischen Astrologen absolviert zu haben. Vermutlich lag es daran, dass wir unser Geld am anderen Ufer für Fullbody-Massagen verpulvert hatten.

Man sollte es uns nicht gleichtun, sollte es einen dorthin verschlagen. San Marcos ist zu verrückt, um nur durch die Gassen, die es hier auch gibt und die noch viel verschlungener sind als in San Pedro, zu schlendern. Man sollte dort an den Türen mal anklopfen. Wer weiß, was es dort zu erfahren gibt. Vielleicht erfährt man so das Geheimnis der guten, der magischen Atmosphäre dieser Gegend.

Gerade diese Verlassenheit und das leicht Morbid-Abgeranzte dieses Ortes strahlte aber auch etwas ganz Besonderes aus. Es kam einem fast so vor, als würde man durch Atlantis wandeln. Was auch daran liegen mag, dass der Lago immer weiter über seine Ufer tritt und einfach die dem Wasser am nächsten stehenden Häuser, Höfe, Cafés verschlingt. Auch in San Pedro war uns das schon aufgefallen, aber hier war es noch viel deutlicher. Es gab noch Hinweisschilder für ganzheitliche Eco-Lodges mit Yoga-Stunden, aber die zugehörigen Gebäude waren halb eingefallen und standen mitten im Wasser. Vielleicht gibt es einen ganzen Schwarm Yoga-Lehrer und ähnlicher Geschöpfe, die jetzt auf der Suche nach neuen Bleiben sind … Als wir Bartolo und Lía einmal fragten, warum der See so angestiegen sei, sagten sie, dass das niemand wisse (noch so ein Atitlán-Geheimnis!). Eine Vermutung ist, dass sich am Grund des Sees tektonische Platten im Laufe der Jahre durch kleinere Erdbeben immer weiter geschlossen haben, sodass der Grund um ein paar Meter angestiegen ist. Dabei fällt mir übrigens auch noch ein, dass mitten im See unter Wasser eine ehemalige Insel entdeckt wurde, mit Häusern und vielen Überbleibseln an Schmuck, Werkzeug, Kunsthandwerk usw. Eine fluchtartig verlassene Maya-Pilgerstätte, irgendwann aus der Zeit von 1200 vor bis 250 nach Christus. Der Lago schluckt einfach Dinge. Auch die Zeit. Das Leben hier verlangsamt sich, die Stunden treiben dahin, man weiß gar nicht, was man den ganzen Tag über so gemacht hat, aber der nächste wird wieder genauso aussehen.

So passiert es, dass Menschen, die eigentlich nur eine Woche bleiben wollten, seit fünf Jahren hier sind und inzwischen eine Bar oder ein Yoga-Zentrum eröffnet haben. (F.)

Hören wir uns an, was andere zum Atitlán zu sagen haben.

Aldous Huxley strebt einen gewaltigen Vergleich an und kommt zu einer erschütternden Erkenntnis: »Lake Como, it seems to me, touches on the limit of permissibly picturesque, but Atitlán is Como with additional embellishments of several immense volcanoes. It really is too much of a good thing.«

Und Alexander von Humboldt fand es einfach richtig spitze hier: »Der schönste See der Welt.«

An anderer Stelle geht es weniger enthusiastisch zu. Wir wussten bei unserem Aufenthalt nichts von alldem, nämlich, dass der See ungeheuerlichen Verschmutzungen seitens der Anwohner (etwa durch Wäschewaschen im See) ausgesetzt ist und mit hartnäckigem Bakterienbefall zu kämpfen hat. Wir spürten aber instinktiv, dass da etwas nicht ganz koscher ist, denn wir hatten beide, obwohl wir uns sehr viel aus Wasseraktivitäten machen, nicht das Bedürfnis, in diesen See zu springen.

Bald ein verlorenes Paradies, der Lago de Atitlán? Ich weiß es nicht, aber Hilfsprojekte gibt es bereits.

Chichicastenango

Heute führt uns ein Ausflug an einen wahrlich speziellen Ort. Chichi, wie hier alle sagen, liegt achtzehn Kilometer vom See entfernt, aber wir brauchen über die Berg-Schotterpiste für die einfache Fahrt ca. zwei Stunden. Der Markt ist der berühmteste in ganz Lateinamerika. Mayas aus den umliegenden Bergdörfern kommen schon abends hierher und bauen im Morgengrauen ihre Stände auf. Man wird von einem einzigen riesigen Farbenmeer verschlungen. Stoffe, Kleider, Taschen in den buntesten, leuchtendsten Farben, und das alles bis weit über Kopfhöhe, sodass man auch wirklich nichts anderes sieht als Farben, Farben, Farben. Kleine, sehr kleine, wuselnde Menschen, viele Obststände, aber auch die übliche Fleischecke mit lebenden sowie toten, zerstückelten Tieren, das Fleisch fröhlich auf offenen Flächen vor sich hin gärend und dementsprechend duftend. Wir feilschen um kleine Jade-Figuren und Schmuck, und wir wandeln einfach nur mit offenem Mund durch dieses rie-

sengroße Chaos. Gleichzeitig ist auch noch Semana Santa, die Karwoche, die hier oben in den Bergen sozusagen ökumenisch gefeiert wird: Eine Christus-Statue wird mit lautem Geböller durch die Straßen getragen, auf den Stufen der Kirche werden nach Maya-Ritus Kräuter verbrannt, in der Kirche gedenken Mayas ihrer verstorbenen Vorfahren an kleinen privaten Mini-Altären, die sie einräuchern und mit Blütenblättern bestreuen. Diese Mischung aus alten Maya-Ritualen und aufgezwungenem Katholizismus ist hier allgemein gebräuchlich, in Chichi aber wohl am deutlichsten erkennbar. Nach ein paar Stunden fallen wir völlig reizüberflutet wieder in den Shuttle, der uns auf gewohnt holprigem Weg zurück nach San Pedro bringt.

Unten

Nach einer Woche war es mit dem Spanischunterricht zu Ende, und wir zogen bei Bartolo und Lía aus und ins bereits erwähnte Hotel Pinocchio. Klingt nach Kinderteller, ist aber ungelogen eines der bestgelegenen Hotels in San Pedro, und zwar gleich neben der Buddha Bar und nicht weit von all den anderen guten Cafés und Restaurants. Es geht allerdings auch günstiger: Langzeitbesucher steigen im Hotel San Francisco ab. Das weiß ich von Samir.

Samir. Cody. Andrea. Mario. Guillaume. John. Kate. Crowe. Shirley.

Das sind Namen! Und ich kann sie alle noch auswendig.

Gleich am ersten Tag im unteren Teil der Stadt spreche ich einen Italiener in der Buddha Bar an. Ich hatte ihn am Tag unserer Ankunft im Café Idea Connection am Pokertisch beobachtet und möchte jetzt von ihm wissen, wann das nächste Spiel ansteht. Er verrät mir netterweise, dass die Turniere im Idea Connection nur donnerstags (in vier Tagen erst) stattfinden, aber in der Bar gegenüber gebe es einen Cashgame-Tisch, der morgen wieder tagen würde. So was muss man mir nicht zweimal sagen.

Alle, wirklich alle der hier Versammelten sind wahnsinnig nett. Nachdem sich alle aus der Runde namentlich vorgestellt haben, fragt mich die Frau gegenüber ab: »What was my name again? And what is his name?«

Ich kann mich an keinen Namen erinnern. Alle lachen. Nach drei Stunden ist das Spiel leider schon vorbei. Ich verliere meine kompletten Chip-Stack (2,10 Euro) in der letzten Hand, weiß dafür aber alle Namen meiner Mitspieler. Allesamt, bis auf Samir (Franzose) und John (Schotte), sind ausgewanderte US-Amerikaner. Viel erfahre ich nicht, ausfragen wollte ich niemanden, ich kann mir vorstellen, dass jeder zweite dahergelaufene Sprachschüler/Urlauber/Traveller nach ihrem »Werdegang« in San Pedro fragt. Ich bin heute also mal ganz taktvoll, höre aber sehr genau hin, wenn sich die Expats über Expat-Dinge unterhalten. Die Rede ist von Grundstückspreisen, die in den letzten Jahren in die Höhe geschossen sein müssen, von einem neuen erstklassigen Fischgericht auf der Speisekarte irgendeines Restaurants, von dem Spanischlehrer, der direkt ins Haus kommt, und von weiteren Meldungen aus der Rubrik »Vermischtes«.

Die Frau, die mich aus Spaß nach den Namen gefragt hatte (Shirley!), verabschiedet sich jetzt. Shirley ist im besten Rentenalter und raucht Joints wie andere Leute (ich zum Beispiel) Zigaretten, ihr Spanischlehrer kommt alle zwei Tage zu ihr nach Hause, sie geht häufig zur Massage und spielt jedes Poker-Turnier mit. Zu mir war sie ganz besonders nett, lobte jeden Spielzug und sagte schmeichelnde Dinge über Deutschland (die mir komischerweise entfallen sind). Ich glaube, es geht ihr ganz gut. Jedenfalls wird sie von allen am Tisch sehr gemocht.

Cody ist ein bisschen älter als ich, hat ein kleines Kind mit seiner Frau, die immer, wirklich immer lächelt. Alle drei wirken sehr entspannt auf mich. Irgendwo in San Pedro haben sie ein Haus am See.

Dann gibt es noch John, den Schotten, Mitte fünfzig, er trägt eine Art Batik-Anzug und mag es, den Rauch aus seinen Joints mit großer Geste auszustoßen. Netter Typ, ich verstehe nur seine Witze leider nicht immer, was wahrscheinlich an meinem Englisch liegt und nicht an seinem.

Samir, der algerische Franzose. Beruf in Frankreich: nix. Kommt im Jahr für zwei Monate nach San Pedro, um »eine gute Zeit« zu haben. Von ihm erfahre ich am allerwenigsten, obwohl ich ihn nach diesem Abend fast jeden Tag zufällig treffe.

Oh, dieses Über-den-Weg-Laufen ist toll. San Pedro fühlt sich für uns so gut und richtig an. Ein bisschen nach Zuhause.

Ein paar Tage später findet das erwähnte Pokerturnier statt. Achtzehn Leute treten an, ich treffe alle vom ersten Abend wieder und ein paar mehr. Gute Karten, etwas Glück und unbeschreibliches Können führen dazu, dass ich mir den ersten Platz mit dem Amerikaner Crowe teilen darf: Mein Gewinn sind vierhundert Quetzales, umgerechnet achtunddreißig Euro, was wiederum umgerechnet in Hotelzimmernächten genau vier entspricht. Jetzt fühle ich mich noch ein bisschen wohler in San Pedro. Shirley fragt mich, ob ich nicht darüber nachdenke, ganz hierzubleiben. Das tue ich zwar nicht, aber ich überlege, wann ich denn wiederkommen werde.

NICARAGUA

Gefangen im Zwischenreich

Friederike

So ein Shuttlebus ist ja immer auch ein bisschen Schicksalsgemeinschaft. Für mehrere, manchmal auch sehr viele, sehr lange Stunden ist man in einem winzigen Van zusammengepfercht, der seine besten Jahre schon geraume Zeit hinter sich hat. Meistens ist die Straße sehr schlecht und holprig, oft ist es sehr kurvig. Manchmal wird Menschen schlecht. Oft ist der Fahrer nicht unbedingt die Freundlichkeit in Person. Man hört meist sehr schlechte, anstrengende Musik. Außerdem oft stundenlang, wie Reiseerlebnisse ausgetauscht werden. Ich will das meistens nicht. Ich will meine eigene Reise haben, ich will nicht immer alles schon vorher wissen, ich will auch nicht immer wissen, wer wann wo wie oft in seinem Leben schon mal war. Ich will einfach nur aus dem Fenster gucken und alles aufsaugen.

Heute, auf der Weiterreise von Copán, Honduras, nach León in Nicaragua, müssen wir wieder mal um vier Uhr morgens paratstehen. Wir sind immer noch ziemlich lädiert, denn gestern Abend haben wir leider festgestellt, dass unser Geld weg ist. Ein Bankautomat in Antigua in Guatemala, wo wir vor drei Wochen waren, war manipuliert, und jemand macht sich seitdem mit unseren Kreditkartendaten ein schönes Leben. Das und die folgenden Telefonate mit Bank und Kreditgesellschaft haben unser Nervenkostüm leicht angekratzt. Nun hatten wir diese Fahrt hier aber schon gebucht und denken auch, dass wir in der Großstadt León vermutlich besser an Bargeld kommen als hier im verschlafenen Copán. Aber bombig drauf sind wir nicht gerade, als wir einsteigen.

Dann passiert allerdings auf dieser Fahrt ganz schnell etwas, das bisher eher selten vorkam: Hier gibt niemand mit seinen ach so tollen Reiseerlebnissen an, hier nervt niemand, hier herrscht sofort ein nettes Miteinander wie auf einem Klassenausflug. Der Fahrer überlässt uns die Wahl, welche Filme wir auf dem Boardbildschirm gucken wollen. Als irgendjemand *We're the Millers* vorschlägt, stöhnen alle unisono auf: Dieser Film, ein turbulentes Roadmovie mit Jennifer Aniston, mexikanischen Drogenbossen und einer Vogelspinne, muss der meistgezeigte Film ganz Mittelamerikas sein. Ich weiß nicht, auf wie vielen Fahrten wir ihn seit Mexiko schon gesehen haben, mittlerweile kann ich fast mitsprechen. Wir einigen uns sehr schnell auf *Django Unchained*, was zwar morgens um fünf jetzt vielleicht nicht die allerleichteste Kost ist, aber zeigt, dass wir eine gute Truppe sind. Am lustigsten finde ich zwei holländische Brüder, die so aussehen, als hätte Gott gedacht: So, und jetzt mache ich mal zwei Holländer. Sie sollen blond, witzig und vor allem sehr, sehr groß sein. Die beiden wissen kaum, wohin mit ihren Beinen und Armen; schon in Tikal hatten wir Holländer an Bord, die aus Verzweiflung ihre Köpfe aus dem Bus herausstreckten (wie unser damaliger Fahrer betonte, sind diese Busse ja schließlich für Japaner gemacht). Hinten auf der Rückbank lümmeln zwei mindestens genauso sympathische Jungs, Fergus und Calum aus Oxford. Sie haben vor Kurzem Abi gemacht, reisen vor ihrem Studium für fünf Monate durch Südamerika und sind so nett und lustig, wie es, aus welchen Gründen auch immer, nur Briten sein können. Wir sind nicht ganz sicher, glauben aber, dass sie schwul sind – so, als hätte Gott gedacht: So, und jetzt mache ich mal ein schwules Paar. Sie sollen groß, gut aussehend, schlau und witzig sein und sich irgendwie ähnlich sehen. Wie auch immer, die gesamte Gruppe ist, bis auf einen latent schlecht gelaunten Australier, den wir schon vom Lago de Atitlán kennen, wirklich angenehm.

Wir müssen sehr umständlich nach Nicaragua reisen. Zuerst

geht es von Copán aus noch mal über die Grenze nach Guatemala zurück. Also – Ausreisegedöns, Einreisegedöns, man kennt das inzwischen. Dann müssen wir von Guatemala nach El Salvador. Wieder dasselbe Prozedere. Dann geht es durch ganz El Salvador, dann wieder durch einen Streifen Honduras und von da schließlich nach Nicaragua. Wir haben auf dieser Fahrt also insgesamt vier Grenzüberquerungen. Eigentlich könnte man auch einfach von Copán aus quer durch Honduras und direkt nach Nicaragua fahren. Wenn ich es richtig verstehe, soll das allerdings vermieden werden, da Honduras einfach zu gefährlich ist. Überfälle auf Busse und Touristen im Allgemeinen sind hier an der Tagesordnung, Honduras gilt als eines der gefährlichsten Länder der Erde. Das Auswärtige Amt rät dringend von Reisen dorthin ab; vor allem durch die Zunahme der Maras, der kriminellen Jugendbanden, denen sich inzwischen mehr als 40 000 Jugendliche angeschlossen haben und die vor nichts zurückschrecken, herrscht in diesem Land inzwischen absoluter Ausnahmezustand. Auch wird dazu geraten, unbedingt nur bei Tageslicht zu reisen.

Daran denkt man dann, während man morgens um vier oder fünf durch die rabenschwarze Nacht gondelt. Unsere erste Rast so gegen sechs ist dann auch sehr unheimlich. Ein verlassener, staubiger Platz im Nirgendwo, Hunde, ein kleines gekacheltes Häuschen, vor dem Frauen Essen verkaufen. Eine Toilette gibt es nicht, wir begleiten einander mit Taschenlampen zu ein paar Bäumen, in der Nähe immer wieder patroullierende Security mit Gewehr, vor der wir eigentlich mehr Angst haben als vor allem anderen.

Irgendwann wird es aber hell, und dann fahren wir auch noch ins Paradies: Die beiden Holländer wollen zum Surfen, und wir bringen sie bis zu ihrem Campingplatz an der elsalvadorianischen Pazifikküste. Wir steigen aus und erkunden ein bisschen die Gegend – und würden am liebsten hierbleiben. Palmen, üppige Pflanzen, ein weitläufiges Gelände mit netten kleinen Holzhütten, ein paar Surfer und Hippies relaxen in der Gegend herum, und irgendwo hinten schimmert verheißungsvoll das Meer – darauf hätten wir jetzt, nach all den Wochen voller Maya-Ruinen, Bergdörfer und Vulkane, so richtig Lust. Tja, blöd. Für uns fällt nur ein kurzer Blick ins Paradies ab; dann müssen wir uns auch schon davon trennen.

Später, an irgendeiner Tankstelle, warten wir stundenlang auf etwas, von dem wir nicht wissen, was es ist. Irgendwann kommt ein anderer Bus, Leute und Gepäckstücke werden wieder mal wild durcheinandergewürfelt, wir müssen den Bus wechseln, Fergus, Calum und das australische Pärchen sind auch noch dabei. Wir fahren mit zwei Bussen in Kolonne weiter. Ich weiß nicht, wie viele Stunden wir inzwischen unterwegs sind, aber irgendwann am Abend erreichen wir endlich die nächste Grenze – sodass wir jetzt wieder ins gefährliche Honduras einreisen. Wieder im Dunkeln. Schön.

Und irgendetwas ist seltsam. Wir spüren es alle. Soldaten starren uns böse an – gut, das machen sie immer. Aber der Fahrer diskutiert so viel. Und telefoniert ständig. Und wir stehen ewig lang mitten im Grenzbereich – eine spärlich ausgeleuchtete, irgendwie gespenstisch leere Fläche mit einzelnen Baracken für den Bürokram, vielen Soldaten und den üblichen Ständen mit Snacks und Getränken.

Irgendwann wendet sich der Fahrer an uns: Der zweite Bus sei kaputt. Wir müssten hier eine Weile warten, ein Kollege komme jetzt, der ihn zurück nach El Salvador bringe, denn nur dort könne er einen neuen Bus abholen, aber das würde alles eine Weile dauern. Er gibt dem miesepetrigen Australier den Schlüssel zu unserem Bus, er solle gut darauf aufpassen, niemand dürfe da rein. Das ist, äh … Na ja. Also gut, dann warten wir wohl. Hier. Ich weiß noch nicht mal, wo wir genau sind – ob nun schon in Honduras oder noch in El Salvador. Es ist ein Niemandsland. Ein sehr finsteres Niemandsland. Zwischen Kundschaft suchenden Geldwechslern, streunenden Hunden, Ziegen, ein paar Kühen, Hühnern. Wir sitzen in der Mitte des großen Platzes neben unserem Bus, in den wir das Gepäck aus dem kaputten umgeladen haben, mit dem der Fahrer nun unterwegs nach wo auch immer ist, um einen Ersatzbus zu holen. Das hoffen wir jedenfalls.

Wir spüren die Blicke der Menschen auf uns – der Menschen, die um den Platz herum ihre kleinen Hütten aufgebaut haben. Ein paar Dinge verkaufen, einen Klowagen oder ein winziges Familienrestaurant betreiben (eine Theke mit Essen, ein Plastiktisch). Ein dunkles Gelände im Nichts, zwischen zwei der ärmsten und kriminellsten Länder der Welt, besiedelt von den Menschen, die nur noch in dieser Grauzone des Lebens das letzte bisschen Hoffnung sehen, irgendwie über die Runden zu kommen – und mittendrin eine Gruppe von zwanzig jungen Menschen, die offensichtlich genug Geld haben, um fröhlich durch die Gegend zu reisen. Kurz gesagt: Es ist ziemlich unangenehm.

Eine Verrückte rennt um uns herum und schreit uns laut an. Einmal zieht sie blank, und wir starren auf ihre Brüste. Neben einer der Kiosk-Hütten, an der wir uns zum Trost Bier holen (brüderlich teilen wir unser weniges Geld, kaum jemand hat die richtige Währung dabei, Geld wechseln wollen oder können wir alle nicht), liegt ein Autowrack, mit zersplitterten Scheiben und völlig verbeulter Seite. Es sieht aus, als läge es dort schon ziemlich lange.

Wir teilen unser Bier, da fällt einem netten Franzosen aus dem kaputten Bus plötzlich auf, dass er nicht sicher ist, ob er vorhin seinen Rucksack, den er unter dem Sitz hatte, in unseren Bus geladen hat. Das Naheliegende – nämlich, einfach in unserem Bus nachzuschauen, ob sich der Rucksack dort befindet – entpuppt sich als ein Ding der Unmöglichkeit: Weil nämlich der übellaunige Hipster-Aussie den Schlüssel hat. »Der Fahrer hat mir gesagt, ich soll niemanden in den Bus lassen!«

Dass er von zwanzig Leuten ausgelacht und in Grund und Boden argumentiert wird, wie albern das sei, und dass der Fahrer *Fremde* meinte, nicht etwa uns, interessiert ihn nicht die Bohne – im Gegenteil, ich glaube, es bestärkt ihn nur in seinem Trotz, einfach nur gegen uns zu sein. Er wird zu Gollum, der seinen Schatzzzz behütet, und den wird er nie, niemals wieder herausrücken.

Zwischendurch machen wir uns Gedanken über Fergus und Calum. Wir alle finden es extrem mutig und bewundernswert, als schwules Paar, zumal als so junges, durch Lateinamerika zu reisen, wo Homosexualität quasi nicht existiert und es häufig zu gewalttätigen Übergriffen kommt. Es ist bestimmt oft nicht so lustig, und wir fragen uns, ob die beiden sich in der Öffentlichkeit sehr verstellen müssen. Während der Fahrt lagen sie meistens irgendwie übereinander und ineinander verknäult auf ihrer Bank; sie scheinen die Stunden in den Bussen zu genießen, weil sie endlich nicht mehr aufpassen müssen.

Irgendwann, ich weiß nicht, wie lange wir da schon herumlungern, gehen einige von uns bei der Familie mit der Theke und dem Plastiktisch aufs Klo. Wir müssen durch den Hinterhof, in der Toilette gibt es kein Licht, eine Spülung natürlich auch nicht, das wird per Eimer erledigt oder eben auch nicht. Als aus einer anderen Tür ein Mädchen kommt, erhaschen wir einen Blick in das Zimmer, in dem die ganze Familie auf ein paar Quadratmetern haust. Das hier, dieses graue, triste Niemandsland zwischen diesen zwei Ländern, ist der trostloseste Ort, den ich jemals gesehen habe. Wir fühlen uns verpflichtet, dem Mädchen ein paar Tüten Chips abzukaufen – als könnte man damit irgendetwas besser machen.

Als wir aus der Baracke wieder heraustreten, passiert es: Irgendwo tut es einen lauten Schlag, gefolgt von einem knisternden Funken. Wir zucken zusammen – das war's jetzt, wir werden überfallen, beschossen, ausgeraubt! Doch nein, es geht uns gar nicht an den Kragen, noch nicht: Ein Lkw ist gegen einen Mast gerast, an dem ein wirrer Wust aus riesigen Kabeln quer über den Platz gespannt ist. Der Laster setzt zurück, gibt wieder Gas – und verschwindet, aber ein fettes Kabel hat sich aus der Oberleitung gelöst und ist mit einem Ende auf die Straße gepeitscht. Und da tanzt es jetzt. Eine dicke schwarze Wurst, halb auf der Straße liegend, senkrecht in den Himmel führend. In den nächsten Stunden rauschen immer wieder Autos über die Grenze, die mitten in das Kabel rasen und dann in einem Schlingerkurs beinahe in die nächste Hütte krachen.

Als wir schon wieder ganz guter Dinge sind, dass wir diese Nacht doch überleben werden, plötzlich wieder ein großer Knall und lautes Jaulen – wir drehen uns ruckartig um: Ein Tuktuk hat einen Hund überfahren, keine drei Meter hinter uns. Der Hund, vielleicht war es auch eine Ziege, scheint halbwegs glimpflich davongekommen zu sein; das Tuktuk liegt tuckernd und mit tanzenden Reifen auf der Seite. Heraus krabbeln wütend schimpfend die Fahrerin und ein sehr verstörter Fahrgast. Mit vereinten Kräften wird das Tuktuk wieder aufgestellt, und weiter geht die fröhliche Fahrt.

Was man von uns leider nicht behaupten kann. Seit drei Stunden sitzen wir nun hier, und nichts passiert. Wäre der zweite Fahrer nicht noch bei uns, ich wäre sicher, dass wir ausgesetzt worden sind. Als wir langsam überlegen, wie man hier wieder wegkommt, rollt endlich ein neuer Bus heran. Wieder wird das Gepäck umgeladen, auch der französische Rucksack findet sich, und eine Truppe von völlig übermüdeten Turistas zuckelt Richtung León. Als wir dort ankommen, ist es halb eins in der Nacht.

Das ist mit Abstand die Bestleistung auf unserer bisherigen Reise – 360 Kilometer Luftlinie in schlanken einundzwanzig Stunden! Vielleicht hätten wir einfach zu Fuß gehen sollen. Aber immerhin: Wir leben noch. Das finde ich in diesem Moment eigentlich auch ganz schön.

Gucken

Rawson Marshall Thurber (Regie):
Wir sind die Millers

Party, Hitze und eine Begegnung mit Gott
Friederike

In León selbst, der zweitgrößten Stadt Nicaraguas, halten wir uns nur zwei Tage auf, um irgendwie unseren Bankkram zu regeln, was teilweise sehr an unseren Nerven zerrt. Genauso wie das Hostel, in dem wir landen: Es muss das größte Party-Hostel der Stadt sein; wir sind umgeben von Zwanzigjährigen, deren liebste Hobbys Bier-Pong und Body-Shots sind. Abends wollen wir flüchten, landen in der etwas netteren Kneipe gegenüber und ziehen nach der letzten Runde schließlich mit den anderen Übriggebliebenen in eine Art Disco weiter. Und wer steht da am Tresen, inmitten einer riesigen Gruppe von jungen feierwütigen Menschen? Fergus und Calum, das schwule Paar von unserer abenteuerlichen Fahrt hierher. Die Wiedersehensfreude ist groß, Cocktails und Biere werden ausgegeben. Jetzt, in unbefangener Stimmung, sitzt die Zunge etwas lockerer, und Philipp wagt den Vorstoß in die Privatsphäre: »Das ist ja schon krass, dass ihr als Schwule durch Lateinamerika reist. Ihr habt bestimmt öfter mal Angst, oder?«

Große Blicke, fragende Mienen. »What, you think we're *gay?!*«

Und dann brechen sie in wieherndes Gelächter aus. Sie schütten sich geradezu aus vor Lachen. Sie kriegen sich gar nicht mehr ein. Und wir wünschen uns sofort das berühmte Loch im Boden, in dem wir jetzt bitte versinken können. Mein Gott, wie unangenehm ist das denn jetzt, und das, wo wir doch aus der deutschen Vorzeige-Gay-City kommen! Fergus versichert mir noch dreimal, dass er ganz bestimmt nicht schwul sei, im Gegenteil, er liebe Mädchen über alles – was man eigentlich auch sofort sieht, sobald seine Zielgruppe in der Nähe ist. Ein kleiner Trost für unsere peinlich berührten Selbste ist, dass die Jungs wohl häufig für ein Paar gehalten werden. Na denn. Darauf noch einen Wodka.

Am nächsten Tag machen wir einen Ausflug an die Küste, wo das chilligere Partnerhostel steht. Auf einem Pritschenlaster hocken wir zusammengepfercht im Fahrtwind, nein, man muss sagen, Fahrtsturm. Am Pazifik herrscht, wie auch in León, eine unglaubliche Hitze, und der Strand ist schwarz. Man kann ihn nicht betreten, ohne dass einem augenblicklich die Fußsohlen verkohlen. Der Trick geht so: mit den Flipflops so weit wie möglich an die obere Wasserkante laufen, Flipflops ausziehen und so schnell es nur geht ins Meer rennen. Nach dem Baden sind die Flipflops sehr weit weg, weil die Strömung einen hier ziemlich schnell davonträgt und man garantiert nicht an derselben Stelle wieder aus dem Meer kommt, an der man reinging. Durchs Wasser zu den Flipflops waten, hinsprinten und reinsteigen, und schon kann man ganz entspannt wieder auf die Terrasse des Hostels schlendern. Dort gibt es einen Pool. Den finden wir dann irgendwie praktischer. Aber der Ausflug tut uns dennoch gut – seit Mexiko endlich mal wieder Meer und für ein paar Stunden vergessen, dass wir keine Kreditkarten mehr haben …

Was wir in León nicht machen, ist das beim Partyvolk sehr beliebte Volcano Boarding. Auf einem nahe gelegenen Vulkan rast man dabei auf einem Brett, ähnlich einem Rodel, den steilen steinigen Hang runter. Dazu trinkt man vorher zwei Schnaps, macht ein lustiges Foto, auf dem alle in die Luft springen, und trägt einen riesigen orangefarbenen Overall und eine Art Schweißerbrille. Unten angekommen, trinkt man, sofern man noch an einem Stück ist, wieder Schnaps. Und zurück im Hostel trinkt man noch mehr Schnaps und verarztet seine Wunden. Ich bin auf dieses Spektakel sowieso nicht so heiß, Philipp überlegt noch mitzumachen, aber dann funkt uns Mutter Natur dazwischen: Die Erde hat gebebt. Und niemand darf auf den Vulkan, solange die Erdbebengefahr nicht vorüber ist. Uns ziemlich egal, aber eine Person gibt es, die sich sehr, sehr darüber ärgert, denn es ist einfach unerhört, dass die Natur sich nicht an den Reiseplan dieser Person hält. Es ist, wir fallen fast vom Glauben ab, als wir im Hostel plötzlich vor ihm stehen: Thorsten. Der mit uns von Antigua nach Copán fuhr und dem Philipp nach einer äußerst langwierigen Diskussion zwischen Thorsten, den Grenzbeamten und uns drei Dollar für den Grenzübertritt lieh. Schenkte. Man weiß es nicht.

Beim Einchecken ins Hostel stellt sich Thorsten, oberkörperfrei und muskeldefiniert, auf die einzige sinnvolle Art vor, die es im Umgang mit spanischsprachigen Menschen aus Lateinamerika geben kann: »My name is Thorsten. Do you know Thor, the God? No? Thor, the one with the hammer? My name is like the God Thor, but then with -sten. Thor-sten, you know? The God?«

Das lateinamerikanische Mädchen guckt etwas verwirrt. Ich möchte nicht wissen, was jetzt in der Anmeldekartei steht.

Gott, äh, Thor, ach Quatsch, *Sten*, also nein, THORSTEN! erzählt uns ein bisschen aus seinem gottgleichen Düsseldorfer Jetset-Leben. Und sagt, dass wir doch mit ihm nach San Juan fahren sollen.

»Ich hab da ein Boot gechartert, mit Kapitän, der fährt mich dann zum Hochseefischen raus, das wird bestimmt geil, wollt ihr nicht mit?«

Vielleicht ahnt er nicht, dass wir lesen können und wissen, dass man diese Art Ausflug überall buchen kann – man muss dafür kein Boot mit Kapitän *chartern*. Aber lassen wir ihm die Freude. Petri Heil, Thor.

Sten.

Am Busen der Welt. Eine Insel mit zwei Bergen
Friederike

Es war einmal ein wunderschönes Mädchen namens Ometeptl. Sie war die Tochter eines mächtigen Häuptlings, und sie liebte den angesehenen Nagrando. Allein, Nagrando gehörte nicht ihrem eigenen Stamm an, sondern dem verfeindeten Nachbarstamm, und so durfte ihre Liebe nicht sein. Die beiden flohen aus ihren Heimatdörfern und versteckten sich in einem Tal, doch wurden sie von ihren Stammesangehörigen verfolgt. Aus Verzweiflung öffneten sich die Liebenden gemeinsam die Pulsadern. Das Blut der beiden flutete das Tal und bedeckte schließlich ihre Körper. Nur Ometeptls Brüste ragten noch aus dem Blutmeer heraus.

Aus diesem Blut der tragisch Verliebten wurde der Legende nach der riesige Nicaraguasee, und bis heute erkennt man Ometeptls Brüste, die aus der endlosen Wasserfläche ragen: zwei mächtige Vulkane, auf die wir gerade mit einer kleinen Fähre zusteuern. Rabenschwarz thront der 1600 m hohe Concepción vor uns, etwas weiter entfernt der kleinere Maderas. Zwei Vulkane, dazwischen ein schmaler Streifen Land – das ist Ometepe. Sie gilt als weltweit größte vulkanische Insel in einem Süßwassersee, ungefähr 30000 Menschen leben hier und profitieren von den fruchtbaren Böden.

Noch erscheint uns die Insel als vollkommen verträumtes Paradies, aber natürlich zieht es auch hier inzwischen viele Touristen hin. Im Hafen warten etliche Bewohner auf die Fähre und fangen uns ab, um ihre Unterkünfte anzupreisen. Da wir weder auf Abwehren noch auf umständliche Suche Lust haben, setzen wir uns kurzerhand bei Robinson und seiner Schwester auf die Motorräder und lassen uns zu deren Hostel fahren. Nach dem lärmigen, heißen León und dem heillos überlaufenen San Juan an der Pazifikküste, wo wir nur eine Nacht verbrachten, erscheint uns Moyogalpa, der Hauptort von Ometepe, wie der letzte vergessene Fleck auf Erden. Viel gibt es nicht zu sehen, über allem liegt eine gemütliche, schwere Decke der absoluten Gelassenheit. Es ist muuuy tranquilo hier. Me gusta mucho.

Mit Fahrrädern erkunden wir die Umgebung von Moyogalpa und radeln zum nächstgelegenen Strand in fünf Kilometern Entfernung. Es geht zwischen Gehöften hindurch, Schweine galoppieren über die Straßen, auch Hühner, Rinder und Pferde, Bauern winken uns fröhlich zu. Am Ende eines langen sandigen Feldwegs erkennen wir zwischen entwurzelten Bäumen und ein paar klapprigen Hütten dann tatsächlich einen schmalen Streifen Strand. Neben einer der Hütten steigt dicker Rauch auf – über einer Tonne räuchert die Familie fangfrischen Fisch. Da gönnen wir uns doch direkt mal ein Mittagessen. Neben uns ein schnarchender, betrunkener Mann in der Hängematte, zwischen uns herumtollende Kinder, und dann stolziert auch noch ein Wesen umher, das wir zunächst nicht klar einordnen können. Es ist ein Mädchen, nein, ein Junge, es ist ein Junge in einem Kleid und mit Federn im langen Haar, das Wesen scheint ein Transsexueller zu sein. Er trägt ein Spiegelchen mit sich herum und schminkt immer wieder seine Lippen nach. Wir staunen unauffällig, aber nicht schlecht – an diesem Ort mitten im Nirgendwo, dem abgelegensten Platz, den man sich wohl vorstellen kann, in ei-

nem Umfeld ohne große Verbindung zur Außenwelt, so ein Paradiesvogel? Und auch später begegnen uns an diesem kleinen pechschwarzen Strand noch ein paar weitere Transsexuelle. Was ist das hier, ein geheimer Szenetreff, der Exit-Ort für Menschen, die auf dem Festland angefeindet werden und kein freies Leben führen können, ihr heimliches Paradies? Wir wissen es nicht. Über dem schwarzen Strand, der in einer schmalen Spitze im See verschwindet, hängt der mächtige dunkle Vulkan vor knallblauem Himmel. Ein surrealer Ort, dieses Ometepe.

Als wir am nächsten Tag mit einem Roller über die Insel düsen, stehen auf der Landebahn des kleinen Flughafens, die schnurgerade auf den Bergkegel zuführt, plötzlich zwei schlaksige Marsmenschen mit riesigen Helmen. Sie fotografieren staunend den Vulkan, neben sich ihre Weltraumgefährte, die unserem Roller verdächtig ähnlich sehen. Wir können es nicht glauben, als wir erkennen, wen wir da beinahe überfahren hätten: Es sind Calum und Fergus, das schwule/doch nicht schwule Pärchen von unserer Reise nach León, die in unserem Nachbarhostel wohnen! Erneut große Wiedersehensfreude. Noch ahnen wir nicht, dass das hier auf der Insel nicht die einzige Begegnung mit alten Bekannten bleiben wird …

Wir entdecken einen wunderschönen, hellen Sandstrand unter dem Vulkan Maderas, der es locker mit jedem Karibikstrand aufnehmen kann, und genießen das süße Nichtstun. Abends trinken wir Bier mit zwei Jungs, die, um die Tageshitze zu vermeiden, nachts um eins mit einem Führer auf den Vulkan gestiegen sind. Die beiden sehen eigentlich ziemlich fit aus, aber sie berichten von Durst und Erschöpfung, jeder Schritt durch das Geröll eine Qual. Wir hören gespannt zu, denn eine Tour auf den Vulkan ziehen auch wir in Betracht. Ich merke, dass meine Lust darauf erstaunlich schnell schwindet. Als ich auf dem Heimweg Philipp frage, ob er den Trip machen will, guckt der mich nur an, als hätte ich nicht mehr alle Latten am Zaun. Gut, wäre das also geklärt. Die geheime Macht der ometepischen Chillaxtheit hat von uns Besitz ergriffen.

Tags darauf erkunden wir einen anderen Ort der Insel, dem

geheime Kräfte nachgesagt werden: das *Ojo de Agua*, Auge aus Wasser. Ein Naturbad mit frischem Quellwasser, das heilende Kräfte haben soll, und nicht nur das. Ein Jungbrunnen soll es sein! Mit einem Seitenblick auf Philipps Frisur erzählt uns der lustige Kassierer, dass einem glatzköpfigen Mann nach einigen Bädern hier plötzlich wieder prächtiges, volles Haupthaar wuchs. Na das wollen wir sehen! Das Wasserauge ist fantastisch. Türkis schimmerndes, erfrischend kühles Wasser, drum herum Hängematten und Liegen, umgeben von riesigen Bäumen – herrlich! Ein paar Brüllaffen-Familien turnen über den Schwimmenden durch die Äste, Libellen surren über dem Wasser entlang. Wir wissen kaum noch, wohin mit uns vor lauter Tiefenentspanntheit. Wir sind im Paradies. Von mir aus kann jetzt gerne jemand die Zeit anhalten.

Ich hänge da also so schläfrig in unserer Hängematte, lese ein bisschen, schlürfe ab und zu von meinem Getränk und beobachte das Brüllaffen-Baby, das sich fast bis zu mir heruntergewagt hat – da stört eine fuchtelige, von nervösen Lauten begleitete Bewegung im Wasserbecken meine schöne Lethargie. Ich erkenne, dass es sich bei dem armewedelnden, herumplatschenden Wesen um Philipp handeln muss. Er ist sehr aufgeregt.

»Oh mein Gott, dahinten ist Thor!«

Was? *Der* Thor, unser Thor? Wollte der nicht in San Juan hochseefischen? Aber tatsächlich: Dahinten, auf der anderen Seite des Beckens, liegt Thor-Sten auf einem Mäuerchen und sonnt seinen Astralkörper. Wir überlegen, ob wir ihn ansprechen sollen, aber er schlummert gerade so selig. Schlafende Götter soll man bestimmt nicht wecken. Vielleicht muss er noch Hochseefisch verdauen.

Auf dem Rückweg – heute sind wir nicht mit dem Roller, sondern mit dem Colectivo gekommen – schmeißt uns der Fahrer im übernächsten Dorf raus. Er hat keine Lust, so spät am Abend noch bis nach Moyogalpa zu fahren. Er behauptet, wir könnten mit dem Schiff dorthin fahren. Noch nie von einem Schiff gehört, das die Insel umrundet, aber wir gehen mal los und hoffen, dass wir es irgendwo finden. Eine Familie, die wir danach fragen, erklärt uns dann, dass heute kein Schiff mehr fahre. Formidable! Wir loten unsere Möglichkeiten aus. Erstens: den ganzen Weg nach Hause laufen; zweitens: den Kiosk auf der anderen Straßenseite ausrauben, am Wegesrand übernachten und morgen früh das erste Colectivo/Bus/Taxi/Wasauchimmer nehmen; drittens: eines der frei herumtrottenden Pferde ausleihen und nach Hause reiten oder viertens: hier warten und hoffen, dass irgendein Colectivo/Bus/Taxi/Wasauchimmer vorbeikommt und uns mitnimmt. Während ich noch über Lösung drei nachdenke und wir vorsorglich schon mal ein paar Chips am Kiosk kaufen, tritt doch tatsächlich Nummer vier ein. Ein Tuktuk kommt herangeknattert! Der junge Fahrer hat eigentlich auch keinen Bock, noch bis Moyogalpa zu fahren, jetzt im Dunkeln. Dank viel Bettelns und angesichts eines verlockenden Verdienstes erbarmt er sich dann doch. Wir sind sehr stolz auf unsere brillante Idee von heute Morgen, aus Geldspargründen keine Roller zu mieten.

Am nächsten Tag sind wir schlauer und verlassen den tollen Karibikstrand, wo wir noch einmal waren, schon etwas früher, um noch ein Colectivo nach Hause zu kriegen. Da werden wir fast von zwei wild hupenden Rollern umgenietet: Fergus und Calum! Sie nehmen uns mit, und wir liefern uns ein wildes Rennen quer über die Insel. Es ist schon erstaunlich, wie schnell man sich an den entlegensten Orten der Welt zu Hause fühlen kann.

Unser letzter Abend auf Ometepe. Wir sitzen unten auf dem alten Bootssteg und bestaunen den Sonnenuntergang. Der pure Wahnsinn, wie der gesamte See in leuchtendem Orange erstrahlt und glüht. Es sieht aus wie eine Fantasiewelt. Wir sind beide eigentlich gar nicht so versessen auf Sonnenuntergänge, aber dieser hier ist überirdisch. Es ist der schönste Sonnenuntergang unserer Reise, und ich glaube, der schönste der ganzen Welt. Meine Seele möchte sich einkringeln und für immer hier auf Ometepe bleiben. Wir sind glücklich.

KOLUMBIEN

Kein Spaziergang oder:
Eine Strapaze in vier Akten

Friederike

Prolog

Natürlich wussten wir, dass es anstrengend werden würde. Das steht in jedem Reiseführer, das steht in jedem Reiseblog, das berichten andere Reisende, die es schon hinter sich haben. Es gibt zwei Gruppen von Gästen in unserem Hostel – die einen, fröhlich, voller Tatendrang, und die anderen, die sich, erschöpft, zerzaust, sonnenverbrannt und ramponiert, von der Hängematte zur Saftbar und wieder zurück schleppen. Diese zweite Gruppe hat mit großer Wahrscheinlichkeit *den* Trip hinter sich. Wir ahnen also wie gesagt, worauf wir uns einlassen. Doch der Schritt vom abstrakten Bewusstsein »Es wird anstrengend« zu der tatsächlich erlebten Erschöpfung, auf die wir geradewegs zusteuern, ist etwas, wofür die Vorstellungskraft einfach nicht ausreicht. Es geht um *echte Schmerzen*.

Aber von vorn. Seit einigen Tagen sind wir an der karibischen Küste von Kolumbien, in einem kleinen Ort namens Taganga, einem dieser Dörfer, die gerade vom Tourismus entdeckt oder vielmehr überrannt werden. Seit ein paar Jahren ist die Straße unten am Meer entlang gepflastert, der Rest des Dorfes besteht immer noch aus staubigen Schotterwegen und kleinen, baufälligen Hütten; auch auf dem Weg hierher sahen wir immer wieder große Favelas. Es herrscht eine Stimmung, die man als karibische Gelassenheit bezeichnen könnte – im Großen und Ganzen passiert hier einfach gar nichts. Ab und zu fahren Fischer raus, ab und zu lässt sich ein Tourist von einem Bootsmann in die nächste Bucht schippern, Frauen schöpfen Wasser aus dem riesigen Tank am Kirchplatz, ein paar versprengte Hippies verkaufen ihren Schmuck, abends spielt jemand an der Uferpromenade Gitarre für ein bisschen Geld. Über allem liegt eine unbeschreibliche Hitze, die alles Leben zu ersticken droht. Man befindet sich im Zeitlupenmodus.

Nach Taganga kommt man aus drei Gründen: Wegen des kristallklaren Meers – am ersten Tag lassen auch wir uns mit einem Boot in eine schöne Bucht fahren zum Schnorcheln. Wegen des Tayrona-Nationalparks, der direkt hinter dem Ort beginnt und in dem man wunderschöne, einsame Strände erwandern und in Hängematten-Lagern übernachten kann. Oder man bricht von hier aus auf in die Sierra Nevada de Santa Marta, mit Gipfeln von bis zu fast 5800 m das höchste Küstengebirge der Welt. Ein gewaltiges, immer noch undurchdringliches Dschungelgebiet, in dem heute noch drei indigene Stämme mit etwa 20 000 Menschen leben und das ein Geheimnis birgt: die Ciudad Perdida – die Verlorene Stadt. Neben dem berühmten Machu Picchu in Peru die größte präkolumbianische Stadt Südamerikas, tief im Dschungel, weitab jeglicher Zivilisation, die zwischen dem 11. und 16. Jahrhundert errichtet und von einigen Tausend Angehörigen des Tayrona-Stammes bewohnt wurde. Nach Ankunft der Spanier mussten sie die Stadt aufgeben, die daraufhin vor sich hin zerfiel und erst 1975, vollkommen dschungelüberwuchert, von Grabräubern wiederentdeckt und geplündert wurde. Seitdem befindet sich dort ein archäologischer Stützpunkt.

Erster Akt: Das Wandern ist des Müllers Lust. Nicht.

Genau da also wollen wir hin. Bis heute ist die Ciudad Perdida nur über einen einzigen schmalen Pfad erreichbar, den man wahlweise in vier, fünf oder sechs Tagen bewältigt (Touristen) – oder auch an einem einzigen (Indigene). Nachdem wir unsere körperliche Fitness – eher so mittel – mit dem Bedürfnis nach möglichst wenigen unbequemen Nächten – relativ groß – gegengerechnet und uns mit ein paar Reisenden unterhalten haben, die die Tour schon gemacht haben, entscheiden wir uns erst für die Fünf-Tages-Variante, später doch für vier. Früh am nächsten Morgen holt uns ein Jeep im Hostel ab und fährt uns in die nahe gelegene Stadt Santa Marta, wo wir ein langwieriges Anmeldeverfahren in der Travel Agency hinter uns bringen müssen. Wieder rein in den Jeep und durch die Outskirts der Stadt – bis wir plötzlich vor einem Bahnübergang aus dem Jeep geworfen werden, wir sollen in einen anderen umsteigen, der uns gerade überholt hat. Na gut; wir sind es ja inzwischen gewohnt, uns nicht zu wundern und nicht nachzufragen. Da sitzen wir also jetzt, hinter zwei lautstarken, ein bisschen wahnsinnig wirkenden Kolumbianern, die sich während der Fahrt auf dem Boardbildschirm versexte Musikvideos anschauen und sich kaum einkriegen vor Johlen und Lachen. Ein bisschen verschüchtert fragen wir uns, was da wohl in den nächsten Tagen auf uns zukommt. In einem kleinen Ort machen wir Frühstückspause mit Plörrekaffee und Empanadas, und dort begreifen wir, dass einer der Männer unser Guide für die Tour sein wird: Rodrigo. Klein, quadratisch, kompakt, Kampfstierformat – mit dem dreckigsten Lachen seit Joe, dem kubanischen Cowboy. Noch ahnen wir nicht, wie sehr uns Rodrigo ans Herz wachsen wird.

Im nächsten Dorf halten wir an einem kleinen Lebensmittelladen. Der Jeep wird mit säckeweise Zwiebeln, Kartoffeln, Reis und massenhaft Obst und Getränken beladen; und damit verabschieden wir uns von der Zivilisation. Ab jetzt geht es über eine Sandpiste in den Dschungel, immer weiter bergauf. In Serpentinen schrauben wir uns immer tiefer in das Waldgebiet, anfangs steht ab und zu noch eine Hütte am Wegesrand, irgendwann auch das nicht mehr. Der Blick geht über unendlichen Dschungel. Wir durchqueren Flussbetten, bleiben in Sandverwehungen stecken, werden durchgerüttelt und in die Kurven geschleudert. Wir fahren so lange, dass ich irgendwann das Gefühl habe, viel weiter kann es gar nicht mehr reingehen in den Dschungel, hinter der nächsten Kurve muss die Ciudad Perdida schon sein, wo sollen wir denn da noch hinwandern? Zu meiner Überraschung kommen wir aber plötzlich in eine etwas größere Siedlung. Dort werden wir an einem Haus abgesetzt, wo wir später Mittagessen bekommen sollen. Später: dann, wenn der Rest unserer Wandergruppe eingetroffen sein wird. Sieben weitere Personen sollen noch dazukommen.

Ich erwähnte es, wir sind jetzt nicht wirklich die volltrainierten Konditionswunderwaffen; wir wissen, der Weg wird hart werden; wir hoffen inständig auf ein paar Leute, die ähnlich sportlich sind wie wir. Ein älteres Ehepaar vielleicht, weitere Frauen – Menschen eben, die einen nicht schon durch ihre bloße Anwesenheit unter Druck setzen.

Wir sitzen auf der Veranda und gucken. Eine Straße, ein paar kleine bunte Häuser, ein paar Leute, die ihren Dingen nachgehen. Ein kleines Mädchen in Schuluniform kommt vorbei und zeigt uns seine selbst gebastelte Eule. Irgendwann, so gegen zwölf Uhr mittags, trottet ein Maultier heran und bleibt vor uns stehen. Es kennt seinen Dienstplan: Prompt kommen zwei Männer und beladen das Muli. Säcke, Kisten, Taschen, alles meterhoch auf dem Rücken verschnürt, voller Lebensmittel und Kochgeschirr – unser mitreisendes Vorratslager. Noch zwei weitere Mulis kommen dazu; sie werden uns in den nächsten Tagen immer einige Zeit voraus sein, sodass in den Nachtlagern schon alles vorbereitet werden kann, bevor wir eintreffen.

Irgendwann fährt ein Jeep vor. Heraus klettern nacheinander: sieben ziemlich bis sehr durchtrainierte Jungs, fast alle zehn Jahre jünger als wir. Fünf von ihnen sehen aus, als seien sie soeben einer Elite-Sport-Uni entsprungen. Muchas gracias auch!

Wir versuchen es mit Humor zu nehmen, zumal sich alle als sehr nett und lustig erweisen, und wandern dann mal los. Ganz harmlos zuerst, ein schöner Waldweg, wir müssen einen breiten Fluss durchqueren, und da passiert es, völlig unerwartet: Am gegenüberliegenden Ufer sitzt auf einem Pferd ein Kogi-Mann. Zum ersten Mal sehen wir einen leibhaftigen Urwaldbewohner. Mit weißem Baumwollhemd, Gummistiefeln und langen schwarzen Haaren sitzt er da, lässt sein Pferd saufen und würdigt uns keines Blickes. Umgehend fühle ich mich klein, lächerlich und unwürdig. Da kommen wir also, die Touris, mit unseren Wanderschuhen, Trekkinghosen und Rucksäcken, und stolpern im Gänsemarsch durch sein Wohnzimmer, den Dschungel. Was müssen wir für ein jämmerliches Bild abgeben.

Nachdem wir, so elegant und unauffällig wir das irgendwie hinkriegen, über die losen Steine im Fluss ans andere Ufer gehopst sind, ist es dann auch schnell vorbei mit dem beschaulichen Waldweg. Es geht bergauf. Und zwar nahezu senkrecht. Zu schaffen ist die Steigung im tiefen Sand nur, weil sie in scharfen Serpentinen angelegt wurde und alle zweihundert Meter ein Baumstamm zum Stabilisieren quer auf dem Weg liegt. Die Hitze und enorme Luftfeuchtigkeit tun ihr Übriges – ich keuche mich nach oben, nach fünf Minuten sind meine Kleider schweißdurchtränkt, ich fühle, wie sich an den Fersen Blasen bilden, ich konzentriere mich nur noch aufs Atmen, denn das ist mit Abstand das größte Problem, ein ziemlich beängstigender Zustand, ich mag das nicht, keine Luft zu kriegen. Über eine Stunde lang quälen wir uns den Berg hoch, der Puls konstant bei zweihundert.

Ziemlich bald ist die Rangfolge in unserer Gruppe klar: Die fünf Freunde aus England gehen extrem flott, was soll ich sagen, sie *rennen*, Jonny aus Schottland versucht, Schritt zu halten, lässt sich im Lauf des Tages aber immer weiter zurückfallen, Pablo aus Chile (mit knapp vierzig der einzige Teilnehmer, der älter ist als wir), Philipp und ich staksen hinterher. So bilden wir, auch in den nächsten Tagen, eine nette Viereragruppe mit Jonny und Pablo. Nicht dass wir in dieser Zeit miteinander sprechen würden – man ist auf dem Weg in die Ciudad Perdida sehr bei sich. Bei seinen Füßen, seiner Lunge, seinen Knien, seinem Rücken, seinen Wadenmuskeln und beim Weg. Meistens kommen wir ungefähr zwanzig Minuten nach den anderen an den Rastplätzen an – macht aber nichts, es gibt ja nur diesen einen Pfad, man kann sich nicht verlaufen. Dass das gesamte Gebiet der Sierra Nevada von Guerillagruppen kontrolliert wird, erfahre ich zum Glück erst am vorletzten Tag. Aber der gute Rodrigo nimmt sich unserer an und wartet regelmäßig – es muss unfassbar langweilig für ihn sein, für einen, der inzwischen seit dreißig Jahren jede Woche zur Ciudad Perdida und zurück wandert, anfangs als Lastenträger mit den Maultieren, inzwischen als Guide. Dieser fünfzigjährige vierfache Familienvater flitzt in einem Affenzahn die Berge rauf und runter, immer die Fluppe in der Hand, Witze erzählend und grölend lachend, während man selbst mit hochrotem Kopf nur noch daran denken kann, einen Fuß vor den anderen zu setzen. Sprach ich von Würdelosigkeit? Nun ja.

Die Belohnung für den beschwerlichen Aufstieg ist, dass wir irgendwann eine unsichtbare Grenze zu übersteigen scheinen, ab der das Atmen wieder leichter fällt – und eine grandiose Aussicht über endlosen Nebelwald. Wir wandern auf dem Bergkamm weiter, einem sandigen, mit Büschen und Bäumen gesäumten Weg, ich wähne mich fast an der Ostsee und hege die leise Hoffnung, dass der Trip von jetzt an einfach nur eine schöne Wanderung mit hübschen Ausblicken wird – eben so, wie wir Wandern kennen, wenn wir dreimal im Jahr »raus« in die Eifel fahren. Auch die erste Pause ist vielversprechend; in einer Bretterbude gibt's Kaffee und Süßes für den Blutzuckerspiegel, während eine Gruppe Hühner und anderes Getier um uns herumkreucht; wir lassen die Klamotten trocknen und strecken die Beine, dann haut eins der Maultiere ab, ihm reicht's, lang genug Pause gemacht, muss ja mal weitergehen. Der junge Muli-Führer muss hinterherrennen und dabei die heruntergefallene Ladung aufsammeln – alles unter Rodrigos lautem Gejohle, das uns in den nächsten paar Tagen ein ständiger Begleiter sein wird.

Aber Rodrigo kann nicht nur Witze auf anderer Leute Kosten reißen und sich königlich amüsieren, er erklärt uns auch viel über die Gegend. Zur Hochzeit des Marihuana-Handels war die Sierra Nevada eine Hoch-Anbaugegend; auch die Ciudad Perdida mit ihren Terrassen diente als riesige Hanfplantage. Später wurde dann vor allem Coca angebaut, das hier besonders gut gedeiht. Seitdem die Regierung aber starken Druck auf Coca-Bauern ausübt und ganze Plantagen vom Militär niedergebrannt werden, versuchen sich die Bauern jetzt in Kaffee und anderen Dingen. Eine Weile später zeigt uns Rodrigo dann einen einsamen Coca-Strauch – den ersten, den wir auf unserer Reise sehen! Auf unserem weiteren Weg durch die Andenstaaten soll uns das Kräutlein ein sehr geschätzter Gefährte werden.

Meine Hoffnung auf die gemütliche Ostsee-Eifel-Wanderung zerschlägt sich sehr bald wieder: Inzwischen sind wir auf rutschig-nassem roten Lehmboden angekommen und müssen wieder eine immense Steigung bewältigen – allerdings abwärts. Als auch das einigermaßen heile überstanden ist, haben wir es für den ersten Tag tatsächlich geschafft: Unser Nachtlager ist in Sicht! Ein mit Wellblech überdachter, offener Bereich, in dem Dutzende Hängematten unter Moskitonetzen hängen. Während unsere einheimischen Begleiter zusammen mit der ansässigen Familie im großen offenen Kochbereich ein Abendessen zaubern, genehmigen wir uns eine Dusche. Davon gibt es drei, sie hängen über einem Abgrund, mit lose baumelnden Blechtüren voneinander abgetrennt – und sind eiskalt. So sehr wir tagsüber beim *Hiken* schwitzen und uns nach einer kalten Dusche sehnen, so erschreckend ist das gefühlt fünf Grad warme Wasser abends. Aber apropos Abend: Endlich ergibt unsere Weltreisen-Outdoor-Ausrüstung einen Sinn, und wir können unsere Stirnlampen gebrauchen. Hier im Dschungel ist es um sechs Uhr abends dunkel, und zwar stockdunkel. Ich weiß gar nicht, ob ich jemals eine so schwarze Schwärze erlebt habe. Man sieht einfach nichts, nicht mal die Hand vor Augen. Zudem setzt am späten Nachmittag meist heftiger Regen ein, an diesem ersten Abend ist er unglaublich. Es prasselt und platscht in einer Wahnsinnslautstärke, mittendrin sitzen wir bei Kerzenlicht und genießen das Essen. Endlich können wir alle uns auch mal unterhalten, statt nur atemlos den Weg entlangzuhetzen, und der gute Jonny versorgt die gesamte Truppe ab jetzt allabendlich mit Rum und Whiskey. Philipp und Sid hatten die Tour zwar als abstinenten Innere-Reinigungs-Trip geplant, aber wer tagsüber sieben Stunden lang unter Aufbietung aller Kräfte durch den Dschungel kraxelt, der sagt zu einem Absacker am Abend nicht Nein. In den nächsten Tagen zeigt sich, dass wir alle sowieso immer so müde sind, dass wir um neun Uhr in unseren Hängematten oder Betten liegen. An durchzechte Nächte ist hier nicht zu denken.

Diese erste Nacht wird dann trotzdem lang: Wir baumeln da in schwärzester Dunkelheit in den klammen Hängematten, unter feuchten, modrig riechenden Wolldecken, und lauschen dem

Regen. Aber was heißt lauschen – diesen Regen, wie er auf das Blechdach über uns trommelt, könnte man in Deutschland beim Ordnungsamt als Ruhestörung melden. Ich kann so gut wie gar nicht schlafen und döse völlig ermattet dem Morgen entgegen.

Zweiter Akt: Gehen. Einfach immer weiter gehen.

Früh um sechs geht es wieder los, es hat die ganze Nacht geschüttet, die nassen Klamotten konnten nicht trocknen, also wieder rein in die noch klammen Sachen vom Vortag. Ist sowieso egal, denn nach zehn Minuten Wandern ist alles wieder komplett durchgeschwitzt. Der Tag beginnt gleich mit einem knackigen Aufstieg von einer Stunde, und langsam wird der Weg insgesamt unwegsamer, rutschiger und steiler. Dass ich während der Autofahrt oder gestern schon dachte, wir seien tief im Dschungel, kommt mir jetzt lächerlich vor. Hier ist nun wirklich nichts mehr von Zivilisation spürbar, kein Gehöft, kein Zaun, gar nichts, nur der schmale nasse Trampelpfad inmitten riesenhafter Bäume. Und wir. Es wird unglaublich anstrengend, jeder Schritt reine Willenskraft. Es knackt, prasselt und flüstert im Wald, irgendwo unter oder neben uns rauscht beständig der große Fluss, an dem wir entlangwandern, ich laufe durch eine Pflanzenfülle, wie ich sie noch nie erlebt habe – aber ich kann nur auf den Weg vor mir starren.

Ein Fuß vor den anderen, Stufen erklimmen, über Wurzeln klettern, von Felsen springen, Anschluss halten, Maulesel passieren lassen, die Blasen ignorieren, die Schmerzen im Knie ignorieren, immer schön einen Fuß vor den anderen. Atmen. Rechts, links, atmen. Rechts, links, atmen. Ich bin Reinhold Messner auf dem Weg zum Mount Everest. Ohne Sauerstoff. Bei den schlimmsten Steigungen, die einfach nicht enden wollen, habe ich nur noch ein Mantra im Kopf: Obst. Ananas. Banane. Orange. Obst. Ananas. Banane. Orange. Denn auf den Hügelkuppen nach den anstrengenden Anstiegen, das weiß ich inzwischen, machen wir immer eine Pause, und dort war-

ten die beiden Guides mit frischem Obst. Mich hat selten etwas so glücklich gemacht wie eine frische kolumbianische Ananas nach solchen Höllenqualen. Der Geschmack ist unbeschreiblich, schießt sofort in die Blutbahn, ein einziger Sinnestaumel. Es kann nichts Besseres geben. Und so hechele ich wie der pawlowsche Hund durch den kolumbianischen Dschungel, vor dem inneren Auge pralle saftige Früchte, vier Tage lang.

An diesem zweiten Tag kommen wir zum ersten Mal an einem richtigen Dorf der Kogi, der Tayrona-Nachfahren, vorbei. Wobei Dorf wohl nicht ganz das richtige Wort ist; die Menschen leben nur im Familienverband, ein Mann hat meistens drei bis vier Frauen, jede hat ihr eigenes Rundhaus, in dem sie mit ihren Kindern lebt. Zu bestimmten Anlässen treffen sie sich mit den anderen Familien aus dem Gebiet, aber leben tun sie doch weit verstreut in den Tälern des Dschungels. Als ich Rodrigo frage, wo die anderen Dörfer liegen und wie die Leute sich besuchen, deutet er irgendwo in die Berge und spricht von kleinen Pfaden, die geradewegs zu den Nachbarn führen. Ich starre ins Grün und sehe nur Grün.

Inzwischen begegnen uns auf dem Weg immer mehr Kogi; sie rasen auf ihren Mulis an uns vorbei oder rennen den Weg, den wir mühsam hochklettern, barfuß oder in riesengroßen Gummistiefeln, mit fünf Kilo Bananen auf dem Kopf. Die Frauen sehen wir oft im Fluss Wäsche waschen. Und auch wenn wir uns inzwischen an den Anblick der Ureinwohner gewöhnt haben – das leicht unangenehme Gefühl, ein völlig unpassender Eindringling in dieser ursprünglichen Welt zu sein, bleibt bei jeder Begegnung bestehen, zumal sich die Kogi vor uns Westlern eher zurückziehen. Rodrigo hat mit alldem natürlich kein moralisches Problem – er scherzt und lacht jedes Mal mit ihnen, ich habe das Gefühl, er kennt den gesamten Urwald. Bei jeder Siedlung, die wir passieren, brüllt er lauthals, dass er dort eine Freundin habe, und dann verschwindet er oft erst mal.

Nach stundenlanger Schinderei erwartet uns zur Mittagspause eine grandiose Überraschung: ein riesengroßer natürlicher Pool, den der Fluss neben ein paar kleinen Holzhütten bildet. Hier staut sich das Wasser, überall liegen riesige Felsen herum, von denen man springen oder auf denen man herumklettern kann. Und eiskaltes, klares Wasser! Bei der Gelegenheit muss ich nur leider feststellen, dass ich an den Fersen nicht die erwarteten Blasen, sondern große Stellen wund gescheuerten rohen Fleisches habe. Lecker. Umgehend werde ich eine spannende Attraktion, unser gesamter Begleittross von der Köchin über die beiden Guides bis zu den Kogi-Kindern aus der Siedlung beugt sich über meine Füße, alle geben laute Rufe von sich – ich interpretiere Erstaunen, Ekel und Mitleid, ungefähr in dieser Reihenfolge – und verarzten mich fachmännisch mit dicken Verbänden. Ich komme mir ein bisschen vor wie ein Pferd beim Hufschmied. Und, machen wir uns nichts vor, wahrscheinlich sehe ich auch so aus.

Aber keine Zeit zu jammern, wir haben noch ein paar Stunden bis zum Nachtlager vor uns, und die haben es in sich.

Ständig müssen wir jetzt den Fluss überqueren (wegen meiner Fußverbände werde ich teilweise von Rodrigo durchs Wasser getragen – langsam wird die ganze Sache wirklich peinlich), auf der anderen Seite wieder mehrere Hundert Höhenmeter hinaufklettern, dann wieder herunter, wieder durch den Fluss, dort wieder das Ufer hoch und immer so weiter. Dieses Auf und Ab kann schon an den Nerven zerren – ich stelle mir vor, dass es ein paar Hundert Meter Luftlinie entfernt von uns eine schnur-

gerade, asphaltierte Straße zur Ciudad gibt, auf der reger indigener Verkehr herrscht, während die Touristen spaßeshalber tagelang durch den Urwald getrieben werden. Noch dazu bin ich inzwischen zur Schnecke mutiert, denn neben meinen völlig ramponierten Füßen habe ich mir irgendwie auch die Knie zerstört. Jeder einzelne Schritt ist jetzt eine Qual. Ich weiß nicht, wie viel Willenskraft von meinem persönlichen Lebenskonto ich in diesen paar Tagen aufgebraucht habe. Ich bin so unglaublich langsam, dass nur noch Philipp und Rodrigo auf mich warten – das Thema »Würde« hatten wir ja schon.

Dafür ist die Strecke heute wirklich wunderschön und spektakulär. Trotz aller Schinderei ist dieses Gewalt-Trekking einfach atemberaubend. Noch nie sind wir so tief im Dschungel gewesen; es gibt immer wieder herrliche Ausblicke von den Bergkämmen, dann wieder den reißenden Fluss im Tal, dazwischen riesenhafte Bäume mit genauso riesigen Wurzeln, durch die man klettern muss, Ansammlungen von Felsen, kleine Bananenplantagen der Kogi, alles tropft, knackt und zischt, große Schmetterlinge begleiten uns, Vögel singen nie gehörte Lieder. Das ist schon etwas sehr Besonderes, und irgendwie kriege ich es mit meinem ausgelaugten Hirn immer noch hin, über all das hier zu staunen und alles in mich aufzusaugen.

Trotzdem bin ich – sind wir alle – froh, als wir nach sechs langen Stunden Laufen und einer Stunde Felsenklettern endlich am Nachtlager ankommen. Es bildet sozusagen das Basislager vor der Ciudad Perdida und ist ein fast schon luxuriöses, zweistöckiges Blockhaus mit Betten und einem angeschlossenen Essbereich mit vielen großen Tischen. Wir bekommen echten Kakao aus frischen Kakao-Pflanzen, und auch der Schnaps kommt wieder zum Einsatz. Ein langer Abend wird es aber auch diesmal nicht; langsam sind alle ziemlich an ihren Grenzen angekommen.

Dritter Akt: Am Nabel der Welt. Oder am Arsch?

Nach zwei Tagen Dauertrekken hat der Körper irgendwie auf Autopilot umgeschaltet: Um fünf Uhr morgens wache ich mit dem Flussrauschen auf und ziehe in Trance meine Kleider und Wanderschuhe an. Laufen, laufen, die Beine wollen laufen! Heute ist der große Tag – wir wandern das letzte kleine Stück zur Ciudad Perdida! Das »kleine Stück« entpuppt sich natürlich auch wieder als eine Strecke von zwei, drei Stunden, überhaupt rechnet man hier immer nur in Stunden, nicht in Kilometern: »Nur noch eine Stunde Anstieg! Drei Stunden bis zur Hütte! Zwei Stunden bis zur Mittagspause!« Wir klettern über nasse Felsen, dreißig Meter unter uns rauscht der Fluss, der Pfad ist steil, rutschig und schräg, jemand hat in der guten Absicht, eine Absicherung zu schaffen, an manchen Stellen ein niedliches Absperrbändchen gespannt, das ist alles, was uns vom Abgrund trennt. Lächerlich, wenn ich da an Deutschland denke, das Land der tausendfachen Absicherungen. Der TÜV würde hier die Hände über dem Kopf zusammenschlagen. Als wir an einer alten rostigen Gondel ankommen, die über den Fluss führt, erzählt Rodrigo, dass sie vor ein paar Jahren abstürzte und zwei Touristen in den Tod riss. Dann zeigt er auf die Hängebrücke daneben und brüllt stolz: »Aber jetzt haben wir ja diese tolle neue Brücke!« Das finden wir natürlich auch super. Ein bisschen verzagt staksen wir im Gänsemarsch über den reißenden Fluss – kommen aber alle gesund drüben an. Und dann, dann beginnt er: der Aufstieg in die Verlorene Stadt. 1200 Steinstufen, grob, schief, verschieden hoch, rutschig. Stundenlang. Stufe, Stufe, Stufe. Oft so steil, dass man automatisch auf allen vieren geht.

Als wir gerade komplett in eine Stufensteig-Meditation versunken sind, geht es urplötzlich nicht weiter. Huch, wir sind da! Wir stehen auf der ersten der ca. zweihundert ovalen Terrassen, die die Stadt bilden, neunhundert Meter über dem Tal. Auch die Stadt selbst umfasst noch mal ungefähr dreihundert Höhenmeter, die Terrassen sind mit steilen Steintreppen voneinander abgesetzt. Ein Teil der Stadt ist freigelegt und begehbar, aber das meiste ist immer noch von Dschungel überwuchert und wird nach und nach von den hier ansässigen Archäologen freigelegt. Erst, als wir nach einer Stunde an der obersten Terrasse angekommen sind und über die gesamte Stadt gucken können, wird einem das gewaltige Ausmaß bewusst. Und vor allem auch, was wir in den letzten Tagen geleistet haben: Zum ersten Mal können wir über das gesamte Dschungelgebiet hinwegschauen, statt mittendrin durch Wurzeln zu krabbeln. So weit das Auge reicht, erheben sich in allen Richtungen riesige, knallgrün überwucherte Berge. Wie *hier* jemals aus purem Zufall Menschen vorbeigekommen sein sollen, ist mir ein Rätsel.

Bevor wir angesichts des gigantischen Anblicks und des Bewusstseins, was für einen Weg wir hinter uns haben, andächtig

und sentimental werden, ertönt das zuverlässige Gackern von Rodrigo. So nebenbei erzählt er, dass hier 2004 eine Gruppe Touristen von ELN-Guerillas entführt wurde. Die Leute waren hundert Tage in der Gewalt der Geiselnehmer und mussten sich unter Qualen durch den Dschungel schleppen. Auch eine Deutsche war darunter, zwei Israelis hätten ihren Fluchtversuch fast mit dem Leben bezahlt. Die strengen Soldaten, die hier überall mit Maschinengewehren patrouillieren, sind mir plötzlich sehr sympathisch.

Etwas vorsichtiger besichtigen wir den Rest der Stadt. Es gibt noch erhaltene Rundhäuser der Tayrona zu bestaunen, am spannendsten ist das immer noch in Gebrauch befindliche Haus des Schamanen. Wöchentlich hält er hier seine Riten und Versammlungen ab (leider nicht heute), der wichtigste Treffpunkt für die verstreut lebenden Kogi-Indianer des Gebiets. Schamane ist ein sehr beliebter Beruf: Da er die Kogi auch miteinander verheiratet, hat er das Recht, die Mädchen zu entjungfern (damit sie üben, wie Rodrigo sagt). Die Männer üben derweil mit einer der älteren Stammesfrauen. Ich glaube, gerade denken mindestens fünf junge Briten ernsthaft über ein Leben als Dschungel-Schamane nach.

Nach ein paar Stunden da oben auf den grünen Terrassen geht es wieder an den Abstieg. Wenn ich vorher schon eine Schnecke war – stundenlanges Stufen-Runtersteigen macht eine Amöbe aus mir. Philipp und Rodrigo gehört ein Verdienstorden dafür verliehen, dass sie immer wieder auf mich warten. Ich quäle mich runter, meditiere im Schmerz vor mich hin, wische ab und zu ein Tränchen weg. Jetzt ist wirklich klar, dass der letzte Tag, der Rückweg, so nicht mehr geht. Auch Rodrigo schreit: »Es una tortura!« – das sei Folter mit meinen Füßen. Ab morgen gibt's ein Muli-Taxi für mich. Ich freue mich ganz und gar nicht darüber. Es ärgert mich maßlos, dass ich diesen Trip nicht mehr genießen kann.

Erst mal müssen heute allerdings noch die vier Stunden bis zu unserer Mittagshütte von gestern zurückgelegt werden – da werden wir heute schlafen. Als Philipp und ich gefühlte Stunden nach den anderen um die letzte Biegung des waghalsigen Pfads kriechen, sehen wir die anderen schon weit unter uns im Fluss planschen und sich auf den Felsen sonnen. Philipp lässt sich auch nicht lang bitten, aber ich verzichte heute. Die Jungs halten es ziemlich lang im kalten Wasser aus – bis Rodrigo plötzlich losrennt und sie alle brüllend aus dem Fluss treibt. Erst denken wir, jetzt ist er völlig irre geworden, aber siehe da: Durch die heftigen Regenfälle ist der Fluss in den Bergen so stark angeschwollen, dass die Flutwelle langsam auch hier ankommt. Staunend schauen wir zu, wie meterhohe Felsen innerhalb weniger Sekunden unter der Oberfläche verschwinden. Das Plätschern schwillt zu einem ohrenbetäubenden Rauschen an, das unser Soundtrack für den restlichen Abend und die Nacht sein wird. Es wird der längste und lustigste Abend; wir sind alle stolz und froh, dass wir diese Tour zusammen geschafft haben. Die Gruppe ist wirklich ein netter Haufen, fast werden wir ein bisschen wehmütig, weil morgen schon wieder alles vorbei ist. Zum Glück wissen die neugierigen und frechen

Kogi-Kinder der Siedlung, die uns stundenlang bespaßen, das zu verhindern.

Vierter Akt: Die Karawane zieht weiter.

Heute dann also reiten statt laufen. Auch wenn ich das Ganze wie gesagt lieber mit Würde beendet hätte, bin ich doch erleichtert, meinen Füßen nicht noch mal sieben Stunden Klettern antun zu müssen. Philipp, der mit seinem großen Reiserucksack statt kleinem Daypack gewandert ist, lädt mir unser gesamtes Gepäck auf, und ich lade mich auf das Muli. Und dann geht das Geschaukel los, steil bergauf, steil bergab, wir rutschen, schliddern, springen, klettern über Felsen, heute gefühlte zwei Meter weiter oben als sonst. Ich auf dem Muli vorweg, hinter mir wie an einer Perlenkette aufgereiht im Gänsemarsch meine sechs Jungs. Selten im Leben kam ich mir so bescheuert vor. Das denken die anderen offensichtlich auch und sprinten an einem Steilstück an uns vorbei. Philipp rennt an diesem Tag – ohne seinen Riesenrucksack und mich als ewige Bremse – wie eine kleine Bergziege durch den Dschungel, schon bald sehe ich ihn nicht mehr. Ich versuche, die Landschaft zu genießen, zum ersten Mal muss ich nicht ständig auf den Weg gucken!, und dann mache ich eine Entdeckung: Wo ich bisher einfach nur Pflanzen, Berge und undurchdringliches Grün gesehen habe, erkenne ich plötzlich Pfade, ganze Wegenetze, verborgene Behausungen. Nach drei Tagen im Urwald haben meine Augen gelernt, ihn zu lesen.

Und ich entdecke noch etwas anderes, hier oben auf dem Maultier. Ich will wandern! Ich will mit den anderen laufen! So sehr war ich erleichtert darüber, mir diese Schinderei nicht mehr antun zu müssen – und jetzt fühlt es sich an wie Entzug. Es ist sehr unbequem und doof auf dem Muli. Das arme Ding hat auch schon ein paar Jährchen auf dem Buckel und bleibt immer wieder schwer schnaufend stehen. José, ein Kogi, begleitet mich den ganzen Tag, er geht hinter uns und haut dem Muli mit einem Stock auf den Hintern, alle zwanzig Sekunden ruft er röhrend »Muuulaaaa!« und schwingt die Peitsche, woraufhin mein Muli und ich einen Satz machen, um dann wieder in langsames Schaukeltempo zu verfallen. Ich versuche, mich mit José zu unterhalten, aber es ist schwierig, wenn jemand zehn Meter hinter einem läuft und ständig brüllt. Er ist Mitte zwanzig und hat vier Kinder, er würde gerne Englisch lernen, mehr Geld haben. Einmal rülpst er unglaublich laut. Gerade, als wir uns langsam etwas besser verstehen, kommt allmählich die Zivilisation in Sicht: die letzten Wegwindungen bis zu dem Dorf, in dem

wir vor drei Tagen losgewandert sind. Im Fluss planschen schon die anderen, es tut ein bisschen weh, ich wäre so gerne noch dabei. Aber ich will mich, mein Muli und den armen José aus dieser misslichen Lage befreien, und so ziehe ich auf dem Maultier und mit meinem Begleit-Ureinwohner in das Dorf ein.

Und dann erschlägt es mich. Wir waren gerade mal vier Tage im Dschungel, und das hier ist ein kleiner Ort am Rande des Nichts, aber das von Menschen gemachte Chaos, der Lärm, prasselt auf mich ein, als wäre das hier mindestens New York nach einem Jahr Leben in der Wildnis Alaskas. Halbstarke rasen auf

Motorrädern herum, Kinder laufen lärmend durch die Straßen, irgendwo schießt jemand, aus riesengroßen Boxen dröhnt der unvermeidliche Latin-Dance-Techno, ankommende Touristengruppen klettern aus den Jeeps und starren entsetzt auf meine zerstörten Füße, und mittendrin José, der Kogi, dessen abgrundtiefen Hass ich förmlich spüren kann. Ich will sofort wieder zurück in den Dschungel!

Epilog

Es war vielleicht das größte Abenteuer unserer ganzen Reise. Es war anstrengend, es war hart, das Wort »Challenge« macht die Runde, ich habe kaputte Füße und schmerzende Knie, aber wir bereuen keine Sekunde. Wir würden es jederzeit wieder tun. Zurück in unserem Hostel in Taganga schleppen auch wir uns in der unglaublichen karibischen Hitze nur noch von Hängematte zu Saftbar und zurück und versuchen zu begreifen, was wir da in den letzten Tagen erlebt haben. Mit Pablo und Jonny, die in unser Hostel ziehen, verbringen wir noch zwei schöne Tage voller Schnorcheln, feinem Essen und Rum und hoffen, dass wir uns eines Tages wiedersehen, irgendwo. Und dann werden wir überfallen. Aber das ist eine andere Geschichte.

Lesen
Gabriel García Márquez:
Hundert Jahre Einsamkeit

Das passiert jetzt nicht

Philipp

In der letzten Nacht in Taganga sitzen wir zu dritt zusammen, Friederike und ich und Jonny. Jonny ist Schotte, lebt seit anderthalb Jahren in Chile und will nun sein eigenes Business in Bogotá aufziehen. Um halb eins, wir drei waren eigentlich schon bettbereit (die letzte Nacht hatte ich mit Jonny und einer Flasche Rum verbracht), trifft ein Holländer in unserem Hostel ein. Er spricht kein Wort Spanisch, die Rezeption ist nicht mehr besetzt, nur noch der Security-Mann ist da. Jonny muss übersetzen. Nachdem Chris, so heißt der Holländer, fertig eingecheckt hat, setzt er sich zu uns und bekommt unseren letzten Schluck Bier. Er ist ein sehr lustiger Mensch, sehr unterhaltsam, wir werden wieder wach. Als er vorschlägt, neues Bier zu holen, sind wir dabei.

Unser Hostel befindet sich ein bisschen außerhalb auf einer Anhöhe, zum Strand muss man etwa zehn Minuten den Hügel hinunterlaufen. Auf halber Strecke, an einem tags und nachts beleuchteten Fußballplatz, gibt es einen Kiosk, der allerdings schon um 23 Uhr schließt. Wenn wir Bier wollen, müssen wir den ganzen Weg zum Strand runter, dort gibt es ein größeres Geschäft und ein paar Bars. Zu viert machen wir uns also auf den Weg.

Als wir den Fußballplatz erreichen, sitzen dort noch immer die Jugendlichen hinter einer großen Plakatwand, wir hatten sie vor ungefähr zwei Stunden schon gesehen, als wir vom Strand zurückkehrten. Einer davon ist ein großer, dicker Junge, er bedient im Kiosk gleich gegenüber vom Fußballplatz, in dem, der um 23 Uhr schließt. Auch er ist ein guter Typ, macht immer Witze hinterm Tresen, viel Show, durch die er tatsächlich auch mehr verkauft, so scheint es mir. Bei mir jedenfalls hat es funktioniert; als ich vorhatte, eine 750-ml-Flasche Rum zu kaufen, hat er mir ganz ruhig erklärt, dass, wenn man zu viert trinken möchte, bei einer 750-ml-Flasche genau 250 ml fehlen würden, um dieses Unternehmen überhaupt möglich zu machen. Ich nahm also die 1-Liter-Flasche. Als wir an der Jungs-Clique am Fußballplatz vorbei sind, wird es dunkler um uns, das Flutlicht vom Fußballplatz erreicht die Straße nicht mehr. Kleine Funzeln, keine wirklichen Laternen, am Straßenrand spenden schummriges Licht.

Keine Überleitung an dieser Stelle. Alles geht sehr schnell.

Ein Typ flitzt an mir und Friederike vorbei, rennt auf Chris zu, der zwei Meter vor uns neben Jonny geht, packt ihn an der Schulter. Im ersten Moment denke ich, das ist jemand, der ihm etwas geben möchte, einer, der ihm hinterhergerannt kommt, um zum Beispiel ein aus der Tasche gefallenes Portemonnaie zu bringen. Damit liege ich komplett falsch.

Dann sehe ich das Messer. Es ist eine Art Dolch, ziemlich große Klinge, es ist rostig, und Chris spürt es jetzt am Hals. Und ich gucke nur. Wir alle schauen zu. Friederike, Jonny und ich sind paralysiert, completely frozen. Das passiert jetzt einfach nicht. Chris wehrt sich, er packt die Hand, die ihm das Messer an den Hals hält, und ich wache auf. Ich denke an die Sätze, die bei fast jedem lateinamerikanischen Land im Reiseführer warnend hinzugefügt sind: »Wehren Sie sich nicht bei Überfällen, geben Sie den Räubern alles, was sie wollen! Ihr Leben ist wichtiger« usw.

Ich rufe: »Chris, let him go! Don't fight!«

Da kommt ein zweiter Maskierter von hinten an uns vorbeigerast – in dem Moment bin ich sicher, dass auch wir gleich ein Messer am Hals haben, aber er rennt ebenfalls auf Chris zu und kommt seinem Cumpadre zu Hilfe. Denn Chris kämpft um seine Tasche, er schlägt nicht zu oder so, aber er lässt den Tragegurt nicht los, der Maskierte schreit nicht, er flüstert: »Bolsa! Dame la bolsa!« Gib mir die Tasche! Dann sticht er mit dem Messer kurz vor Chris drohend in die Luft.

Da merke ich – ohne irgendetwas mit der Information anfangen zu können, weil immer noch eingefroren: Alle Beteiligten haben Angst.

Der Typ mit dem Messer, es ist die Art, wie er in die Luft sticht, es ist nicht viel dahinter, er macht es ängstlich, er zögert. Trotzdem: Es bleibt ein großes Messer, und wir alle waren noch nie in so einer Situation. Chris lässt los. Die beiden rennen weg. Chris hinterher, er trägt Flipflops, verliert sie, unmöglich auf dieser Straße, die ein Sandweg ist mit spitzen Steinen, barfuß zu rennen, dann stürzt er auch noch und verletzt sich am Knie.

Kurz darauf kommt die Fußball-Clique rübergelaufen, ganz aufgeregt, sie wollen wissen, was passiert ist, und holen gleich die Polizei – wir befinden uns gerade mal zweihundert Meter vom Polizeirevier entfernt. Zwei Polizisten auf einem Motorrad sind schnell da, aber doch zu langsam. Die beiden Räuber sind weg, wir wissen zwar, in welche Richtung sie gelaufen sind, aber zwei Polizisten, die sich ein Motorrad teilen müssen, werden sie nicht finden können.

Dafür Friederike und ich.

Jonny und Chris gehen zum Polizeirevier, erstatten Anzeige, erledigen den Papierkram. Friederike und ich ziehen das jetzt mit dem Bier durch, als Trost für Chris, lassen sämtliche Wertsachen beim Polizeirevier liegen und laufen die drei Minuten runter zum Strand. Als wir mit Bier zurückkommen, werden wir auf der Polizeiwache schon von den Fußballplatzjungs erwartet, sie wollen uns bis zum Hostel protegieren. Das ist sehr nett, wir gehen aber nur bis zum Ort des Geschehens mit, denn da irgendwo sucht die Polizei, Jonny und Chris begleiten sie. Wir sehen das Motorrad der Polizisten, es steht vor einer Gasse. Friederike und ich wollen von der anderen Seite in die Gasse, den anderen entgegengehen, dafür müssen wir nur um ein oder zwei Häuser lau-

fen. Als wir in die Straße einbiegen, schreit eine Katze, es raschelt seltsam im Gebüsch. Friederike bleibt sofort stehen, ich laufe ein paar Schritte weiter. Das Rascheln wird lauter, jemand springt von einer Mauer. Es ist der Räuber. Ein etwa 18-jähriger Typ steht vor mir, schwarz-weißes Fußballtrikot, Lockenkopf. Ich friere schon wieder ein, dem Jungen vor mir passiert das Gleiche. Er guckt mich mit großen Augen an, bewegt sich nicht. Ich bin das Auto, er ist das Reh. Keiner sagt etwas. Ich glaube, er hat große Angst. Dann rennt er weiter.

Frieda und ich laufen zurück, erwischen Jonny und Chris, kurz danach kommt die Polizei. Ich mache meine kleine Zeugenaussage, dann gehen wir zurück ins Hostel. Dort lecken wir unsere seelischen Wunden. Wir sind alle ein bisschen traumatisiert. Keinem von uns ist so etwas bisher passiert. Und so ganz haben wir auch noch nicht verstanden, *was* uns da überhaupt passiert ist. Vor ein paar Minuten, als wir eingefroren auf die rostige Klinge starrten, dachten wir noch, unsere Leben seien bedroht.

Der Sicherheitsmann erzählt uns: Wenn ein Einheimischer hier in Taganga einem Touristen etwas antut und erwischt wird, hat er schrecklich harte Sanktionen zu erwarten. Er behauptet, Kolumbianer, die Touristen verletzen, werden – ich kann das nicht glauben – sofort hingerichtet, und zwar von der Polizei, erschossen. Einmal wurde im Ort einer erwischt, er lag schon im Bett, die Polizei stürmte das Haus, holte ihn aus dem Bett und brachte ihn fort. Er wurde nie mehr wiedergesehen. Der Sicherheitsmann ist sich sicher, dass der Erwischte getötet wurde. Mir wird ein bisschen schlecht.

Ich will die Situation nicht verharmlosen, ich glaube immer noch, wir haben richtig gehandelt, indem wir nicht gehandelt haben. Man kann nicht wissen, wer vor einem steht. Es könnte tatsächlich ein Irrer sein, der zu allem fähig ist und dem dein schlagendes Herz egal ist, oder es ist nur ein Junge, der Geld braucht und es in Form von Touristen im Überfluss an sich vorbeilaufen sieht. Wenn so einer sich wirklich traut, mit dem Wissen, was ihm passieren kann, falls er erwischt wird, dann braucht er wirklich Geld. Das hier war ein Wake-up-Call für uns, wie Jonny sagt. Wir müssen noch besser aufpassen. Nur das Nötigste bei uns tragen, wenn wir abends unterwegs sind. Keine Armbanduhren, keine Kamera, keine Kreditkarten, nur ein bisschen Bargeld. Eigentlich taten wir das auch, bis auf Chris. Er war leider, wie er uns jetzt gesteht, zu faul, seine Tasche ins Zimmer zu bringen, bevor wir losgingen. Seine Kamera ist nun weg und seine Urlaubsbilder, sein Aufladegerät und zwei Bücher, darunter auch der Lonely Planet, der uns, wie bereits erwähnt, den Ratschlag gibt: »Wehrt euch nicht, eure Leben sind wichtiger.«

Vielleicht könnte man den Part im Reiseführer um ein, zwei Sätze ergänzen: »Ein paar von den Räubern benötigen tatsächlich Geld, fühlt euch nicht zu schlecht, wenn sie eures bekommen. Sie können es brauchen.«

ECUADOR

Die Paranoia fährt mit

Philipp

Heftige, (für mich) absolut ernst zu nehmende paranoide Zustände haben Besitz von mir ergriffen. Zeit also für eine wichtige Meldung:

ICH FAHRE IN ECUADOR MIT DEM BUS
VON QUITO NACH BAÑOS.

Am Bus angekommen, soll ich meinen großen Rucksack unten ins Gepäckfach legen, unten, da, wo die Räder sind, in den Buskeller. Bestehe darauf, ihn mit in den Bus zu nehmen. Schließlich könnte sich jeder dahergelaufene Halunke an der nächsten Haltestelle vor den Buskofferraum stellen und sagen: »Der da, der schöne blaue prall gefüllte Touristensack, das ist meiner. Bitte geben Sie ihn mir. Vielen Dank.«

Ohne mich. Er wird jetzt vier Stunden lang zwischen meinen Beinen stehen, achtzehn Kilo schwer. In den Kurven nehmen meine Oberschenkel an einem unfreiwilligen Muskelaufbauprogramm teil. Macht nichts. Was mich nicht umbringt, hält mich wach. Zum ersten Mal auf unserer Reise fahre ich alleine Bus. Frieda wird morgen erst nachkommen. Ich darf nicht einschlafen ...

Mein Daypack, gefüllt mit dem ganzen wertvollen Elektromüll, den ich durch die Welt schleppe, liegt auf meinem Schoß. Rucksäcke, die auf dem Boden abgestellt werden, werden, wie jeder weiß, von unter den Sitzen durchkriechenden Menschen heimlich aufgeschlitzt. (Der untere Teil meines Reiserucksacks enthält nur Dreckwäsche. Selbstverständlich trete ich trotzdem nach unsichtbaren Händen.)

Während ich diese Zeilen in mein Telefon tippe, mache ich meinen 120-sekündlichen Kontrollgriff und suche selbiges in meiner Hemdtasche. Nicht da! Nicht lustig. Ich betrachte es ernst und tippe weiter. Schlafen wäre schön, wie es diese

etwas zwielichtig aussehende Frau (mutmaßlich hellwach, auf ihre Chance lauernd) mir gegenüber praktiziert. Aber ohne mich. Wach bleiben. Das ist jetzt ganz wichtig.

Auch wichtig: Knoten machen. Kleinen Rucksack an großen Rucksack knoten, großen Rucksack an Gürtel knoten. Schuhe mit Doppelschleife sichern. Regelmäßig überprüfen.

Kontrollgriff Hemdtasche: iPod noch da. (Musik läuft ja noch im Ohr. Nicht lustig!)

Kontrollgriff Schritt (Moneybelt): Pass, Karten, Geld noch da.

Kontrollgriff superdämliche, wie für Pickpockets geschaffene Tasche an Hosenbeinseite: 1-Dollar-Schein noch da. Sehr gut, das ist mein Köder. Ich würde zu gerne eine fremde Hand dort erwischen und ihren längsten Finger lustvoll umknicken.

Der Sitz neben mir ist frei geblieben. (Selbstverständlich sitze ich ganz vorne, da, wo früher immer die Kinder saßen, die nicht ungestört über den Schulhof gehen konnten. So in etwa fühle ich mich. Der Schulhof, das ist Ecuador, und das war auch leider Taganga in Kolumbien.) In zwei Stunden hatte ich bereits drei verschiedene Sitznachbarn. Als Erstes einen Mann, der von seiner kranken Frau erzählte und dem gesamten Bus sein originalverpacktes iPhone 5 für vierzig Dollar anbot. Dann kam ein

Clown, der Schokoriegel verkaufen wollte und Witze erzählte, die ich nicht verstanden habe. Er roch ein bisschen nach Urin. Sein Kostüm sah aus, als wäre er mit dem Hintern in eine große Schokoladentorte gefallen. Jetzt teilen sich zwei Frauen, die wir auf der Straße aufgegabelt haben, den Sitz neben mir. Aber der verdächtigste Mensch hier im Bus sitzt schrägt hinter mir, er trägt eine Kappe mit der Aufschrift: »Policia«. Nice try!

Pipipause jetzt. Alle gehen aufs Klo. Ich, ich, ich muss auch! Da! Der Mann mit den Krücken scheint mir ein Guter zu sein (außerdem ist er gehbehindert). Ich suche Blickkontakt und deute mit Zeige- und Mittelfinger auf meine Augen und dann auf meinen Reiserucksack. Leider – ich bewege mich in diesen Tagen viel zu hektisch – steche ich mich beim Nonverbalisieren selbst ins rechte Auge. Das brennt. Mit dem linken Auge sehe ich noch, wie der Mann seinen Daumen hebt. Gefällt mir. Das ist ein Guter, wie gesagt, mit toller Wegrennbehinderung obendrein.

Gehe halb blind aufs Klo mit Daypack vor der Brust. Pass, Geld, Karten im Schritt. Nicht ganz leicht, wie man sich denken kann. Beeile mich sehr, merke erst im Weggehen, dass ich nicht ganz fertig war. Zurück im Bus, der Mann zwinkert mir zu. Ich blinzle ungelenk zurück. Mein großer Rucksack ist noch da; guter Mann.

Hm. Hab Hunger, Auge tut immer noch weh. Hätte jetzt doch gerne die Schokoriegel vom Pipi-Clown. Im Bus läuft der Film *Pearl Harbor*, mit einem chamäleonverdrehten Auge gucke ich ein bisschen Fernsehen, mit dem anderen, rotierend wie ein Suchscheinwerfer auf einem Gefängnishof, beobachte ich meine Rucksäcke und alle Taschen, die sich an meiner Kleidung befinden. Aus verschiedenen Augenwinkeln nehme ich wahr, wie schön es hier wird, wie die Gegend sich verändert: Canyons!

Und dann sind wir auf einmal da. Ich darf zuerst aussteigen. Es ist warm, die kühle Hochlandluft von Quito ist passé. Hier in Baños ist das ganze Jahr abwechselnd Frühling und Sommer. Heute ist Frühsommer. Ein paar Imbissstände, der Busparkplatz. Mein Gott, zwischen mir und anderen Menschen lie-

gen bestimmt mehrere Meter Nichts. Ich habe Platz. Keiner kommt mir zu nahe. Ich kaufe mir eine Cola, lasse alle Taschen fallen, schaue mich um, die Leute hier sehen ganz entspannt aus, keiner starrt auf mein Gepäck (diese Blicke gibt es leider in der Hauptstadt viel zu oft), kein Taxifahrer will, dass ich mitfahre. Angenehmes Desinteresse. Ich fühle mich ganz wohl. Hallo Baños!

Aber woher kam der ganze Ärger, das bisschen Paranoia?

Vielleicht ist uns in kürzester Zeit einfach zu viel Unerwartetes passiert. Die geklonten Kreditkarten in Guatemala, der Überfall in Kolumbien und zuletzt auch noch Taschendiebe in Quito. Und dann die Berichte unserer Mitreisenden. Jedem war etwas verloren gegangen. Kameras, Geld, Rucksäcke und leider auch Gelassenheit. So was wirkt sich aus auf das verträumte Weltenbummler-Gemüt. Ich jedenfalls konnte mich nicht dagegen wehren.

Das Herz der Erde: Bei den Hundertjährigen

Philipp

Die besondere Qualität des Gletscherwassers könnte der Grund dafür sein. Oder die negativen Ionenladungen in der Luft, wobei ich nicht weiß, was das eigentlich sein soll. Chamico – die Blätter des Stechapfels –, das gute Klima, die viele Bewegung. Oder ist es einfach *das Herz der Erde*, wie Esoteriker behaupten, auf dem das kleine Städtchen Vilcabamba entstand, das aus bislang ungeklärten Gründen angeblich zehnmal mehr Hundertjährige beheimatet als irgendein anderer Ort auf der Welt?

Ich hatte sehr viel über diesen Ort gelesen, sogar ein ganzes Buch, das sich ausschließlich diesem Ort widmet, nämlich das des Argentiniers Ricardo Coler: *Das Tal der Hundertjährigen: Eine Reise zum Ort der ewigen Jugend.*

Und jetzt sind wir da, stehen auf einer Straße mit dem wirkungsträchtigen Namen *Avenida de la Eterna Juventud* (Allee der ewigen Jugend) und entdecken erst einmal nichts Ungewöhnliches. Keine tanzenden Greise, keine Großmutter, die ihre Enkel das Radschlagen lehrt, keine *rüstigen Rentner,* die sich statt zum Boulespielen zum sonntäglichen Akrobatik-Kurs verabredet haben. Nichts dergleichen. Was habe ich erwartet? Mindestens eine menschliche Pyramide aus Hundertjährigen. Und zwar direkt auf diesem wunderbar idyllischen Kirchplatz. Eine tausendjährige Pyramide soll dort stehen. Aber ich sehe noch nicht mal ganz normale Senioren. Und ich höre auch nichts.

Aber ist diese Stille nicht das Besondere? Das zumindest ist ein Indiz. Denn *wenn* man uralt wird, dann ja wohl in einer ruhigen Umgebung. Von Lärm muss man nämlich erlöst werden, sonst würde es ja auch nicht heißen »Ruhe in Frieden«. In Frieden soll einer ruhen, der einst zu sehr in Stress getobt hat. Von Stress ist hier nichts zu spüren.

Da vorne sitzt ein Mann auf der Bank, den sehe ich erst jetzt, er trägt einen Hut auf dem Kopf, sein Kinn ruht auf seiner Brust, das Gesicht ist verdeckt, ich kann es nicht

erkennen, seine Hände liegen gefaltet in seinem Schoß. Diese Hände sehen alt aus. Ich gehe ein wenig näher ran und überschlage die Anzahl der Falten auf seinen Handrücken. Und komme zu dem Ergebnis: Es sind viele, es sind unaussprechlich viele Falten. Wenn ich mir den Mann ganz genau anschaue, wie er da so ruhig und totenstarr hockt, und den Faktor Falten einbeziehe, schätze ich ihn auf hundertvierzehn. Da sitzt er, mein erster Über-Hundertjähriger. Der ist ganz entspannt, der lässt sein Leben chillig ausklingen auf dieser Bank. Es ist also wahr.

Im Kiosk *Der Langlebige* kaufen wir Wasser in Plastikflaschen. Auf dem Etikett steht *vilcaqua*® – *Aqua del Valle Sagrado*, daneben ein Bild von einem Greis, er trägt einen Hut und hat, glaube ich, nur ein Auge, aber ein sehr waches. Es gehört Raul Morena Jaramillo, dieser Name steht unter dem Bild. Hatte ich vorhin auf der Bank etwa Señor Jaramillo gesehen? Ich nehme einen großen Schluck aus der PET-Flasche, dann gebe ich sie weiter an Friederike, sie lässt, für meine Begriffe etwas zu großzügig, das heilige Wasser in sich hineinlaufen.

Ich sage: »Das reicht jetzt«, nehme ihr die Flasche aus der Hand und leere sie in einem Zug.

»Ey!«, sagt Friederike, ich muss aufstoßen und bin beseelt

von dem guten Gefühl meines heiligen Wasserbauchs. Wenn wir uns wirklich auf dem Herz der Erde befinden, habe ich gerade ihr Blut getrunken.

Bevor wir uns streiten, gehen wir noch einmal in den Laden. Der Mann lächelt erfreut, als würde er das Szenario schon kennen, er sieht aus wie Anfang sechzig, aber hier bedeutet das gar nichts, er, der Zwischenhändler von *vilcaqua®*, wird sich wohl schon einiges von dem heiligen Wasser hinter die Binde gekippt haben. Vermutlich ist dieser Kioskbetreiber der zweite Hundertjährige in unserem Leben. Leider sind wir zu schüchtern, ihn nach seinem Alter zu fragen, aber diese Frage wird er auch schon häufiger gestellt bekommen haben. Und da wir das ahnen, ist es auch ein Akt der Höflichkeit, sich ebenjene tausendmal gestellte Frage zu verkneifen. Wir kaufen zehn Flaschen und schleppen alles ins Hostel *Jardín Escondido*. Im versteckten Garten werden wir uns jungsaufen.

Am nächsten Morgen befördere ich mich mit einem Hechtsprung rückwärts (man stelle sich die zurückgespulte Filmaufnahme eines Hechtsprungs vor) aus dem Bett. Friederike ist schon wach und hat bereits hundertvierzehn Bahnen im Pool gedreht.

Ich rufe vom Balkon: »Heute gehen wir reiten!«

Und sie ruft zurück: »Au ja, warte, nur noch fünfzig Bahnen!«

Am Vorabend hatten wir einen Reitausflug in das nahe gelegene Naturschutzgebiet gebucht. Der Weg dorthin führt über einen etwas breiteren Feldweg, hier fahren auch Autos, und ich werde ein bisschen nervös, denn auch wenn ich ein wenig Reiterfahrung aus Kuba und Mexiko mitbringe *(trotz dieser immensen Erfahrung kriege heute zum ersten Mal ich den starken schnellen Hengst und Philipp das gemütlichere Pferd; F.)*, bin ich bisher noch nicht auf einer Straße geritten. Die Fahrer hier sind darauf vorbereitet, sie halten großzügigen Abstand und fahren vorsichtig an mir vorbei. Dann erreichen wir den Nationalpark. Wieder einmal staune ich darüber, wie wenig Wegstück, wie wenig Platz so ein Tier benötigt, um an sein Ziel zu

gelangen. Wieder der Gedanke: Ein Pferd ist das wundersamste und vollkommenste Vehikel für einen Menschen in der Natur. Wir tauchen ein in das ecuadorianische Grün, das es *so* einfach nirgendwo anders gibt. Es ist besser als der Pop-Effekt an meiner Kamera. Es ist ein helles und tiefes Grün zugleich, es leuchtet, und es ist anziehend; wenn man lange genug hinschaut, verspürt man den Sog und das Verlangen, darin einzutauchen. Die sanft geschwungenen grünen Hügel, wir sahen sie in Quito, in Baños und jetzt auch hier, es sind die freundlichen Wellen des grünen Meeres von Ecuador.

Und von den Wellen dieses Meeres tropft es auf uns herab. Wir sind mal wieder an einem Wasserfall angekommen. Das kann ja keiner wissen von den Touranbietern Vilcabambas, aber wir haben inzwischen schon eine Menge Wasserfälle gesehen. Man kann sagen, auf fast jeder von uns gebuchten oder auch selbst durchgeführten Tour war es ein Wasserfall, der den Höhepunkt des Ausflugs bilden sollte.

Wie wäre es denn mal zur Abwechslung mit einem Chamico-Picknick gewesen?! Chamico sind die getrockneten Blätter des Stechapfels. Die Wirkung ist vergleichbar mit Marihuana, las ich. In höheren Dosen soll es halluzinogen wirken, intensive Träume erzeugen, die allerdings oft von Gedächtnisverlust begleitet werden. Außerdem wird der Substanz eine aphrodisierende Wirkung nachgesagt. Es heißt, der Konsum von Chamico sei in Vilcabamba nichts Ungewöhnliches. Jedem hier sei der Umgang mit den Blättern des Stechapfels vertraut. Und manche sagen, wie ich eingangs erwähnte, dass in dieser Pflanze das Geheimnis des hohen Durchschnittsalters hier liege. Gut möglich.

Man stelle sich vor, ein Leben lang dieses Zeug zu rauchen, ziemlich kontemplativ am Kirchplatz rumzuhängen, ein paar Dinge auch zu vergessen – wir erinnern uns: Gedächtnisverlust! – und dann gefragt zu werden: »Sagen Sie mal, wie alt sind Sie eigentlich?«

Man würde in sich hineinhorchen, man würde eine alte Stimme wahrnehmen, sie würde sich räuspern und wie aus weiter Ferne erklingen: »Ich weiß es nicht, kommt mir schon echt lang vor, seit wann sitzen wir hier eigentlich auf der Bank? Tausend Jahre? Also mindestens hundert Jahre. Sag hundertvierzehn, sag, dass du hundertvierzehn Jahre alt bist!«, würde die Stimme insistieren.

Und dann antwortet man eben das. Und dann antworten das eben alle Chamico-Raucherinnen und -Raucher, und vielleicht sind sie das ja auch. Aber spielt das überhaupt eine Rolle? Erfreue man sich doch lieber daran, dass die Redewendung »Hier werde ich aber nicht alt« in Vilcabamba überhaupt gar nie ausgesprochen wird, sondern in den Köpfen der Leute nur in nicht negierter Form vorkommt. »Vilcabamba – hier werde ich aber alt! Ich bin übrigens hundertvierzehn. Auf Wiedersehen, ich muss zurück ins Traumland.«

Beim Thema »aphrodisierend« fällt mir noch eine Episode ein, die ich in Ricardo Colers Buch las. Irgendwann einmal kam eine polnische oder deutsche, das ist nicht mehr ganz klar, Anthropologin nach Vilcabamba. Sie wollte ein Buch schreiben über das populäre Thema *Sex mit Hundertjährigen*. Ihr Aufenthalt in Vilcabamba war als Feldstudie gedacht, schließlich war sie Wissenschaftlerin. Sie bezahlte also die Hundertjährigen dafür, dass sie mit ihr in die Kiste stiegen. Sie sollte nicht lange bleiben. Ihr ging das Geld aus. Schneller, als sie erwartet hatte. Zu groß war der Andrang. Zu potent der Proband. Chamico!

Aber nicht für uns. Der Wasserfall ist wie jeder andere hübsch anzuschauen. Wir machen uns frisch, planschen zur großen Befriedigung des Guides ein wenig und besteigen dann wieder die Pferde.

Auf dem Rückweg kommen wir erneut auf den befahrenen Feldweg. Ich nehme gerade einen Schluck aus der Wasserflasche der Hundertjährigen, da gibt der Guide meinem Pferd einen Klaps aufs Hinterteil. Das Pferd beschleunigt mit seiner ihm eigenen Stärke, aber es fühlt sich an, als würden mich hundert Tiere ziehen. Das gute Wasser fliegt im hohen Bogen davon, ich klammere mich mit einer Hand an die Zügel, und mit der anderen halte ich mich hinten am Sattel fest. Das sieht nicht unbedingt gut aus *(sagen wir so, ich falle vor Lachen fast vom Pferd; F.)*, vielleicht wie auf einem sehr rasanten Kirmes-Fahrgeschäft, aber auch wenn – oder gerade weil – ich unglaublich viel Adrenalin ausschütte, fühlt es sich schwerelos an. Ich reite zum ersten Mal im Galopp. Ich schwebe *(na ja; F.)*. Und ich vertraue meinem Pferd. Zwar schreie ich und sehe womöglich auch ein bisschen hilfsbedürftig aus *(nur ein bisschen; F.)*, aber das bin ich nicht, ich habe ja einen Freund. Die Bedeutung meines griechisch angehauchten Vornamens verwirklicht sich ein weiteres Mal: Ich bin der *Pferdefreund*.

Den restlichen Tag lungern wir am Kirchplatz rum und beobachten die Hippies beim Verkauf ihrer Bastelarbeiten, eigentlich kauft niemand was, also lungern die Hippies am Kirchplatz rum und beobachten uns dabei, wie wir sie beobachten. Und da diese Situation an das Kinder- und Psychopathen-Spiel *Wer-guckt-zuerst-weg* erinnert, gehen wir irgendwann weiter.

Den Abend verbringen wir in einer Kneipe. Viele Expats hier. Nicht nur in der Kneipe, auch tagsüber liefen sie uns ständig über den Weg. Sind die alle hier, weil sie sich mehr Lebenszeit erhoffen? In der Kneipe wird gepokert. Daran erkennt man übrigens Auswanderer-Orte. Es wird immer gepokert. Ein fettleibiger US-Amerikaner fliegt zuerst raus. Er verlässt das Poker-Separee und nimmt jetzt im Hauptraum Platz, wo auch wir sitzen. Er ist schwerer Alkoholiker, sieht man gleich. Glaubt auch er, dass er länger auf dieser Erde bleiben kann, wenn er nur hier bleibt, in Vilcabamba? Ach, wenn man doch einfach immer jeden alles fragen könnte.

Man müsste mal länger bleiben, um die Wünsche und Hoffnungen der Auswanderer zu verstehen. Aber wir reisen am nächsten Tag schon ab. Wir, nein, wir werden hier leider nicht alt.

Lesen
Ricardo Coler: *Das Tal der Hundertjährigen: Eine Reise zum Ort der ewigen Jugend*

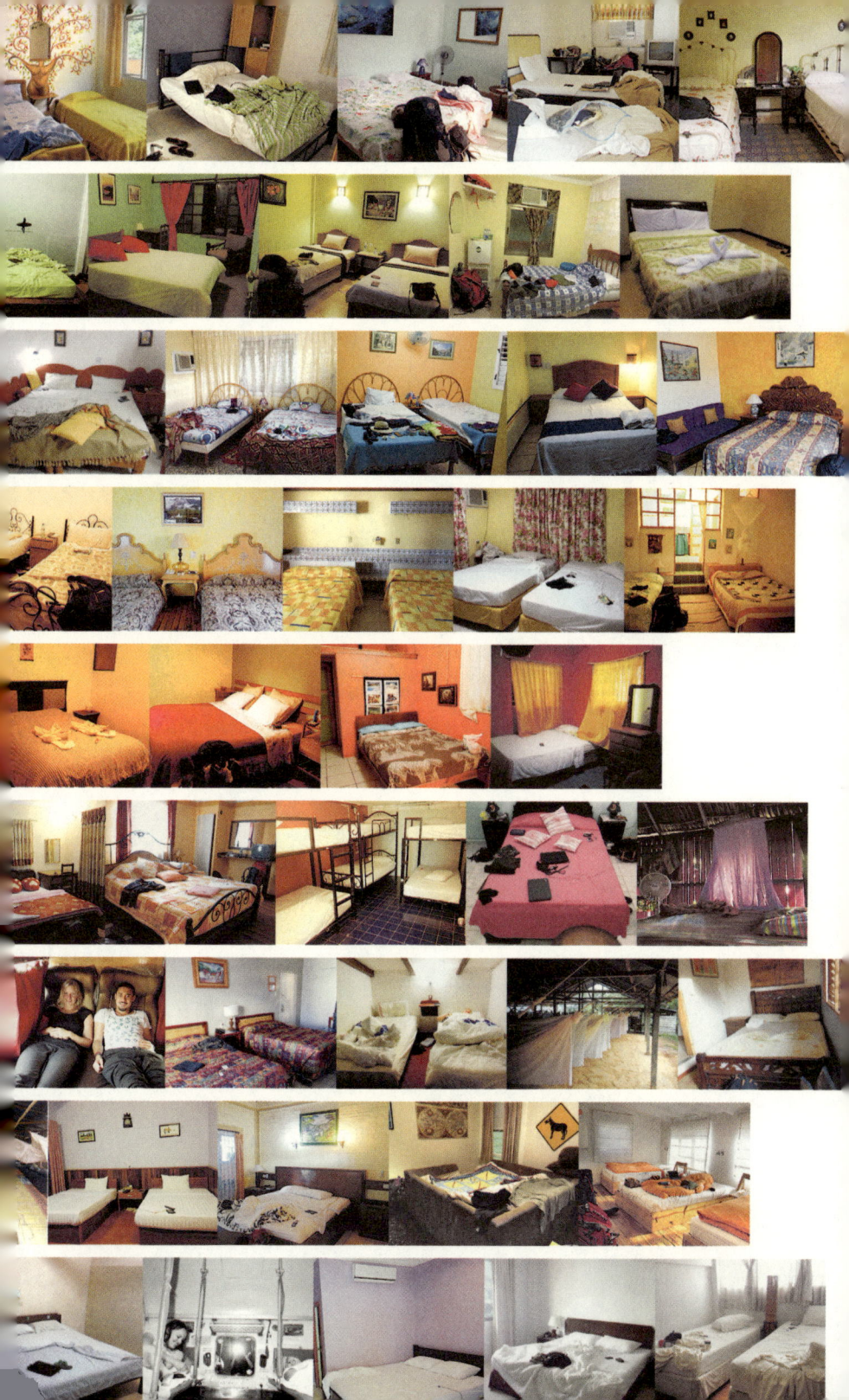

PERU

Über diese Brücke musst du geh'n: Kurzer Spaziergang nach Peru

Friederike

Das entzückend verschlafene Vilcabamba, unseren Jungbrunnen und Quell neuer Energie, verlassen wir leider auch schon wieder nach zwei Tagen, es muss ja weitergehen. Mal wieder quälen wir uns morgens um fünf aus dem Bett, damit wir um sechs an der Bushaltestelle stehen. Es ist unser letzter Weg in Ecuador, diesem Land, das sofort zu einem unserer Lieblingsländer auf der ganzen Reise wurde, diesem Krater aus Grün. In Baños hatten wir lange überlegt, wie wir von dort aus nach Peru reisen sollten. Die meistgenutzte Route verläuft an der Pazifikküste entlang über die Panamericana und endet in einem beliebten nordperuanischen Küstenort. Aber uns kam Vilcabamba dazwischen. Hier wollten wir so gerne hin, und von hier kommt man nur sehr umständlich wieder weg, denn wir befinden uns so ein bisschen am Ende der Welt. Dafür nehmen wir jetzt eine viel spannendere und wenig genutzte Route über die Grenze. Und die geht so.

Im Morgengrauen nähert sich unser Bus. Seit Kolumbien reisen wir übrigens wieder in normalen großen Reisebussen, nicht mehr in kleinen Vans. Wobei die Busse hier nicht vergleichbar mit den Luxusgeschossen in Mexiko sind. Es klappert, zieht und wackelt an allen Ecken, und bequemer Sitzkomfort geht auch irgendwie anders. Mit diesem Bus also nehmen wir nun unsere letzte Etappe in Ecuador in Angriff.

Die befestigten Straßen enden recht bald, es geht über eine löchrige Lehmpiste durch Dörfer und Bergtäler. Wenn wir schon das Gefühl hatten, Vilcabamba liege am Ende der Welt, werden wir jetzt eines Besseren belehrt: Es gibt kleine Dörfchen, von denen mir unbegreiflich ist, wie sie überhaupt jemals da hin-kommen konnten, in dieses endlose riesige Ge-

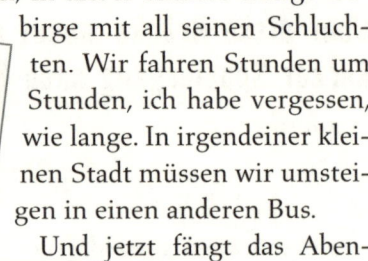

birge mit all seinen Schluch-ten. Wir fahren Stunden um Stunden, ich habe vergessen, wie lange. In irgendeiner klei-nen Stadt müssen wir umstei-gen in einen anderen Bus.

Und jetzt fängt das Aben-teuer an. Jetzt nämlich begeben wir uns auf eine Piste, gegen die die holprige Lehmstraße durch die verlassenen Dörfer wirkt wie eine deutsche Autobahn. Un-ser klappriger Bus mit seinen knapp fünfzehn Insassen schraubt sich Meter um Meter an steilen Bergwänden immer weiter in die Höhe, um auf der anderen Seite des Passes wieder Richtung Tal zu verschwinden. Der – man muss es so sagen – abgrund-tiefe Abgrund die ganze Zeit direkt unter unseren Sitzen. Die Straße? Eine aus dem Berg gehauene Spur aus Schlamm, auf der, wenn es gut läuft, evtl. irgendwie zwei Autos aneinander vorbei-passen könnten. Alle paar Kilometer große verwüstete Schnei-sen durch Erdrutsche und Schlammlawinen, die Straße unter uns teilweise einfach weggebrochen. An einigen solcher Stellen, wo die Straße nur noch zur Hälfte vorhanden ist, hat manchmal ir-gendjemand ein Absperrbändchen mit der Aufschrift »Peligro«, Gefahr, gespannt. Schön, ich hoffe, das liest unser Bus auch. Hin-ter einer Kurve liegt plötzlich ein umgekippter Laster, um den sich unser Bus ächzend herumwindet. Manchmal bleiben wir stehen und müssen eine Ewigkeit auf irgendetwas warten, ich weiß nicht, worauf. Aus unbestimmbarem Grund geht die Fahrt dann irgendwann weiter. Ab und zu steigt jemand aus und verschwindet in den Bergen. Manchmal steigt sogar jemand ein, wo auch immer der hergekommen sein mag.

Es wird immer breiiger. Der Bus macht absonderliche Geräusche, er seufzt und röchelt, als würde er demnächst seinen Geist aufgeben. Und dann bleiben wir stehen. Dass es diesmal ungeplant ist, merken wir daran, dass der Fahrer mehrfach verzweifelt den Motor hochjagt und aufheulen lässt. Alle stürzen ans Fenster, natürlich nur auf der Talseite, auf der man etwas sehen kann. Schnell überschlage ich im Kopf die Wahrscheinlichkeit, den Bus vor dem Umkippen und uns vor dem sicheren Sturz in den Höllenschlund zu bewahren, indem ich jetzt als Einzige auf die andere Seite des Busses hechte. Ich entscheide mich dafür, lieber auch aus dem Fenster zu gucken. Und was ich sehe, gefällt mir nicht. Wir stecken tief, sehr tief im Schlamm. Es sieht ehrlich gesagt nicht so aus, als würden wir da jemals wieder rauskommen. Der Fahrer gibt noch mal verzweifelt Gas – und gräbt uns natürlich nur noch tiefer ein.

Philipp schläft die ganze Zeit selig. Ich rüttele ihn wach und erkläre ihm, dass unser letztes Stündlein geschlagen hat, dass wir jetzt in dieser Kurve irgendwo in den gottverlassensten Andentälern mit der Busbesatzung sterben werden, nachdem wir uns gegenseitig aufgegessen haben. Niemand wird uns jemals finden, weil hier nämlich kein normaler Mensch jemals langkommt.

Doch wir haben Glück im Unglück: Irgendwo vor uns befindet sich eine Baustelle. Ein paar Bagger und Laster graben und wühlen sich durch den meterdicken Schlamm. Es dauert eine halbe Ewigkeit, aber irgendwann schafft es einer der Bagger, unseren Bus aus dem Morast zu befreien, und ein Laster schleppt uns durch die sumpfige Baustelle.

Und weiter geht die lustige Sause. Irgendwann verändert sich die Gegend wieder: Es gibt ab und zu menschliche Siedlungen. Im Gegensatz zu der Wildnis der letzten acht Stunden wirkt es hier beinahe belebt. Und dann materialisiert sich im gleißenden Licht des Nachmittags auf einem staubigen, windigen Hochplateau mitten im Nichts ein großer Busbahnhof vor uns, ein richtiger *Terminal*. Wir sind in Zumba – immer noch in Ecuador. Und warten jetzt auf die letzte Etappe unserer Fahrt nach Peru.

Die legen wir nämlich auf einem kleinen offenen Laster mit ein paar Sitzbänken zurück, der dann auch schon zwei Stunden später losfährt. An Bord: Bauern aus der Umgebung, mehrere Schulkinder, die auf ihrem Handy Musik hören, und zwei deutsche Weltreisende mit riesigen Rucksäcken. Gab es in Vilcabamba immerhin noch ein paar Hippies und Expats, sind wir seit unserer Busfahrt wirklich völlig allein unter Einheimischen. Trotzdem sind wir hier allen egal. Das fühlt sich großartig an! Endlich müssen wir keine Fragen mehr beantworten oder irgendwas kaufen. Der Laster setzt sich in Bewegung, und langsam zuckeln wir über eine Schotterpiste ins nächste Tal hinab. Ab und zu springt jemand ab, manchmal kommt jemand dazu, wie immer. Es geht sehr gemütlich voran, womit ich allerdings nur das Tempo meine. Krampfhaft müssen wir uns an den Vorderbänken und gleichzeitig unsere Rucksäcke festhalten, denn manchmal gerät der Laster in bedenkliche Schräglagen.

Aber wir genießen diese Fahrt bei offenem Verdeck und Sonnenschein! Die Natur, durch die wir uns hier wühlen, ist unbeschreiblich schön. Oben auf den Bergen öffnet sich der Blick über weite Täler voller Obstbäume und Wiesen, unten im Tal durchqueren wir rauschende Flüsse. Schmetterlinge und Libellen surren um uns herum. Als wir über einen längeren Bergkamm fahren, bildet sich doch tatsächlich über all diesen fifty Shades of Green, die Ecuador uns immer wieder zeigt, ein Regenbogen. Zu kitschig und schön, um wahr zu sein, leider auch auf keinem unserer Fotos, weil wir Schauen und Staunen gerade wichtiger finden als Fotografieren und außerdem so mit dem Festhalten unserer Siebensachen beschäftigt sind. Das hier ist ein Paradies. Es ist so friedlich und ruhig, es gibt keine Touristen, keinen Motorenlärm, kein Hupen. Es ist, als würden unsere Seelen reingewaschen von all dem Stress, den diese unsere Reise natürlich auch mit sich bringt. Wir wollen für immer in diesem Laster durch die Gegend juckeln. Es ist die schönste Fahrt, die wir in all den Monaten er-

lebt haben; überhaupt, Ecuador hat sich in unseren Herzen breit-
gemacht.

Aber jetzt heißt es Abschied nehmen. Wir landen schließlich
tief unten in einem matschigen Tal, durch das sich ein riesiger,
breiter brauner Fluss wälzt, zwischen ein paar Bretterbuden.
Wir sind da, wir sind an der Grenze zu Peru!

Der Laster macht sich auf seine beschwerliche Rückreise, wir suchen das *Emigración*-Büro. Das befindet sich in einer winzigen
Polizeistation, in der gähnende Leere herrscht. Ein Mann ruft uns
zu, dass die Polizisten irgendwo vorne an der großen Brücke he-
rumlümmeln. Einer von ihnen erbarmt sich, uns ins Büro zu begleiten und den Stempel in den Reisepass zu drücken. Bei dem
hilfsbereiten Mann gegenüber kaufen wir uns ein paar Getränke
und fragen, wo man Geld wechseln könne. »Na hier!«, ruft er
und zieht die Schublade seines wackligen Tischs auf. Ein Haufen Geldscheine quillt daraus hervor. Er tippt irgendetwas in seinen Taschenrechner, schlägt uns einen Kurs vor, und wir tauschen
unsere Dollars in Nuevo Sol um – eine Währung namens »Neue
Sonne«, das klingt doch verheißungsvoll. Ja, und dann gehen wir
mal los. Über diese riesige, breite Brücke über dem riesigen, breiten Fluss. Über die Grenze. Seltsam fühlt sich das an, sehr feierlich. Auch wenn wir schon oft zu Fuß durch Grenzbereiche gehen

mussten, ist das hier doch sehr staatstragend. Wir befinden uns in einer völlig menschenleeren Gegend, in einem tiefen steilen Tal umgeben von riesigem Gebirge, und überschreiten diese Brücke mitten im Nirgendwo, auf der die ecuadorianische und die peruanische Flagge wehen. Hallo, Peru! Da wären wir.

Auf der anderen Seite findet sich auch erst mal kein Mensch, kein Zollhäuschen, kein Polizist. Wieder ist es ein Mann von der anderen Straßenseite, der uns mit einem müden Winken in die richtige Richtung lotst: Am Ende einer Böschung steht auf einer Wiese etwas unterhalb von uns eine kleine Baracke. Da müssen wir unseren *Inmigración*-Papierkram erledigen, natürlich nicht, ohne dann noch in einer anderen Baracke den Stempel abholen zu müssen. Geschafft. Wir sind in Peru! Erst mal Päuschen jetzt. Hier ist nichts, rein gar nichts. Wir müssen heute noch zumindest in die nächste größere Stadt, San Ignacio. Unser Plan ist es, auf weitere Reisende zu warten und mit ihnen ein Colectivo dorthin zu teilen, denn die Fahrt dauert noch mal ein Weilchen. Wir setzen uns an den Straßenrand und gönnen uns ein erfrischendes Kaltgetränk. Irgendwann läuft eine kleine Herde Esel an uns vorbei. Ansonsten passiert: nichts, einfach gar nichts. Und dann wird uns klar, dass natürlich niemand hier vorbeikommen wird, mit dem wir das Taxi teilen könnten. Woher denn auch, warum denn auch? Wir geben also auf und fahren alleine los.

Wenigstens haben wir wieder Asphalt unter den Rädern. Was nicht heißt, dass die Fahrt geruhsam wäre, denn hinter fast jeder Kurve erwarten uns riesige Schlammlawinen mit entwurzelten Bäumen und Felsbrocken, die es irgendwie zu umschiffen gilt.

Irgendwann rollen wir endlich nach San Ignacio ein. Es ist nicht schön hier. Es ist kaputt, trist und traurig. Vom Colectivo-Sammelplatz bringt uns ein Tuktuk zu unserem komplett seelenlosen Hotel. Nach vierzehn Stunden ist jetzt aber auch mal gut und Zeit für ein kleines Nickerchen.

Am nächsten Morgen werden wir mit vier Mitfahrern in einen Kleinbus verfrachtet – und los geht die Fahrt über eine weitere schlammige, staubige Lehmpiste durchs Gebirge. Wir haben Bombenwetter und genießen die Aussicht; aber leider haben wir auch mehrere Baustellen, vor denen wir teilweise eine Stunde lang warten müssen. Unser Bus verwandelt sich in eine Sauna. In der nächsten Stadt angekommen, müssen wir per Tuktuk durch den chaotischen Verkehr, um im Busbahnhof in einen großen Reisebus umzusteigen. Eigentlich wollen wir nach Trujillo, einer kleinen Stadt in Küstennähe, aber leider fährt heute kein Bus mehr dorthin. Auch schon egal, dann übernachten wir eben irgendwo unterwegs noch mal.

Mit dem Reisebus lassen wir das Gebirge langsam hinter uns, die Gegend wird immer flacher und staubiger – und grauer.

Die Panamericana führt uns als breite, schnurgerade Schneise quer durch staubiges Niemandsland. Sehr, sehr trostlos ist es hier. Dreckig, trist und eben – grau. Das liegt daran, dass wir durch unermesslich große Lehmfelder fahren. Rechts von uns dehnt sich bis zum für uns nicht sichtbaren Pazifik eine einzige Mondlandschaft aus grauem Lehm aus. Mit vereinzelten Dünen und Hügeln, aber meistens einfach nur flach und staubig. Keine Bäume, keine Pflanzen, nichts Lebendes. Ich würde mich nicht wundern, wenn neben uns gleich ein riesiges Raumschiff landet und der nächste Krieg der Sterne angezettelt wird.

Ich war so gespannt auf Peru, dass ich während unserer Fahrt durch diese Ödnis ziemlich enttäuscht bin. Aber auch Peru wird uns später wunderschöne, bunte Seiten von sich zeigen. Wir erkunden den Titicacasee mit seinen schwimmenden Inseln und den Frauen in knallbunten Röcken, starren in 5000 Metern Höhe auf türkis leuchtende Lagunen, die sich vor den mächtigen 7000er-Andengletschern erstrecken, entdecken das Erbe der Inkas im wunderschönen Cusco und die spannende peruanische Küche. Peru ist ein aufregendes, faszinierendes Land – das sich nur jetzt, im Norden, noch schüchtern versteckt hält.

Nach neun Stunden Fahrt erreichen wir Chiclayo, wo wir todmüde ins Bett plumpsen. Am nächsten Tag geht es weiter nach Huanchaco an der Pazifikküste, das sind nur noch schlanke zweihundert Kilometer. Nach unserem kleinen Grenzübergang nach Peru und ungefähr dreiundvierzig Stunden Fahrt wollen wir es uns in dem Surferort ein paar Tage lang so richtig gut gehen lassen, relaxen, uns die Sonne auf den Pelz brennen lassen.

Was wir jetzt noch nicht ahnen: Der Ort ist quasi ausgestorben. Surfen tut dort niemand. Der Strand ist grau (natürlich). Und die Sonne scheint auch nicht.

Lesen
Carmen Stephan: *Mal Aria*

Machu Picchu Superstar

Philipp

Kürzlich las ich in einem Reiseblog folgenden Satz:

»Nach Peru zu reisen, ohne den Machu Picchu zu besuchen, wäre wie nach Rom zu fahren, ohne den Papst zu sehen. Ein absolutes Muss und ein Höhepunkt.«

Nun …

Ich war schon mal in Rom, der Papst war an dem Tag verhindert, aber ich kann doch sagen, so schlecht war es da nicht. Auch ohne Papst. Ich habe das schon von einigen gehört.

In Peru allerdings entgeht uns das »absolute Muss« und der »Höhepunkt« nicht. Der Machu Picchu ist frei zugänglich. Audienz für alle, das ganze Jahr geöffnet.

Man kann entweder eine mehrtägige Wanderung auf sich nehmen und über den berühmten Inka-Trail kommen, der schon vor sechshundert Jahren von Indigenen genutzt wurde und der oft Monate im Voraus ausgebucht ist, oder man steigt, so reisten Friederike und ich an, in den Zug von Cusco nach Aguas Calientes, zum Dorf gleich unterhalb des Machu Picchu. Ein Dorf, das offenbar ausschließlich aus Pizzerien, Hotels und fliegenden Händlern besteht. Und uns natürlich, den Machu-Picchu-Pilgern, die wir in wechselnder Gestalt fast ein Viertel der Bewohner stellen. 2500 Personen sind wir, und wir kommen täglich. Morgens noch vor Sonnenaufgang nehmen wir den Bus, der sich durch die Serpentinen schraubt, hoch zum Haupteingang. Hier stellen wir uns an.

Man kann sich vorstellen, dass dieser wahnsinnige Run auf das »UNESCO-Weltkulturerbe der Menschheit« dem »alten Gipfel«, wie der Machu Picchu auf Quechua heißt, nicht gut bekommt. Die Ruinen sind müde von den tausend Tritten der Touristen, den Wanderstiefeln und Nordic-Walking-Stöcken, Kamera-Stativen und Kaugummis. Der Bausubstanz der »verlorenen Stadt« ging es einmal besser, als sie noch verloren war. Kein gutes Gefühl, Teil hiervon zu sein. Man möchte sich klein machen.

Und auch die Magie zieht sich zurück, sie ist ein scheues Phänomen; wenn man sie umzingelt und ständig von ihr spricht, verschwindet sie. Das mag sie nicht.

Andere sehen das anders, sie legen ihre Hände auf die kolossalen Steine und spüren die *Energie*. Ich sehe es in ihren Gesichtern, ganz deutlich sehe ich es. Sie breiten die Arme aus wie Hohepriester in Funktionskleidung und legen den Kopf zurück, bis es im Nacken knackt und leise der Selbstauslöser klickt. So ist es zu beobachten, so mancher kann das versunkene Inkareich hier nachfühlen.

Wir, wir sind einfach nur sehr beeindruckt. Natürlich ist der

Machu Picchu atemberaubend. Eine Architektur, die eins scheint mit der Natur, gewachsen ist, wie unter der Aufsicht der sie umgebenden grünen Gipfel der Anden. Man kann sich dem nicht entziehen. Unmöglich.

Die Einzigen, die hier cool bleiben, sind die lässigsten Tiere der Welt, die Lamas und Alpakas, die sich selbst in den schmalsten Gassen, zwischen den Tempeln und Terrassen, ihren Weg bahnen und so manchen in Magie vertieften Besucher aufscheuchen. Als würden die Tiere sagen, weitergehen, die Steine halten nicht ewig. Als wären sie die Stellvertreter der Inkas, die uns ausrichten lassen: Das hier ist unser Ort. Und während man mit den Händen durch das dichte gute Fell der vorbeistolzierenden Tiere fährt, fragt man sich: Musste ich hier hinkommen und mich dem touristischen Wahn anschließen? War das wirklich nötig? Einmal gestellt beantworten sich die Fragen von selbst.

Es wurde schon so viel über den Machu Picchu geschrieben, man kann an so vielen Stellen über ihn lesen, wir fassen uns also kurz, schließen das Kapitel und belassen es bei den Bildern, die an diesem Tag gemacht wurden. Von uns und denen, die

nach uns und vor uns an der Reihe waren. Fotos, die heute aufgenommen werden und morgen und übermorgen. Bis es vielleicht irgendwann einmal heißt, er braucht mal eine Pause, der alte Gipfel. Er ist schon so lange da. Machu Picchu Superstar.

BOLIVIEN

Ganz weit unten: In den Silberminen von Potosí

Philipp

Wir sind hier nur zufällig gelandet. Wir hingen in La Paz fest und wollten eigentlich in den Salar de Uyuni, aber seit Tagen streiken die Menschen dort und blockieren die Zufahrtstraßen. In La Paz haben wir es nicht mehr ausgehalten, weil diese Stadt alles in sich vereint, was wir gemeinhin unter Moloch verstehen. Also haben wir den nächsten Bus genommen, der uns ein Stück weiter nach Süden in die richtige Richtung bringt. Von Potosí wussten wir nichts. Außer dass es eine der höchstgelegenen Städte der Welt ist (4000 m) und es eben dort diesen Berg gibt, in dessen Innerem sich ein jahrhundertealtes riesiges Stollensystem verbirgt, Silberminen, die man sogar besichtigen kann. Ganz ungefährlich soll das allerdings nicht sein. Am zweiten Tag buche ich schließlich die Tour. Ich gehe in die Silbermine. Aber zuerst unterschreibe ich einen Zettel, der den Veranstaltern versichert, für nichts aufkommen zu müssen, sollte mir etwas zustoßen (Tod).

Das war einer der Gründe, warum ich diesmal doch von dem Ausflug absehe, obwohl ich den Zettel erst mal mitunterschreibe. Giftgase, möglicher Tod durch Explosionen oder Löcher im Boden sowie winzige Tunnel in keine Ahnung wie vielen Metern Tiefe, durch die man kriechen muss, finde ich dann doch ein bisschen arg abenteuerlich. Ein anderer Grund ist aber, dass ich Angst

habe, dass mein zartbesaitetes Seelchen die Zustände da
unten in der Mine nicht aushalten könnte. (F.)

Weird Scenes Inside The Silver Mine

Unser Guide holt uns gegen neun Uhr ab. In einem Minibus
fahren wir zu vierzehnt in die Nähe des großen, bunt leuchtenden Berges Cerro Rico. In einem Hinterhof werden wir mit
Schutzkleidung versorgt. Jeder bekommt Gummistiefel, Helm
mit Lampe, eine Hose zum Überziehen, Jacke und einen Gürtel,
an dem der massive Akku der Grubenlampe befestigt ist.

Dann wird die Gruppe aufgeteilt. Es gibt eine spanisch- und
eine englischsprachige Gruppe. Ich entscheide mich zunächst

für die spanische Führung, schleiche mich aber später doch in
die englische. Alle zusammen steigen wir wieder in den Bus.
Den Berg im Blick. Der Cerro Rico, der *Reiche Berg*, hat tatsächlich mal für Reichtum gesorgt. Ab Mitte des 16. Jahrhunderts
schufteten etliche indigene Zwangsarbeiter für spanische Kon-

quistadoren in den Minen, während diese in dem neu gegründeten Minencamp Potosí ein ausschweifendes Leben führten und riesige Mengen des Silbers in ihre Heimat Spanien verschifften.

Bis zur Gründung der Republik Bolivien 1825 fanden acht Millionen indigene, später auch afrikanische Sklaven den Tod in der Mine oder starben durch Folgewirkungen der Arbeit unter Tage.

Stopp 1: Ein Laden und der Marktplatz unterm Berg

Ich verstehe nicht so ganz, was der Guide uns erklärt (noch bin ich in der spanischen Gruppe), nur, dass jeder Bergarbeiter (Minero) sein Equipment selbst besorgen muss. Je mehr Geld er also ausgibt, desto sicherer ist er in diesem überhaupt nicht sicheren Berg unterwegs. Viele, gerade die jüngeren Mineros, seien auf Spenden der Besucher angewiesen. Jetzt holt der Guide eine Flasche hervor, schraubt sie auf, und sofort steigt ein beißender Geruch in meine Nase, bei dem es sich unzweifelhaft um die Hochprozentigkeit von Spiritus handeln muss. Der Guide füllt den Deckel mit dieser Flüssigkeit und versorgt jeden Einzelnen der Gruppe mit dem Schnaps, der, so kombiniere ich, in irgendeinem dienlichen Zusammenhang mit unserem Unternehmen stehen muss. Brauchen wir Mut? Ohne zu zögern kippe ich mir meinen Flaschendeckel schnell hinter die Binde. Anscheinend bin ich nicht der Einzige, der so denkt, keiner ist sich zu schade, sich dieses scharfe Getränk in den Körper zu schütten. Es ist ekelhaft und brennt viele Minuten in der Kehle nach. Habe ich gerade 96-prozentigen Alkohol getrunken?

Der Einkauf, den ich jetzt tätige, ist nicht weniger hochexplosiv als das Gesöff des Mannes: Ich kaufe zum ersten Mal und möglicherweise auch zum letzten Mal in meinem Leben eine Stange Dynamit. Außerdem eine Zündschnur und eine Tüte mit Ammoniumnitrat. (Dynamit bekommt hier übrigens jeder, so viel er braucht, auch als Tourist, auch wenn man nicht vorhat, in die Mine zu gehen. Potosí ist der einzige Ort auf der

Welt, an dem es möglich ist, legal Dynamit zu erwerben.) Und eine Atemschutzmaske besorge ich mir auch. Ich hatte gelesen, dass es in den Minen äußerst ungesund werden kann für den menschlichen Organismus. Giftgase. Ein Tagesausflug soll angeblich nicht weiter gefährlich sein und keine Folgeschäden erzeugen, aber warum sich dem aussetzen, wenn es diese Masken hier gibt?

Wir verlassen den Laden und gehen ein paar Schritte weiter auf einen Marktplatz. Hier kaufe ich eine große Tüte Kokablätter und ein Stück gepresste gesüßte Pflanzenasche. Die Asche legt man zusammen mit den Kokablättern in die Backentasche, sie sorgt dafür, dass die Alkaloide aus den Blättern besser freigesetzt werden.

Das sind meine Geschenke für die Menschen in der Mine. Die Kokablätter sind aber auch für mich gedacht. Sie sind das Einzige, was gegen das Höhenleiden hilft, das mich gelegentlich plagt.

Auf dem Markt entdecke ich jetzt die englische Gruppe, sie besteht aus nur drei Leuten inklusive Guide. Der erklärt den anderen beiden gerade, wie das genau funktioniert mit dem Kauen der Kokablätter. Ich stelle mich dazu und bekomme meine erste Lektion in der Kunst des Kokablätterkauens erteilt: Es wird nicht gekaut, sondern, wenn überhaupt, gesaugt und, jetzt kommt ein schönes Wort, eingespeichelt. Zweite Lektion: Der Blattstiel hat im Mund nichts zu suchen. Der Könner entfernt ihn, indem er eines dieser filigranen Blätter zwischen die Schneidezähne legt, sodass nur der hintere Teil des Stiels herausschaut, dann zieht er vorsichtig daran, und wenn es klappt, bleiben die Blätter im Inneren des Mundes und der Stiel zwischen den Fingern. Nach ein paar Versuchen klappt das ganz gut. Ich breche ein Stück von der Asche ab und vermenge es mit dem Blätterspeichelklumpen in meiner Backentasche. In den nächsten vier Stunden werde ich dieses erquickende vitaminreiche Häufchen Laub nicht aus meinem Mund entfernen und gelegentlich den Saft heraussaugen.

Ich sehe dem spanischsprachigen Führer dabei zu, wie er sich auffällig unauffällig ein weiteres Flaschendeckelchen genehmigt, seiner Gruppe erklärt er nichts. Ich bleibe bei der englischen Gruppe, auch, weil ich den spanischen Guide gleich noch viel schlechter verstehen würde. Das habe ich im Gefühl.

Stopp 2: Eine Fabrik

Wir fahren weiter hoch, dem Berg entgegen, und halten an einer Fabrik, die sich auf die Herstellung und Gewinnung von … Ich weiß nicht mehr, was die da gewonnen haben. Überhaupt, ich verstehe nicht viel von dem, was hier erzählt wird, und ehrlich gesagt interessiert es mich auch nicht besonders. Aber die Maschinen gefallen mir. Ich habe keine Ahnung, warum, aber Fließbänder, Spulen, Kessel, so Fabrikgerätschaften sind eben immer ein faszinierender Anblick. Wenn ich jetzt überlege, was mich ähnlich in seinen Bann schlägt, dann fallen mir nur Lagerfeuer ein, da muss man auch immer hinstarren. Industriezeugs und Lagerfeuer. Das scheint mir Naturgesetz.

Es ist Zeit, meine Gruppe kurz vorzustellen. Sie besteht aus zwei Leuten, und sie kommen aus Deutschland. Ein Lehrerehepaar in den späten Vierzigern aus Berlin, das gerade sein zweites Sabbatical beendet. Ein Jahr waren sie diesmal unterwegs. In der Fabrik sind die beiden völlig in ihrem Element und quetschen den armen Guide aus. Wollen alles genau wissen, wie das funktioniert mit der Silber- oder Silberoxid-Gewinnung. Chemische Prozesse erklären – mach das mal als Bolivianer, der bis vor Kurzem noch in der Mine gearbeitet hat und sich durch Aneignung rudimentärer Englischkenntnisse befreien konnte, um ebenjene gegenwärtige Karriere als Reiseführer einzuschlagen. Er tut mir leid, wie er da ins Stammeln gerät, wie vom Chemielehrer an die Tafel zitiert. Und es ist doch auch so uninteressant. Ich bin froh, dass da vorne schon der Bus wartet.

Stopp 3: Der Berg

Wir sind da, oben angekommen. Vor dem Berg stehen Mineros, die gerade Pause machen. Sie schauen uns alle an. In ihren Gesichtern liegt dieser Ausdruck hart arbeitender Männer, etwas, das nach überlegener Kraft aussieht, die durch die Erschöpfung von der Arbeit nur noch weiter wächst und maximal selbstbewusste Körperlichkeit ausstrahlt. Wir hingegen stehen krumm rum und schauen verunsichert zu, wie einer dieser Schienenwagen mit enormer Geschwindigkeit an uns vorbeigeschoben wird und im finsteren Schlund der Mine verschwindet. Da müssen wir jetzt rein. Höhe 1,65 m, Breite vielleicht zwei Meter. Wir werden aufgefordert, unsere Helme aufzusetzen und das Licht anzuschalten. Die Kokablätter in meiner Backentasche sind inzwischen zu einer murmelgroßen Kugel angewachsen, ich hatte immer wieder nachgelegt, so macht man das. Für mich würden fünfzig Blätter reichen, hatte mir der Guide gesagt, die Mineros kommen auf hundert bis hundertfünfzig Stück und sehen aus, als würden sie Tischtennisbälle in ihren Backen hamstern.

Es ist dunkel. Alles, was leuchtet, sind die Funzeln auf unseren Helmen. Der Tunnel ist unergründlich, seine Decke hängt tief. Wir machen uns klein, die Gänge haben genau die Höhe, bei der man sich nicht sicher sein kann, ob man sich nun den Kopf stößt oder nicht. Man läuft also in dieser unbequemen halb gebückten Obacht-Haltung und wendet den Blick nicht vom Boden ab. So machen es auch die meist sehr jungen Minenarbeiter, neun Stunden am Tag. Dabei atmen sie Quecksilberdämpfe ein, Arsen, Asbest, ich weiß nicht, was alles. Staub, Staub, Staub. Es ist ein Scheißleben, das sich hier vor unseren Augen selbst vergiftet.

Ich wusste von diesen Bedingungen im Inneren des Berges, ich wusste auch, dass dieser Trip keine Kaffeefahrt wird mit anschließender Shoppingtour durch Silberschmuckboutiquen, aber dass es so tough wird und ich nach ein paar Metern, nach ein paar ausgetauschten Blicken zwischen mir und den Männern im Berg, weiß, wie furchtbar es hier zugeht, hätte ich nicht gedacht. Die Menschen sind einerseits erschöpft, andererseits aufgeputscht. Ich weiß nicht genau, wovon. Reichen dafür hundertfünfzig Kokablätter? Jedenfalls wird hier unten einiges weggekippt, davon erzählen die leeren Schnapsflaschen, gegen die man manchmal im Dunkeln stößt.

Move to the right, move to the left! Alle paar Meter gibt der Guide uns die Anweisung, uns an die Schachtwände zu kauern, kurz darauf rasen drei Jungs an uns vorbei. Einer läuft vor und befreit die Schienen hastig von zu viel Staub, zwei schieben den übervollen Karren an und geben ein unglaubliches Tempo vor. Nicht nur, dass man sich ständig mit der Vorstellung konfrontiert sieht, es vielleicht einmal nicht zu schaffen, sich rechtzeitig an die Schachtwand zu pressen, nein, man hofft auch inständig, dass dieser Karren nicht aus den Schienen springt, umkippt, gerade da, wo man auf dem Boden hockt, einen Meter von den Schienen entfernt, und man von diesem ganzen unbehandelten Schutt aus Stein begraben wird. Ich verstehe langsam, warum ich diesen Zettel vor dem Besuch der Minen unterschreiben musste. Und gleich werde ich es noch viel besser begreifen. Sehr schnell kommen wir nicht gerade voran. Immer wieder springen wir zur Seite und kauern. Nach ungefähr einer Stunde Jump 'n' Run durch den stark frequentierten Tunnel fühle ich mich wie in einem Computerspiel, wie in einer virtuellen Welt, in der einem mehr als ein Leben zur Verfügung steht, weil man sie braucht, zur Verschwendung, weil eines hier unten nicht reicht. Der Lehrerehemann ist gedanklich bei *Indiana Jones*, seine Frau bei *James Bond*. Wir sind uns einig, ohne darüber wirklich gesprochen zu haben, dass schwarze verschlungene Tunnelsysteme, vorbeirasende Loren, Löcher im Boden, Explosionen und Giftgase eine Kulisse bilden, die besser im fiktionalen Raum aufgehoben wäre. Leider ist das hier alles wahr und Wirklichkeit. Für die Mineros hier unten ein Leben lang. Eins nur.

In einem unbefahrenen Tunnel machen wir eine Pause. Ich schiebe ein paar Kokablätter nach. Der Guide erzählt und lädt

dann zur Fragerunde ein. Er berichtet, dass sechzig Prozent der Bevölkerung Potosís von dem Berg leben. Vielen sei bewusst, was sie ihren Körpern hier unten antun, aber sie nehmen es in Kauf, einen anderen Job werden sie hier in der Gegend auch nicht finden.

Fragerunde: Es ist schon komisch, wie verschieden Menschen sein können. Der Berufsschullehrer aus Moabit erkundigt sich – erneut! –, wie das denn hier so läuft mit der Silbergewinnung, hier im Berg, so ganz genau. Bitte alles leicht verständlich erklären. Es gibt wirklich nichts, ich wiederhole mich, was mich hier unten weniger interessieren könnte als die detaillierte Beschreibung des Gewinnungsprozesses von Silber. Das hier ist nicht Bad Reichenhall.

Ich will wissen, wie man so viele Menschen mit Todestrieb zusammenbekommt. Fast niemand trägt hier Schutzmasken. Warum? Antwort: Man kann durch die billigen Einwegmasken schlechter atmen. Das kann ich bestätigen. Nach ein paar Metern Jump'n'Run schnaufe ich wie nach einem 200-Meter-Sprint, was aber natürlich auch an der unglaublichen Höhe liegt, in der wir uns befinden.

Trotzdem, ich habe doch auch zwei, drei Männer mit richtigen Sauerstoffmasken gesehen? Antwort: Das waren die Members. Member wird man nach fünf Jahren und genießt dann irgendwelche Vorteile und wird besser bezahlt. Wir dürfen nicht vergessen: Jeder hier unten ist für seine Ausrüstung selbst verantwortlich. Man kann sich vorstellen, dass gerade die jüngeren Mineros an allen Ecken sparen. Nur, was nützt die beste Sauerstoffmaske nach zehn Jahren Staubfresserei und Inhalation giftiger Gase? Und noch etwas zur Ausrüstung, ich habe hier nur Gummistiefel an den Füßen der Männer gesehen. Sicherheitsschuhe mit verhärteten Kappen gibt es hier einfach nicht. In einer Mine, in der mit Dynamit gearbeitet wird und tonnenschwere Gesteinsbrocken hin und her bewegt werden. Wie oft passieren Unfälle? Täglich. Auch tödliche? Ja. Das meine ich mit Todestrieb. Wer hier anheuert, ist ohne Furcht. Wann fangen die Jüngsten an? Mit fünfzehn, sechzehn, sagt der Guide. Ich weiß, dass das nicht stimmt. Jeder kann es in dem preisgekrönten Dokumentarfilm *The Devil's Miner* nachschauen. Die jüngsten Gesprächspartner sind dreizehn Jahre alt. Kinderarbeit wurde in Bolivien übrigens verboten. Als das Gesetz für das Verbot verabschiedet wurde, lieferten sich Kinder in den Straßen von La Paz Kämpfe mit der Polizei. Weil sie arbeiten wollten. Unser Guide sagt, das Verbot gäbe es zwar, aber kein Mensch würde wirklich kontrollieren, ob es eingehalten wird. Nur ein paar Tage nach meinem Besuch unter Tage sollte ein neues Gesetz verabschiedet werden: Kinderarbeit ist nun jetzt ganz offiziell ab zehn Jahren erlaubt.

Die Grundschullehrerin, die bis vor Kurzem noch »keinen einzigen deutschen Schüler hatte«, jetzt aber in Moabit »was Angenehmeres« gefunden hat, möchte wissen, ob *das* – sie hält einen glitzernden Stein hoch – Silber sei. Nein, sagt der Guide, das ist nichts.

Wieso wollen hier unten alle sterben?, will ich fragen, aber jetzt spricht unser Minenführer von den Gehältern. In den ersten Jahren verdient man sehr schlecht. Nach fünf Jahren wird man, wie gesagt, Member einer sogenannten Kooperative und bekommt mehr Gehalt. Nach zehn Jahren verdient man ganz gut. Einziges Problem – am gesundheitlichen Zustand der Lunge gemessen –, man liegt dann bereits im Sterben. Doch der Nachwuchs profitiert, der darf nämlich nach dem Ausscheiden des eigenen Vaters seinen Posten übernehmen, überspringt also einige Stationen des langen staubigen Weges zum Besserverdiener. Wir gehen weiter.

Ich erinnere mich an meine Ein-Tages-Karriere bei einem

Zeitarbeitsunternehmen in Duisburg, das mich zu Thyssen schickte, wo ich in irgendeinem Kessel mit einem riesigen Staubsauger unbenannten schwarzen Staub aufsaugen musste. Daran, wie ich keine Schutzmaske bekam. Wie die Festangestellten lachten, als ich mit meiner schweren Schubkarre voll Staub an ihnen vorbeiwankte. Wie ich genau acht Stunden durchhielt und genau acht Stunden hatte, um genug Wut anzusammeln, den Helm noch auf dem Kopf und schwarz im Gesicht wie Wallraffs Ali über die Königsstraße marschierte. Wie die Leute guckten und ein Mann mit einem Eis in der Hand ausrief: »Da hat aber einer malocht!«, ich in das Zeitarbeitsbüro lief und der Frau dort den Helm und die harten Sicherheitsschuhe, die ich von meinem ersten Lohn abbezahlen sollte, vor die Füße warf und sagte: »Für den Scheiß bezahle ich nicht. Ihr wollt mich ja vergiften. Ich will den kompletten Lohn für einen Tag, und dann bin ich weg.« Ich bekam ihn. Als ich zu Hause in den Spiegel sah, war mein Gesicht so schwarz verschmiert, das wusste ich selbstverständlich damals noch nicht, wie die der Jungs hier unten in der Mine. Damals war ich achtzehn oder so und hätte nach dem einen Tag bei Thyssen, ja, beinahe geweint.

Das lasse ich hier unten mal besser unerwähnt. Es wird noch einmal abenteuerlich. In meinen Notizen steht: *Das Loch, die Leiter, das andere Loch, der Mann im Loch.*

Das Loch ist mitten auf dem Weg, also es ist *im* Weg. Wir haben die Schienenschächte verlassen und sind durch einen schmalen Durchgang ins Tunnelsystem gestiegen. Hier, wo wir uns jetzt befinden, wirkt alles noch viel mehr wie eine unergründliche Höhle. Löcher, in den Berg gesprengt. Nach ein paar Metern stehen wir dann vor diesem Loch. Ein etwa anderthalb Meter breiter Weg führt an der Wand entlang an diesem Loch vorbei. Wie tief es ist? Ich weiß nicht, alles, was ich sehe, ist schwarz und macht mich nervös. Der Guide ist mit flinken Schritten vorgelaufen und in der Schwärze des Berges verschwunden. Wenn wir nicht aufpassen, verschwinden wir auch in dieser Schwärze, allerdings senkrecht nach unten. Wir gehen langsam und auf den letzten Metern mit schnellen Schritten, wie man das so macht, wenn man auf einem schmalen Grat balanciert, den Weg am Abgrund vorbei. Abenteuerlich, ja, aber ich mag es nicht sonderlich. Ich will noch nicht in die Hölle.

Aber das ist sie, zumindest stimmt das Bühnenbild, der Teufel kann direkt hier einziehen. Und er hat es schon längst getan, wie wir später erfahren. Der Schutzheilige der Mineros ist ein teufelähnliches Wesen aus der Unterwelt. *Tío Jorge* nennen sie ihn ganz liebevoll, Onkel Jorge. Und dem Onkel haben sie es hier schön gemacht. Wir kommen an zwei oder drei kleineren Einbuchtungen vorbei, die mit bunten Girlanden geschmückt sind und im Inneren einen Altar für Tío Jorge bereithalten, samt Opfergaben. Leere Schnapsflaschen in der Hauptsache.

Auf unserem Ausflug durch Tíos Reich treffen wir ab und zu auf Bekannte von unserem Guide. Alle stellen uns immer nur die eine Frage: Woher kommst du? So, wie sie fragen, will man glauben, sie fragen, weil sie nie draußen waren, weil sie hier nie rauskommen werden. Das hier ist eine unendlich traurige, aber zugegeben gleichermaßen interessante Erfahrung. Ein sprichwörtlicher Abstieg in die Tiefen menschlicher Überlebensmaß-

nahmen. Der Todestrieb ist es nicht, hier geht es nur um Lohn und Brot, ganz normales Überleben. Der mit dem Todestrieb bin dann wohl eher ich. Ich muss nicht hier sein, ich schau mich nur um.

Wir kommen an einem weiteren Loch vorbei, dieses hier müssen wir mit einem sehr großen Schritt überqueren, diesmal sieht man auch etwas, geschätzte zwanzig Meter unter uns brennt eine kleine Funzel. Auch dieser Abgrund gefällt mir nicht. Jeden Tag würde ich ihn nicht überqueren wollen. Hinter dem Loch sitzt ein Mann in einem kleinen Tunnel. Man kann hier nicht stehen, entweder man hockt (so wie der Mann) oder beugt den Rücken im 90-Grad-Winkel. Der Mann schlägt den Berg, schlägt Steine aus dem Berg. Alles, was glitzert, untersucht er und steckt es, wenn er es für gut befunden hat, in einen Sack. Der Mann sitzt hier neun Stunden täglich. Einmal am Tag bekommt er Besuch von Leuten wie uns. Er erklärt fast wortlos mit Gesten, die einen Hammer schwingen, das, was er hier tut, seine Arbeit. Und dann fragt auch er: Woher kommst du? Jeden Einzelnen von uns dreien. Zusammen haben wir keinen Platz im Tunnel, der dem Mann gehört. Wir besuchen ihn nacheinander und bringen Geschenke mit, von mir bekommt er das Dynamit. Als er jedem von uns einmal die glitzernden Steine, die ihn hier an diesen Berg fesseln, gezeigt hat, wünschen wir ihm – nachdem der Guide uns zugeflüstert hatte, wir sollten das tun – »Buena Suerte«, »Viel Glück«. Er antwortet »Listo«, was eigentlich so viel heißt wie »fertig« oder »erledigt«. Ich weiß nicht, warum er das sagt.

Wir sind jetzt tatsächlich fertig mit unserer Führung. Nur noch über diese wackelige Leiter hinabsteigen, dann noch diesen Gang wieder ein Stück hochklettern, hier fehlt die Leiter, ein Seil wäre gut, irgendwas zum Festhalten. Auch dieser Teil gefällt mir nicht, obwohl ich mich auf die abenteuerlichen Stellen gefreut hatte. Aber das hier? Der Rückweg führt erneut durch den stark befahrenen Tunnel. Wieder springen wir, wenn der Guide schreit, nach rechts oder nach links und kauern uns an die Wand. In einem Abschnitt müssen wir sehr schnell laufen, weil es hier nicht die Möglichkeit gibt, den rasenden Jungs mit ihren Karren auszuweichen. Der Guide fragt mich nach einer Zigarette, zündet sie an und verschwindet in einem schmalen Durchgang. Wir folgen ihm und landen in einem kleinen Raum. Hier haust ein besonders stattliches Exemplar des Teufels, eine große Tío-Jorge-Skulptur auf einem Schrein. Der Guide hat ihm die brennende Zigarette in den Mund gesteckt. Das Opferlicht für den Teufel, eine Lucky Strike.

Kurz bevor wir den Tunnel verlassen, steht ein Mann vor mir und zeigt auf meinen Beutel mit Kokablättern. Ich reiche ihm die Blätter rüber, er nickt, dann verschwindet er im Dunkeln, seine Schicht beginnt. Kein einziger Meter, den wir uns hier fortbewegt haben, wäre so in Deutschland möglich gewesen. Die Sicherheit, mein Gott, der TÜV.

Später auf der Rückfahrt unterhalte ich mich mit einem Schweizer aus der spanischen Gruppe darüber. Er sagt, ja, genau, darum machen wir das ja, deshalb sind wir hier, fern von der Heimat, in diesen Gegenden unterwegs.

Aber klar, ich gebe ihm recht, wir sind dem TÜV entwischt. Und der Sicherheit, der Sauberkeit auch, den rauchfreien Bahnsteigen, der guten Ernährung, der Schönheit schnurgerader Salatgurken, den Orten, an denen jedes Improvisationsvermögen verkümmert ist, wo es kernlose Trauben gibt und der Rasen nicht betreten wird und Fahrräder hier nicht abgestellt werden. Mit Geschäften ganz ohne Dynamit im Sortiment. Uns geht es so gut, viel zu gut. Wusste ich nicht. Weiß ich nicht immer. Drei Affen an meiner Seite. Auch dafür machen wir das. Für alles, was wir nicht wussten. Oder häufig vergessen.

Gucken
Kief Davidson and Richard Ladkani (Regie):
The Devil's Miner – Der Berg des Teufels

So weiß das Auge reicht: Salar de Uyuni

Friederike

Die gute Nachricht zuerst: Wir haben überlebt. Zwischenzeitlich war ich mir durchaus nicht so sicher, ob wir hier jemals heile wieder rauskommen würden; ich sah uns schon zwischen Autoteilen im kalten Wüstensand verenden. Aber jetzt leuchten vor uns in der Nacht die Lichter dieser merkwürdigen, staubigen Stadt am Rande des großen Nichts, und wir wissen, wir haben es überstanden.

Uyuni – ein kalter, windiger, trostloser Ort im Südwesten Boliviens, bei dem man sich unweigerlich fragt, warum es ihn überhaupt gibt. Von Potosí aus sind wir, als die Straßenblockade endlich aufgehoben wurde, durch Canyons, über das bolivianische Altiplano – eine riesengroße Anden-Hochebene – und durch unwirkliche Mondlandschaften gefahren und kommen abends hier an. Nach einigen erfolglosen Versuchen – nach der fünftägigen Blockade kommen jetzt natürlich alle Touristen gleichzeitig nach Uyuni – landen wir schließlich in einem Hostel, das zwar gemessen am üblichen Standard in dieser Stadt ganz nett hergerichtet, dafür aber eiskalt ist. Eiskalt: Wir sind ja nun schon einige Wochen im südamerikanischen Winter, noch dazu in teilweise extremen Höhen, unterwegs. Tagsüber ist es durch die grelle Sonne oft schön warm, aber sobald es dunkel wird, wird's ziemlich schattig. Schon seit Wochen laufen wir nur noch in unseren Lama/Alpaka-Pullis und den Northface-Triclimate-

Jacken herum. Es gibt so gut wie nie Heizungen, teilweise auch kein warmes Wasser (zu einer der Standardfragen bei der Suche nach Hostels ist geworden: »Hay agua caliente?«). So sehr wir uns in Südamerika verliebt haben, langsam freuen wir uns wirklich auf den zweiten Teil unserer Reise, Asien – Strand und Sonne.

Aber jetzt sind wir erst mal an einem der kältesten Orte Südamerikas; auch Uyuni liegt auf knapp 3700 Metern und noch dazu auf komplett ungeschützter platter Ebene. Für die Nacht präparieren wir uns mit langer Unterwäsche, Alpaka-Strümpfen, Pullover und Mütze und quetschen uns unter vier Decken zusammen in ein Einzelbett, obwohl wir zwei davon haben. Ums Gesicht weht ein kalter Wind, und die Zimmerwand neben mir fühlt sich an wie The Wall aus *Game of Thrones*. Zu allem Überfluss gucken wir auch noch die neueste Folge – die diesmal ausgerechnet ausschließlich im Norden spielt. Sechzig Minuten tief verschneite, matschige, windige, tiefgefrorene Eisigkeit, und das bei Außentemperaturen um den Nullpunkt. Winter is coming. Kann mir bitte mal jemand Karibikbilder auf die Netzhaut tätowieren?

Am nächsten Morgen verkrampftes, weil verfrorenes Aufstehen und Anziehen der anderen drei Klamottenschichten. Beim Frühstück frieren die Finger am metallenen Messergriff fest. Im Alpaka-Laden gegenüber schnell noch einen vierten Pulli und ein neues Paar Kniestrümpfe geshoppt, und wir sind parat: für unsere Tour in den Salar de Uyuni, die größte Salzwüste der Erde.

In grauer Vorzeit lag an dieser Stelle ein riesengroßer See, der vor etwa 10 000 Jahren ausgetrocknet ist und eine bis zu dreißig Meter dicke Salzkruste zurückließ – die Fläche ist mit über 10 000 km² ungefähr halb so groß wie Hessen. Tagsüber brennt die Sonne, nachts fällt die Temperatur auf minus zehn Grad ab; es gibt keine Lebewesen. In der Regenzeit ist der Salar teilweise von mehreren Zentimetern Wasser bedeckt und sieht dann aus wie ein gigantischer Spiegel. Als wir dort sind, ist es trocken, nur ein paar Stellen stehen unter Wasser. Hier werden pro Jahr ca. 25 000 Tonnen Salz gewonnen, und in Zukunft wird die Wüste wohl noch mehr beackert werden, denn sie birgt eines der weltweit größten Lithium-Vorkommen.

Die meisten Reisenden machen eine Drei-Tage-Jeeptour durch den Salar bis zur chilenischen Grenze und sehen dabei u. a. Vulkane, rote Lagunen und Flamingos. Eigentlich war das auch mal unser Plan, aber durch den tagelangen Streik in Uyuni läuft uns jetzt die Zeit davon. Also fahren wir nur heute durch die Wüste und erkunden den nördlichen, in blendendem Weiß erstrahlenden Salzteil – was auch die eigentliche Attraktion, weil das Einmalige, dieser Wüste ist. Wir haben eine supernette Gruppe mit zwei Französinnen, einer Schwedin und einem deutsch/österreichischen Paar und falten uns zu siebt in den Jeep.

Erste Station ist der Eisenbahnfriedhof vor den Toren Uyunis, der mich zuerst nur mäßig interessiert; wir haben doch sowieso nur einen Tag für die Wüste, warum bitte soll ich mir jetzt ausrangierte Züge angucken? Dann aber verströmt dieser Ort eine großartige morbide Faszination, wie diese teilweise über hundert Jahre alten, rostigen Eisenbahnwaggons da mitten im endlosen Nichts herumstehen.

Als wir die unwirklich scheinende Siedlung am Eisenbahnfriedhof verlassen, kindliche Freude: Unser Jeep rast mitten durch absolutes Niemandsland. Nach vorne kilometerweite Weite, nach links ebenso, nach rechts ebenso, allenfalls ein paar schemenhafte Bergketten kleben irgendwo weit hinten am Horizont. Um uns herum: nur Weiß, Weiß, Weiß. Wir sind ein Spielzeugauto auf einem zugefrorenen See. Es macht tierisch Spaß, hier durchzubrettern, und ich will unbedingt auch mal fahren, bitte, bitte, ja?! Leider traue ich mich nicht zu fragen. Zu deutlich klingen noch all die Warnhinweise aus Reiseführern und von Mitreisenden in meinem Ohr, dass die Jeeps oft in erbärmlichem Zustand sind und man auf jeden Fall mit langwierigen Pannen zu rechnen habe. Ich hab natürlich wenig Lust, dass ausgerechnet ich unser Auto zu Schrott fahre, und das, bevor wir überhaupt unseren ersten Sightseeing-Spot erreicht haben. Aber dass just in diesem Januar erstmals die Rallye Dakar hier durchführte, kann ich jetzt nur allzu gut verstehen.

Unser Guide Primo spricht nicht viel. Genau genommen sagt er eigentlich gar nichts. Erst, als wir in das kleine Dorf Colchani – eingefallene Lehmziegelhütten, Sandberge und streunende Hunde – kommen, meldet er sich zu Wort: »You can buy things and go to the museum. Then lunch. Twenty minutes.« Wir werden an einer langen Kette von Verkaufsständen ausgespuckt, ihnen gegenüber stehen aufgereiht die Jeeps der anderen Touristengruppen, und schauen uns dieselben immer gleichen Dinge an, die wir uns seit Ecuador anschauen: Alpaka-Pullis, -Schals, -Mützen, -Handschuhe, bunte Taschen, bunte Tücher. Diesmal neu im Programm sind auch ein paar ästhetisch fragwürdige Dinge aus Salz (eckige Lamas, Aschenbecher, Dosen). Viel mehr interessiert mich aber eigentlich das Museum; dieses Dörfchen hier lebt schließlich vom Salzabbau, der übrigens fast ebenso ausbeuterisch ist wie die Minen-Arbeit in Potosí – viele der Arbeiter erblinden wegen des gleißenden Weiß' in der Höhensonne – und ich würde mir die Geschichte und die Hintergründe dazu schon gerne mal ansehen. Dumm an der Sache ist nur, dass das Museum gerade geschlossen hat – Mittagspause. Schön, das ist ja mal hervorragend abgezirkelt, dass *jetzt* alle Touristen-Gruppen hier sind. Wir gehen also zum Lunch. Es gibt, qué sorpresa, Hühnchen mit Reis.

Nächster Stopp, jetzt wieder mitten im unendlichen Weiß: ein Denkmal aus Salz für die Rallye Dakar und ein Hotel, ebenfalls komplett aus Salz erbaut. Keine Ahnung, was wir hier sollen, das interessiert uns alle nicht, viel spannender ist nämlich einfach diese riesengroße weiße Fläche! Wie es seit der Entdeckung des Tourismus im Salar de Uyuni üblich ist, machen auch wir, wie alle anderen Gruppen um uns herum, unsäglich alberne Fotos mit lustigen Perspektivspielereien. Es macht Riesenspaß, zumal alle auch so schön bescheuert dabei aussehen, wie sie sich verrenken und auf dem Boden liegen, um den besten Blickwinkel hinzukriegen, und gemeinsam Ideen erspinnen und sich assistieren und Regie führen – wir kriegen gar nicht genug davon, ersinnen immer neue Motive und lachen uns kaputt. Viel zu schnell geht es schon wieder weiter, eine lange Strecke diesmal, wir rasen immer weiter durch dieses unglaubliche Weiß. Man kann einfach nicht aufhören hinzustarren. Einmal behauptet Philipp, er habe einen riesengroßen Vogel mit unglaublich langen Beinen gesehen. Komischerweise sieht ihn außer Philipp niemand im Auto.

Da war ein Vogel. Wenn ich es doch sage. Wahrscheinlich ein Strauß oder ein Emu. Vielleicht auch der letzte Velociraptor. (P.)

Ich lasse das mal unkommentiert, aber dieses gleißende Weiß hat schon was Psychedelisches.

Nächster Halt ist die Isla del Pescado, die so heißt, weil ihr Spiegelbild in der Regenzeit, wenn der Salar mit Wasser bedeckt ist, die Silhouette eines Fischs zeigt. Insel deshalb, weil sie irgendwann mal aus dem urzeitlichen See herausragte. Aber sie wirkt auch jetzt, auf dieser endlosen platten Fläche, noch wie eine Insel, ein mit Pflanzen bewachsener Felshaufen, der sich fast hundertsiebzig Meter hoch über den weißen Salar erhebt. Berühmt ist sie für ihre vielen, bis zu zehn Meter hohen Säulenkakteen, und der Panoramablick vom Gipfel auf die Salzwüste ist phänomenal.

Aber jetzt wollen wir unbedingt noch mehr Fotos machen, wir haben noch so viele Ideen! Primo ist relaxt und sagt, wir hätten jede Menge Zeit. »Tranquiiilo!«

Wir turnen und knipsen also durch die Gegend. Dann fällt Primo aber plötzlich ein, dass wir noch zwei weitere Spots auf unserem Programm haben, und es ist schon später Nachmittag, die Sonne steht bedenklich tief. Er scheucht uns also zurück ins Auto und rast wieder los.

Als wir am nächsten Punkt halten, sind wir allerdings etwas irritiert: Das ist doch wieder das Salzhotel, wo wir vorhin erst waren?! Primo sagt, wir hätten noch mal kurz Zeit für Fotos, er

müsse schnell etwas im Hotel erledigen. Johanna, Philipp und ich legen sofort wieder fröhlich los, die anderen haben inzwischen keine Lust mehr auf Quatschfotos. Nach einiger Zeit werden wir alle allerdings etwas unruhig: Die Sonne sinkt immer tiefer und tiefer, Silvia, Herbert, Philipp und ich müssen abends noch Nachtbusse zu unseren nächsten Zielen erreichen, und wir hängen hier immer noch mitten in der Wüste. Bis auf unseren steht hier nur noch ein weiterer Jeep; die restlichen Gruppen scheinen längst auf dem Heimweg zu sein. Außerdem hatte Primo doch gesagt, dass wir hier nur ganz kurz halten? Dieses »Kurz« hat sich inzwischen bestimmt auf eine halbe Stunde ausgedehnt, von Primo weit und breit keine Spur. Wir sind etwas ratlos.

Herbert nimmt die Sache jetzt mal in die Hand und geht auf Primo-Suche. Zurück kommt er mit der internationalen Geste für Picheln: »Der säuft dadrin mit seinem Kumpel!«

Der Kumpel ist dann wohl der Fahrer des einzigen anderen Jeeps. Dessen Insassen wird es irgendwann zu bunt, sie holen Primos Amigo aus dem Hotel und setzen ihre Fahrt fort.

Und kurz darauf kehrt dann auch Primo zu uns zurück. Also das, was von ihm übrig geblieben ist. Es verschlägt uns allen die Sprache, und wir wissen nicht, ob wir lachen oder entsetzt sein sollen: Primo ist sternhagelvoll. Er kann kaum noch gehen, geschweige denn geradeaus gucken. Die Französinnen sagen nur fassungslos: »Das war doch nur eine halbe Stunde?! Wie viel kann man denn in dieser Zeit trinken?!«

Ich glaube, niemand von uns hat schon mal einen Menschen in so kurzer Zeit von nüchtern auf volltrunken switchen sehen. Eben noch Ihr Guide durch die Wüste, jetzt schon 1a-Schnapsleiche! Der Drink muss Terpentin gewesen sein. Aber seit Philipps Besuch in der Mine von Potosí wundert uns das nicht mehr. Auch das übrigens eines der Dinge, die man immer wieder über den Salar de Uyuni hört – Vorsicht vor betrunkenen Fahrern! – und ins Reich der Legenden verbannt; das mag mal irgendjemandem passiert sein, aber das wird doch sicher nicht die Regel … Okay, also doch.

Primo kommt jedenfalls kaum noch ins Auto, den Zündschlüssel findet er auch sehr lange nicht. Dafür redet er jetzt plötzlich wie ein Wasserfall. Wobei man sein Lallen eigentlich kaum noch als Sprechen bezeichnen kann. Haben ihn tagsüber selbst diejenigen mit guten Spanischkenntnissen nur schwer verstanden, ist jetzt komplett Schicht im Schacht. Wir können unseren Lachdrang nicht mehr unterdrücken – macht nix, Primo lacht einfach mit. Er findet plötzlich alles unglaublich lustig. Ich hingegen überlege jetzt wirklich ernsthaft, das Steuer zu übernehmen. So richtig wohl ist mir hier hinten auf der zweiten Sitzbank ohne Türen, die Knie wieder mal vor die Brust geklemmt, jedenfalls nicht mehr. Meine ganze Hoffnung klammert sich daran, dass der Mann selbst stockbesoffen wahrscheinlich immer noch besser durch die dunkle Wüste fahren kann als ich nüchtern.

Ach ja, und wir wollten doch noch irgendetwas besichtigen! Primo kurvt uns zu den *Ojos del Salar*, den Augen der Salzwüste. Es handelt sich um große Pfützen, in denen das Wasser brodelt. Warum das so ist, kann ich leider nicht erklären, denn Primo kann uns auch nichts mehr erklären. Der macht lieber ein eigenes Ojo hinter den Jeep und kichert ansonsten ein bisschen debil herum. Wir wollen jetzt alle nur noch möglichst schnell weiter, es ist inzwischen wirklich schon dunkel. Wir schlittern, rutschen und eiern durch die Wüste. Krachen in riesige Schlaglöcher, kommen immer wieder von der – vage erkennbaren, von Tausenden Autos platt gefahrenen – »Straße« ab, fahren Dämme rauf und wieder runter und umfahren nur knapp riesengroße Steinbrocken. Bitte, jetzt nur keine Panne und die Nacht bei minus zehn Grad im Jeep verbringen müssen! Ein paarmal sehen wir dem Tod wirklich ins Auge, als wir entgegenkommenden, wild hupenden Lastern nur im allerletzten Moment gerade eben so ausweichen. Bei alldem sucht Primo gleichzeitig sein klingelndes Handy irgendwo im Armaturenbereich, hält es sich schließlich ans Ohr und versucht zu telefonieren. Ich fange an zu beten.

Dann tauchen vor uns im Dunkel plötzlich die Rücklichter

eines Fahrzeugs auf. Es steht mit Warnblinker am Straßenrand. Primo fährt rechts ran und bleibt hinter dem Fahrzeug stehen. Was ist denn jetzt schon wieder los? Wir müssen doch zum Bus! Das andere Auto ist der Jeep von Primos Saufkumpel – ohne Benzin. Herzlichen Glückwunsch an uns! Zwei komplett betrunkene Touristen-Guides machen sich jetzt also daran, den riesigen Ersatzkanister von unserem Jeepdach runter- und auf das andere raufzuhieven, um nachzutanken. Ich hoffe inständig, dass jetzt nicht auch unser Benzin alle ist – dann gibt es nämlich keinen Jeep mehr, der zufällig vorbeikommen und uns aushelfen könnte. Primo kichert die ganze Zeit. »Es mi amigo, den kann ich doch nicht ohne Sprit in der Wüste lassen, no?« Nein, natürlich nicht. Warum sollte der auch vor seiner Tour auftanken?

Und die Uhr tickt, und unser Bus nach Argentinien rollt bald los. Ich sitze dahinten auf meinem Bänkchen, übe mich in selbstversenkender Meditation und sinniere über das Sprichwort vom falschen Film nach.

Als das Manöver endlich beendet ist, rasen wir noch mal für zwanzig lebensgefährliche Minuten im Todesjeep durch die Gegend. Dann sehen wir sie endlich: die erlösenden Lichter dieser merkwürdigen Stadt am Rande des großen Nichts …

Lesen
Carmen Pinilla, Frank Wegner (Hg.):
Verdammter Süden. Das andere Amerika
Leila Guerriero: *Strange Fruit*

Typologie der Traveller
Philipp

Im Folgenden werden elf und eine spezielle mögliche Erscheinungsform von Reisenden kurz porträtiert. Vorweg: Es gibt sie in dieser Form nicht, nicht in Reinkultur (okay, manchmal schon, dann glaubt man, Karikaturen vor sich zu haben). Aber mal angenommen, es wäre möglich, alle zwölf in einen Sack zu werfen, gut durchzuschütteln und – vorausgesetzt, sie würden sich wie verschiedene Pulver vermischen – daraus einen Klumpen entstehen zu lassen, welchen man zurück in zwölf Teile stückeln könnte, dann entstünden dabei zwölf zwar höchst individuelle Reisende, allerdings mit wiederkehrenden Eigenschaften, mit ausgeprägten und weniger ausgeprägten. Oder auch nicht. Schauen wir uns die zwölf mal der Reihe nach an.

Das Party-Tier

Sehr freundliches, interessiertes Wesen. Kennt nach kurzer Zeit jeden im Hostel. Checkt dich bei der ersten Begegnung ab. Als Teil eines Paares hat man es schwer bei ihm. Vielleicht kommt es auf einen zurück, wenn es »mal einen Ruhigen machen« will, dann kann man mit ihm eine Runde Billard spielen. Das Spiel wird diesen Reisenden nicht sonderlich interessieren. Er wird, wie auch sonst immer, jeden Vorbeilaufenden auf »Potenzial« abchecken, folglich wird er während der Partie sehr abgelenkt sein und sie ggf. sogar abbrechen. Denn die eigentliche Berufung des Party-Tiers ist Saufen, Grölen, Verbrüdern, Flirten, Klarmachen, Geschlechtsverkehr an den Hauptschlagadern der Welt haben. Ach so, und ein paar awesome attractions mitzunehmen, wie z. B. Volcano Boarding, Canyoning, Pub-Crawls, den Sunday Funday, Beer Pong Tournaments und groooße Pyramiden. Mit anderen Worten: Looooads of fun!

Die Wahre, Schöne, Gute

Diese Person spricht immer die jeweilige Landessprache nahezu perfekt, jedoch mindestens auf C1-Niveau. Auch Mandarin. Folglich dient sie bei Gruppen-Ausflügen mit nicht englischsprachigen Einheimischen der gesamten Gruppe häufig als Dolmetscher. Diesen Job verrichtet sie mit einem gewissen Stoizismus, der bedingungslose Pflichterfüllung ausdrücken soll. In Wahrheit findet sie es ziemlich geil, der Oberchecker zu sein. Die Gruppe goutiert diese Gratis-Dienstleistung wohlwollend und bedankt sich ganz oft und herzlich. In Wahrheit hasst sie den Streber und wird, zurück im Hostel, den Umgang mit diesem auf ein Minimum reduzieren. Das kennt die WSG schon. Macht nichts. Sie mag eh kein Bier. Am nächsten Tag wird sie ihr Volunteering auf einer Lama-Ranch fortsetzen und ein Dreivierteljahr lang Zäune anstreichen mit einer wahnsinnigen Begeisterung, als hätte ihr Tom Sawyer persönlich den Pinsel in die Hand gedrückt. Dabei wird sie Quechua-Vokabeln vor sich hin murmeln und schließlich, bei Abreise, die Kultur des Landes verinnerlicht haben. Zurück in Deutschland wird sie die Therapieräume mit einigen Souvenirs schmücken und großformatige, auf Leinwand gedruckte Fotos von Nebelwäldern aufhängen. In der Regel, wenn alles nach Plan gelaufen ist, ist *sie* es, die dort in diesen Räumlichkeiten als Psychotherapeutin arbeiten wird.

Der Abenteurer

Vielleicht wird er dir in einem abgelegenen Andendorf begegnen. Du wirst ihn an seinen sonnenverbrannten Armen und seinem weiß gebliebenen Oberkörper erkennen, der bereits ein wenig von seinem gewaltigen Bart verdeckt wird. Er wird ein paar Fliegen ausspucken und dich nach Flickzeug fragen. Du wirst stammeln und nicht wissen, warum und wieso. Hä, Flickzeug? Er wird es dir verraten, er ist mit dem Liege-, Klapp-, Renn- oder auch Hollandrad hier. Ihr werdet euch über eure Reiseerlebnisse austauschen. Er wird sich über diese stinkenden Busse beschweren, die mit nur geringem Abstand regelmäßig an ihm vorbeibrettern und ihm schwarze Dieselrauchschwaden ins Gesicht pusten. Du wirst verschämt an den First-Class-Bus denken, der dich morgen abholen wird, und verschweigen, dass du noch nie in deinem Leben einen Fahrradschlauch geflickt hast. Der Abend wird interessant werden, das ist mal klar, schließlich ist der Abenteurer ein spannender Geselle, dieser Freak. Am nächsten Morgen wird er dich bitten, in seine GoPro zu winken. Monate später wirst du dein Gesicht in einem hyperviralen YouTube-Video wiederentdecken. Was für ein tolles Souvenir.

Viel wahrscheinlicher ist es allerdings, dem Abenteurer nie zu begegnen. Er ist selten da, wo du bist. Außer natürlich, du selbst bist einer.

Der Japaner

Der Japaner muss kein Japaner sein, er kommt häufig aus Deutschland, Israel, England oder den Staaten. Er hat sich viel vorgenommen, und er hat wenig Zeit mitgebracht, dafür aber eine beachtliche Outdoor-Travelgedöns-Ausstattung. Eine typische Handbewegung von ihm ist das umständliche Hervorkramen seines Moneybelt und das Auf- und Zuziehen desselbigen. Eine weitere ist der mehrmalige paranoid tastende Griff nach seiner

Spiegelreflex. Wenn sie noch da ist und er nicht beraubt wurde, kann es losgehen. Fünf Länder in einem Monat, Strecke machen, nur die allergrößten Sehenswürdigkeiten ansteuern, sichten, posen, abschießen. Das Ergebnis ist eine Selfie-Bilderstrecke (im Einzelnen bei Facebook gepostet) quer durch die ganze halbe Welt, auf der wir den Japaner in der immer gleichen Pose sehen: breit grinsend, mit ausgestrecktem Daumen vor einer sehr großen weltberühmten Attraktion. Das gefällt ihm. Und seinen Facebook-Freunden für gewöhnlich auch.

Die Eheleute

Das ist ein ganz spezielles Paar. Man rätselt, was es eigentlich zu dieser Reise geführt hat, dann merkt man bald: Es wird nicht leicht, dies herauszufinden. Das Paar redet nämlich nicht mit einem. Schade. Ein Erklärungsversuch wäre: Diese beiden Frischvermählten tragen hier in den Hostels der Welt ihren Honeymoon aus. Nur blöd, dass all die anderen (siehe oben, siehe unten) dabei sein müssen. Mit steinernen Mienen verfolgen sie das Treiben um sich herum. Wir wollen die beiden nicht weiter stören und verlassen dezent den Aufenthaltsraum. Wir wollten sowieso nicht fernsehen.

Der Exot

Der Exot ist so dermaßen exotisch innerhalb der Travellerszene, dass er die wahren Exoten vollkommen in den Schatten stellt. Was sind schon irgendwelche Indigenen, Schamanen, Gurus, Mayas etc., wenn man mitten im kolumbianischen Dschungel einem Bulgaren, Rumänen, Türken, Polen (oder einem Menschen aus einem ähnlich wenig reisefreudigen Land) gegenübersitzt. Da staunt der Franzose, Deutsche, Brite, Israeli, Kanadier und Ami. So was bekommen sie nicht oft zu sehen. Eine willkommene Abwechslung – wenn man schon nicht mit der einheimischen Bevölkerung in Kontakt kommt, ist das doch ein ganz annehmbarer Ersatz: ein echter Türke!

Der grau melierte Wolf

Er ist schon etwas älter. Für die jüngeren Reisenden könnte er theoretisch sogar ein Elternteil sein. Nicht verwunderlich, dass die ganz jungen Küken sich ein wenig beobachtet fühlen, ganz besonders, wenn sie gerade dabei sind, mit einem → *Party-Tier* anzubandeln. Aber keine Bange, das graue Fell des Alten war auch mal schwarz und glänzte schön. Heutzutage glänzt der Wolf vielmehr mit einem beachtlichen Wissen, das er ungefragt den Jüngeren derselben Gattung aufs Auge drückt. Der alte Zottel, meist trägt er Glatze mit ergrautem Zopf im Nacken, hat nämlich schon alles gesehen und dreht gerade eine Ehrenrunde durch Südamerika, hier war er schon mal, und erzählt auch, was anders war und was es noch nicht gegeben hat. Dann fragt er beiläufig, wohin die Reise des Gegenübers noch gehen soll. Und auch da war er schon, und auch da ist es jetzt anders. Der Hostel-Greis ist in den meisten Fällen eine einnehmende Gestalt, tatsächlich sollte man so viel Zeit wie möglich mit ihm verbringen. Es lohnt sich. Meistens.

Der Slow-Traveller

Das ist die allercoolste Gestalt unter den Travellern. Insgeheim wird er von den meisten bewundert für sein relaxtes Wesen, für sein nicht existentes Gefühl, er könnte irgendetwas verpassen. Dem Slow-Traveller fehlt ein Gen für Eile, Reisewut und Wanderlust. Er hat zu Hause irgendwo einen Job, vielleicht ist er selbstständig. Jetzt hat er freigenommen für mehrere Monate, und was macht er? Er bucht einen Flug in ein Land seiner Wahl, und dort bleibt er. Er bereist es ein Dreivierteljahr lang oder noch länger, erkundet jeden Zipfel und entscheidet sich nach halber Strecke für einen Ort in jenem Land, an dem er einfach nur bleibt. Dann kehrt er heim. Er hätte sämtliche Länder, fast die ganze Welt nach Art des → *Japaners* sehen können. Aber warum?, wird er dich fragen, er wollte doch dieses eine Land kennenlernen. Nein, einen Lonely Planet besitze er nicht, aber er frage immer mal wieder rum, wo es gut sein soll. In fünf Jahren, wenn er sich wieder eine Auszeit gönnen wird, wird er das nächste Land bereisen, vielleicht ein, zwei Jahre lang.

Der Hippie

Eigentlich ist es unmöglich, diesen Typus auf Reisen zu treffen, d.h. ihn beim Reisen zu erwischen (vgl. → *Der Abenteurer*). Denn: Der Hippie ist immer schon da. Er lebt in versteckten märchenhaften Küstenorten, in Bergdörfern, denen eine gewisse magische Heilkraft nachgesagt wird, oder mitten im Dschungel, nicht weit von den Ruinen der alten Mayas. Er ist nie allein, eine Kommune ist sein Heim, die immer da ist, wo auch er ist, seine Arbeit ist das Herstellen von Schmuck, Pfeifen, Flöten und Lederwaren. Aber wie kam er hierhin, wann war das? Hatte er andere Kleidung an? Haben sich seine Zip-off-Hosen und sein Quick-dry-Karohemd mit der Zeit in eine bunte weite Leinenhose und ein verwegenes Lederwestchen verwandelt? Nein, Hippies kommen woandersher und gehen auch woandershin. Aber erst nach Feierabend. Bis dahin hängen sie die allermeiste Zeit an der Strandpromenade, vor der Dorfkirche oder unter einer schwitzenden Palme ab und verdienen Geld.

Die Hotelfachkraft

Die Hotelfachkraft hat häufig schon in der fernen Heimat Arbeitserfahrung im Bereich Gastro gesammelt. Auf Reisen macht sie davon Gebrauch und arbeitet immer mal wieder in den Hostels, die ihr gefallen, bekommt dafür freie Kost und Logis, kann sich dadurch zwar nicht sonderlich weit wegbewegen, aber lernt das Hotel- und Gastrogewerbe in der Ferne noch mal ganz neu von der Pike auf, außerdem eignet sie sich dabei ganz nebenbei hervorragende Sprachkenntnisse und Umgangsformen an. Nicht selten fährt die Hotelfachkraft nach ihrer Lehrzeit nicht nach Hause, sondern ein paar Straßen weiter und eröffnet, falls Startkapital vorhanden, ein eigenes Hostel.

Der mit der zweiten Heimat

Das ist ein komischer Kauz. Von all den hier Versammelten hat er am allerwenigsten das Attribut Traveller verdient. Denn eigentlich reist er gar nicht, er hat sich nur verguckt in einen ganz bestimmten Ort, und dafür nimmt er sich erstens relativ viel Zeit und zweitens einen langen Weg in Kauf. Er könnte Franzose sein, der jedes Jahr an den gleichen Ort in Guatemala zurückkehrt und dort für zwei Monate bleibt. Die Orte gleich nebenan kennt er nicht. Mexiko, Honduras – nie gesehen. Er genießt es, in diesen zwei Monaten Traveller aus aller Welt zu treffen, die im Schnitt eine Woche bleiben. Jede Woche lernt er so neue Leute kennen in dem Ort seiner Herzenswahl. Ein paar Einheimische sind ihm natürlich auch bekannt, und dadurch, dass er immer wiederkehrt, darf er sich ihnen fast auch zugehörig fühlen. Er weiß, die Liebe, die Umstände, was auch immer, reichen nicht, um ganz auszuwandern, aber er wird immer wiederkommen, und er wird da sein und dich Durchreisenden empfangen und dir das Gefühl geben, einen ganz besonderen Ort gefunden zu haben, den man sogar ein zweites Mal bereisen kann und auch ein drittes Mal. Rückkehr ist möglich. Eine nicht zu unterschätzende Erkenntnis. Ist man doch geneigt, auf längeren Reisen zu glauben, jeden Ort zum ersten und zugleich zum letzten Mal besucht zu haben. Der mit der zweiten Heimat beweist das Gegenteil.

Der Verzweifelte

Ihn gibt es nicht physisch, er ist ein Zustand. Die → *GWS* kennt ihn nur zu gut, es fing in der Schule schon an, auch der → *Grau Melierte* erinnert sich dunkel, aber vergessen hat er es nie, das → *Party-Tier* hätte ohne niemals so weit fahren müssen, sogar dem → *Japaner* fehlte etwas, vielleicht nur die richtige Aussicht, dem → *Abenteurer* sowieso, ihm geht es vielmehr um eine Einsicht, der → *Hippie* wurde mit ihm an dem Tag bekannt, als der Schrecken der Welt nicht mehr zu leugnen war, die → *Hotelfachkraft* hat es gehasst, daheim zu sein, hinter einem Rezeptionstresen, der mit viel zu vielen Sternen versehen war. → *Der mit der zweiten Heimat* hat in Wahrheit gar keine, aber dieser eine Zustand hat ihm die Erkenntnis gebracht: Wenn es dort nicht gut ist, weiß ich immer noch, wo es besser ist: hier. Und wenn es hier nicht gut ist, dann, natürlich: *dort*.

ARGENTINIEN

Die Entdeckung Europas
Philipp

Und auf einmal sind wir in Europa. Südamerika, also, das, was wir damit verbinden, endet für uns, bevor wir den Kontinent verlassen haben – hier, in Buenos Aires. Alles hier ist anders und uns sehr vertraut; gleichzeitig aber, nach all der Zeit in diesen wilden Landschaften und unendlichen Weiten der Anden, auch völlig fremd.

Wir stehen in einer Großstadt mit achtspurigen Straßen statt halsbrecherischen Dirt Roads. Mit monumentalen Gebäuden statt roten Backsteinbaracken. Riesengroßen Supermärkten statt winzigen Lädchen, in denen es nur das Nötigste zum Überleben gibt. Cafés! Concept Stores! Internationale Modehausketten!

Es ist ein bisschen verrückt, uns schwindelt. Nur allmählich finden wir wieder in den Modus des europäischen Städtereisenden. Was macht man denn noch mal, wenn man eine Metropole besucht? Ach ja, Sachen besichtigen. Das Parlament, die Kirchen. Oh, und Friedhöfe, natürlich, durch Friedhöfe fremde Kulturen entdecken, das ist immer gut.

Wir besuchen also den Friedhof La Recoleta, eine beeindruckende Totenstadt. Er ist gar nicht so groß (fünf Hektar – der Père Lachaise umfasst über vierundvierzig), aber die einzelnen Gräber und Grüften, die Statuen und Denkmäler sind in ihrer exzentrischen Bauweise schwer zu toppen. Berühmt ist der Friedhof unter anderem wegen des Grabes von Evita Peron, aber spannend ist hier etwas ganz anderes. Man betritt den Friedhof und weiß, hier hat ein dekadenter Bestattungsexzess gewütet, hier wird weniger begraben und aus dem Leben entfernt, hier wird der Tote vielmehr in die Höhen seines materiellen Daseins gehoben. Vergänglich geht es hier nicht zu, ausgelebt wird hier, über das Ende hinaus. Den Status, den der Verstorbene zum Zeitpunkt seines Todes innehatte, darf er hier behalten. In vielen Fällen wurde das, was es hier zu sehen gibt, wahrscheinlich zu Lebzeiten selbst angewiesen, anders lässt sich die Exzentrik mancher Gräber, die sich besonders in plastischen Selfies aus Granit und Marmor niederschlägt, nicht erklären. Mit anderen Worten: Es ist ein großer Spaß, hier lustzuwandeln – auch wenn es ein bisschen unheimlich ist, dass man den Toten hier sehr nahekommt, denn hier kann man etwas Besonderes erleben, sehen und berühren. Särge. Es gibt Gruften, die durch ein schmiedeeisernes Tor verschlossen sind, und gleich dahinter liegen die Särge mit den Gebeinen ganzer Familien. Einfach den Arm durch so ein Törchen stecken und mit den Fingern über kleine und große Särge streichen. Teilweise liegen die Deckel nicht mehr richtig auf dem unteren Teil des Sarges auf. Ob die Hinterbliebenen regelmäßig reinschauen, um sich zu vergewissern, dass alles noch da ist? Schließen sie die Särge mit Absicht nicht ganz richtig? Oder sind es einfach nur Gruften, für die sich schon lange keiner mehr verantwortlich fühlt? Der Anblick ist jedenfalls ganz fantastisch, aber auch unheimlich (manchmal hängen die Laken heraus). Das Innere der Gruft sendet Vitalzeichen aus, ganz zu Ende ist es hier noch nicht, irgendwas hat sich hier doch bewegt.

Verstärkt wird der Eindruck durch persönliche Gegenstände, die in den Gruften abgelegt werden und die so gar nicht zu den meist prunkvollen Ausstattungen passen wollen. Kuscheltiere, geschmacklose Grußkarten, Nippesfiguren, Kitsch, Fotoaufnahmen der Verstorbenen, teilweise in Freizeitsituationen. Und daneben gibt es die besonders gepflegten, die kühlen Gruften mit edlen und gleich aussehenden Särgen, verteilt auf zwei Etagen, verbunden durch breite Treppen, wir schauen ins Innere eines

Mehrgenerationenhauses. Auch dieser Anblick hat seinen absurden Reiz, denn nichts hiervon macht Sinn, wenn man glauben will, dass es sich bei diesen Ruhestätten nicht um Statussymbole handeln soll und es nur um die Form geht; auch für den letzten Gast, den Tod, putzt man sich heraus. Am Ende sind sie alle, die Großbürgerlichen von Buenos Aires, Teil dieser schwarz gefärbten Subkultur geworden – den Goths. Oder wie nannten wir sie früher? Gruftis.

Der nächste Tag führt uns auf den Antikmarkt im pittoresken Viertel San Telmo. Es sind nicht unbedingt die Marktstände, die man gesehen haben muss, auch wenn sie teilweise einige Unge-

wöhnlichkeiten und Besonderheiten zu bieten haben – zum Beispiel die obligatorischen Mate-Trinkgefäße mit Bombilla oder Ausweisdokumente verstorbener Menschen oder altes Eisen wahrscheinlich auch längst verstorbener Gauchos –, es ist die Atmosphäre dieses wunderschönen Viertels, die man aufsaugen will. San Telmo scheint sich dem guten Leben verschrieben zu haben. Der Tango wird hier an allen Ecken zelebriert und natürlich auch touristisch vermarktet. Es wird auf der Straße getanzt und

in den umliegenden Cafés und Bars, von denen einige einer rück-
wärtsgewandten Romantik folgen, weit zurück in die Zeit des Fin
de Siècle. Die hier überall verteilten Antiquitätengeschäfte sorgen dafür, dass man ein Stück davon mit nach Hause nehmen
kann. Wir müssen blinzeln, wir müssen mit halb geschlossenen
Augen durch dieses Viertel wandern, wir müssen es
irgendwie schaffen, die Massen an
Touristen aus unserem Blickfeld
zu verbannen, dann ist es schön,
dann ist es einfach nur schön, italienisch und pariserisch und auch
kreuzbergeisch schön.

Wir befinden uns mitten in der
Fußballweltmeisterschaft, und so
versessen darauf wie in diesem Jahr,
sämtliche Spiele zu sehen, war ich
noch nie. Vielleicht ist das ein bisschen Heimat für mich, ich weiß
nicht. Heute spielen die USA gegen
Portugal. Müssen wir sehen. Zeit für
eine blöde Idee: Ich will das Spiel unbedingt in einer von US-Amerika-
nern geführten und besuchten Bar sehen. Atmosphäre und so, ich will Amis
um mich herum haben. Blöde Idee, ich
erwähnte es schon, besonders blöd,
weil wir dafür das schöne San Telmo
verlassen und ein Taxi irgendwohin ins
Stadtzentrum nehmen müssen, wo sich eine vom Lonely Planet
erwähnte Bar amerikanischer Expats befindet. Drei Stockwerke,
ungefähr achtundsiebzig Flachbildschirme an den Wänden, Bier
wird in Kübeln serviert, und am Eingang muss man einen Min-
destverzehrbon kaufen, der in Bier ungefähr einem Drei-Liter-
Kübel pro Person entspricht. Harter Cut; Fin de Fin de Siècle.
Wir gehen in den dritten Stock, der auch nicht viel leerer ist als
die unteren beiden. Neben einer Treppe (die man nicht betreten

geschweige denn *besitzen* darf) gleich bei den Toiletten finden wir ein freies Plätzchen. Auf dem Boden.

Ich möchte den Amis wirklich nichts Böses unterstellen, ich sage nur einfach mal, wie es ist: Sie sind zu blöd zum Fußball-gucken. Das ist okay, ich bin auch zu blöd für Football, nur ist es schon ein wenig gewöhnungsbedürftig, wenn hier jedes Foul an der gegnerischen Mannschaft lauthals gefeiert wird, als wäre das Tor zum Sieg gefallen. Gefallen ist nur der Gegner, der hat ein ernst zu nehmendes Aua (wie jeder Profi-Fußballer, der hinplumpst), das müssen wir doch nicht zelebrieren. Da habe ich nun also meine Atmosphäre. Und Schuhe. All die schönen Schuhe, die wir in der Halbzeitpause aus der Schneidersitzper-spektive zu sehen bekommen, sie können gar nicht schnell ge-nug an uns vorbeitrampeln, eine ganze Herde, die pralle Bier-kübelblasen an uns vorbei zur Toilette trägt.

Letzte Spielminute, nein, letzte Spielsekunde: Portugal schafft den Ausgleich. Bis dahin hatten die USA 2:1 geführt, die Leute haben getobt, sie haben so hart und patriotisch gefeiert, wie es nur Amis können, sie haben nicht nur bei gefallenen Toren ge-jubelt, sie haben das ganze Spiel lang *noise* gemacht. Und jetzt? Sie verstummen. Wirklich, sie verstummen gänzlich. Es wird sich nicht geärgert, zumindest nicht lautstark, es ist einfach nur ganz ruhig. Stille. Fünf Sekunden, zehn Sekunden, vielleicht fünfzehn Sekunden.

Dann rennt die Herde wieder los, Wasser lassen, frische Kü-bel werden gebracht, Mucke an, grölen, torkeln, sexy sein, wan-ken, laut sein, zusammen *sehr laut* sein. Die USA haben mal wieder ein Stückchen Land erobert, diesmal in Buenos Aires.

An unserem letzten Tag in dieser Stadt werde ich überrascht. Ich weiß schon seit zwei Wochen, dass ich hier überrascht wer-den soll. Friederike hat sie (die Überraschung) mir nämlich zum Geburtstag geschenkt. Ich folge ihr (Frieda) also blind. Irgend-wann stehen wir irgendwo rum. Nicht das schönste Viertel hier, keine Touristen. Oh, ich sehe finstere Gestalten. Erst mal ein paar südamerikanische Geldbörsen-Kontrollgriffe machen.

Portemonnaie noch da.

Zwei Minuten später: Immer noch da.

Nach drei Minuten: Puh, es ist noch da.

Nach vier: Da ist es ja.

Knapp neun Minuten später: Ganz vergessen! Yes, noch da!

Und schon ist eine Viertelstunde um. Ein ziemlich abgerissener Typ steht jetzt vor uns. Was will der denn? Kontrollgriff. Dann erfahre ich, er ist unser Guide. Was für ein Guide? An seiner Kleidung klebt Farbe, viele verschiedene Farben. Er soll uns den Weg durch das bemalte Buenos Aires zeigen. Das Geschenk ist eine Street-Art-Stadtführung. Freude! So was habe ich mir schon immer … eigentlich nie gewünscht. Denn ich wusste gar nicht, dass es so was gibt. Jetzt bin ich sehr gespannt.

Wenzel ist genauso alt wie ich und kommt aus Braunschweig, ist aber schon lange nicht mehr in seiner Heimat gewesen. Nach Stationen in Australien und Neuseeland hat er in Brasilien gelebt und ist dann nach Argentinien gekommen. Der Liebe wegen. Die ihn inzwischen verlassen hat. Aber er fand eine neue: Kunst im Freien. Mit den Touren kann er sie auch finanzieren, die Liebe zur Sprühdose kann sehr ins Geld gehen.

Zugegeben, das, was wir hier zu sehen bekommen, entspricht nicht ganz meiner Vorstellung von Street Art oder Graffiti. Mir fehlt das Überraschende, das Auftauchen an den unmöglichsten Stellen (und damit meine ich nicht die verfilzten Wollschläuche an Laternen und Ampeln), mir fehlt die radikale Vereinnahmung von Objekten (bemalte Züge, von denen es eine Menge in Buenos Aires gibt, die wir aber nicht auf der Führung sehen) und die unmerkliche Einbettung in den öffentlichen Raum, dessen leise Verschiebung. Ja, und mir fehlt auch der anarchische Aspekt. Narrenhände in der Nacht. Was Wenzel uns hier zeigt, sind hauptsächlich Auftragsarbeiten, häufig für private Hausbesitzer, und wenn es keine legalen Arbeiten sind, sind es trotzdem keine illegalen. Wie geht das? Unglaublicherweise kümmert es niemanden in Buenos Aires, wenn du Wände bemalst, du kannst es sogar tagsüber machen. Graffitisprühen ist quasi geduldet. Und wenn mal einer was sagt, dann hörst du

halt auf, und das war's. Die Handschellen klicken hier nie, es gibt keinen Arrest und keine hohen Geldbußen. In Deutschland entstehen die meisten Pieces, Throw-ups und Tags unter Druck. Das ist der große Unterschied, und das sieht man auch, wenn man den Vergleich zieht. Die Wände in Buenos Aires sind ruhiger, sie haben Zeit.

Es ist ein bisschen schade, dass wir nach der Tour nur zwei Stunden haben, bis wir zum Flughafen müssen, denn wir verstehen uns gut mit Wenzel, es hat Spaß gemacht, mit ihm um die bemalten Häuser zu ziehen. Nach der Tour sitzen wir noch in einem Café zusammen und haben uns viel zu erzählen. Ich wäre gerne mit ihm losgezogen, hätte gerne noch einmal eine Sprühdose in die Hand genommen. Ein andermal.

Morgen werden wir am Flughafen in eine Maschine steigen, die uns nach Los Angeles bringen wird. Das war es mit uns, Südamerika. Ab jetzt müssen wir uns erinnern und ans Herz fassen, denn auch dort haben wir für diesen wilden und wunderschönen Kontinent einen Platz in uns gefunden. Auch sehr viel später noch blitzt die Erinnerung an ihn immer wieder ganz deutlich in uns auf, und wenn es blitzt, dann weinen wir. Nur ein bisschen. Weil wir da waren und weil wir es nicht mehr sind. Vor Freude und vor Sehnsucht. So halt.

Adiós, América.

Lesen
Matt Fox-Turner, Guilherme Zauith:
Textura Dos. Buenos Aires Street Art

USA

Stippvisite in Barbie World
Friederike

Das kleine Flugzeug bewegt sich langsam über die grüne Fläche, einen dicken grauen Streifen hinter sich herziehend. Ich starre auf den Bildschirm vor mir und versuche zu begreifen, dass wir fünf Monate lang Mittel- und Südamerika erkundet haben und jetzt in eine völlig andere Welt aufbrechen. Das Flugzeug bewegt sich von Buenos Aires quer über Südamerika bis nach Panama, wo wir auf dem Weg nach Los Angeles zwischenlanden werden. Wir fliegen dieselbe Strecke, die wir mühevoll monatelang in Bussen, Zügen und Booten bereist haben, innerhalb weniger Stunden in umgekehrter Richtung wieder zurück. Das kommt einem schon sehr absurd und surreal vor. Es fühlt sich falsch an, wir reisen gegen den Strich. Ich will da auch gar nicht hin, wo wir hinfliegen. Ich vermisse die Anden, die Menschen und die Landschaften Südamerikas jetzt schon.

Der etwas seltsam anmutende Umweg über die USA hatte mit komplizierten Flugrouten zu tun, die wir im Reisebüro austüftelten. Eigentlich wollten wir von Buenos Aires oder Santiago de Chile gerne über die Fidschis nach Indonesien reisen, aber das ging irgendwie alles nicht. Wir müssen über L.A., anders wird es kompliziert. Eine Weile hatten wir deshalb überlegt, ob wir die Reise einfach umdrehen sollten: In Südamerika starten und nach Norden fahren; von Kuba aus dann in die USA.

Die Idee fand unsere Beraterin nicht so richtig gut. »Ganz ehrlich, ihr könntet ziemliche Probleme kriegen, wenn ihr von

Kuba direkt in die USA wollt. Ihr wärt nicht die Ersten, die dann erst Mal einen Tag in einer Zelle verbringen.« Schräger Blick auf Philipp. »Und gerade bei dir mit deinem Aussehen … Also, wenn ich das so sagen darf …«

Philipp winkte nur verständnisvoll ab, er kennt das. Sein Nachteil im Leben ist: Er wird misstrauisch beäugt und häufiger kontrolliert als andere. (Ich bin dann die blonde nette Deutsche, die nie verdächtigt wird.) Sein Vorteil im Leben ist: Er ist für viele ein »Bruder« (zum Beispiel für viele Kölner Kioskbesitzer) und profitiert durchaus ab und zu von Vorzugsangeboten. (Ich bin dann nur die blöde weiße Kartoffel, der nie irgendwas geschenkt wird.)

Auf unserer Reise wurde Philipp bisher wahlweise für einen Kolumbianer, Mexikaner, Jamaikaner – oder eben auch Kubaner gehalten. Hmmm. Also doch lieber einen Abstand zwischen Kuba und die USA einbauen.

Nun ist Kuba für uns schon eine Ewigkeit her, und wir waren zwischendurch in neun anderen Ländern, außerdem haben wir keinen kubanischen Stempel im Reisepass, weil dieses schlaue kleine Land diese provisorisch schon nur auf Einlegezettel drückt.

Aber was machen wir uns jetzt wegen der USA-Einreise in die Hosen! Zumal wir auf diesem Einreisezettel, wie auch immer das Ding heißt, auch noch lügen und alle bisherigen Reiseländer aufzählen – alle außer Kuba. Was ist, wenn sie unsere Reisedaten gegenchecken und dann sehen, dass wir absichtlich das Feindesland verschweigen?! Nicht auszudenken. Ich sehe uns schon im schlimmsten Kreuzverhör schmoren. Dazu tragen natürlich auch etliche Geschichten von Freunden und Kollegen bei, die auf unfreundlichste Art auseinandergenommen wurden oder beinahe nicht in die USA einreisen durften, weil sie vielleicht vor etlichen Jahren mal zufällig im Jemen waren. Außerdem kommt zu Philipps »kubanischem« Aussehen jetzt auch noch ein nicht zu verachtender Bart hinzu. Am Ende halten die Amis ihn noch für einen furchterregenden Taliban.

Immer wieder überprüfen wir gedanklich, ob wir auch ja nichts Illegales im Rucksack haben. Unsere geliebten Kokablätter haben wir schon weggeworfen, aber was ist eigentlich mit meinen Kokabonbons? Können die Drogenhunde die riechen? (Jetzt mal davon abgesehen, dass Kokaprodukte natürlich überhaupt nichts mit Drogen zu tun haben. Aber das können ja die USA nicht ahnen.)

Kurz: Angst beherrscht uns, als wir im Flughafen von L.A. endlich vor den Grenzbeamten treten. Im Kopf immer wieder das Mantra, nur ja nicht Kuba zu erwähnen, wenn er uns nach unserer Reise fragt (denn befragt wird man an jeder Grenze, das wissen wir inzwischen). Dann stehen wir vor ihm, das Herz pocht, der Schweiß rinnt – und der Mann ist wahnsinnig nett und herzlich, beglückwünscht uns zu unserer Weltreise, fragt, wie viel das so koste.

Und wir? Kriegen fast kein Wort heraus. Nur spanische Brocken verlassen unsere stammelnden Münder. Wir können plötzlich kein Englisch mehr; wie sagt man überhaupt »Buenas días« oder »Hola«? Einfach nur ein lässiges »Hi«? Ist das nicht viel zu informell für diese brenzlige Situation mit der US-Obrigkeit? Als wir am Ende unseren Pass in die Hand gedrückt bekommen, singen wir erleichtert im Chor »Muchas gracias« und nuscheln ein »Äh, thanks« hinterher. Zwei völlig verschüchterte Deutsche, die kein Wort Englisch können und sinnlos herumstammeln – das haben wir ja schon mal souverän hingekriegt.

Egal, diese Hürde wäre also geschafft. Aber dann! Dann kommt die Schlange am Zoll. In anderen Ländern latscht man hier einfach durch, Polizisten schauen einem schläfrig hinterher. Aber hier kontrollieren straffe Cops mit Hunden die Gepäckstücke. Schweißausbrüche. Obwohl wir ja wissen, dass wir nichts Verbotenes dabeihaben.

Aber oh Gott, der Mann da vorne am Schalter ist ein Monstrum. Zwei Meter groß und genauso breit. Unfreundlich blafft er die Leute an. Ich werde immer kleiner. Als ich dran bin, verstehe ich kein Wort. Er nuschelt irgendetwas (sehr unfreundlich), nuschelt dann genervt noch mal lauter (noch unfreundlicher). Ich vermute, er fragt mich nach Mitbringseln aus den vielen Ländern auf meinem Dings-Zettel. »Just one bottle of wine from Argentina« – das ist erlaubt, das weiß ich, das habe ich extra nachgelesen! Der Mann nuschelt wieder etwas. Ich frage, ob ich den Rucksack öffnen soll. Er winkt mich nur völlig entnervt durch. Wie jetzt, bin ich jetzt echt offiziell drin, in den USA? Ein denkwürdiger Moment.

In der Schlange neben mir hat Philipp schon etwas mehr Pech. Obwohl, genau genommen hat er geradezu unverschämtes Glück. Als er vom Zollbeamten nach mitgeführten Waren befragt wird, stammelt er irgendwas von Zigarillos, Zigarren, »but only the small ones, oh, and five big cigars. Äh, ten cigars all in all.«

Auf die strenge Nachfrage, woher diese stammten, sagt er vor lauter Panik: die Wahrheit. Die reine, bisher perfekt getarnte Wahrheit. *Kuba*. Das nicht auf seiner Liste der zuvor bereisten Länder steht. Weil haben wir ja absichtlich verschwiegen. Auch der Beamte sieht das. Und er kann eins und eins zusammenzählen, ich kann es in seinem Gesicht sehen. Scheint ihm aber einfach zu viel saudoofer Dilettantismus zu sein – und winkt auch Philipp mit abschätziger Miene durch.

Da sind wir also. L.A.! Nicht dass mich diese Stadt großartig interessiert, das hat sie irgendwie noch nie, aber für eine Übernachtung ist dieser Abstecher ja ganz spannend. Denn unser eigentliches Ziel ist San Francisco, wo wir sechs Tage bei einem Freund wohnen werden.

Nachdem ich schon in Buenos Aires tatsächlich zwei Tage brauchte, um mich an das Konzept Großstadt zu gewöhnen – nach den Monaten in den Bergen, Ebenen, Wüsten, in denen wir, wenn überhaupt, immer nur als Zwischenstopp mal in Großstädte kamen, hat mich die pure Masse, Größe, der Lärm, die Hektik einfach völlig erschlagen –, ist das hier jetzt noch mal eine Steigerung. Riesige Autos, riesige Autobahnen, alles voller Straßen. Ich sehne mich in die kleinen Bergorte der Anden zurück.

Wir lassen uns nach Venice Beach chauffieren und finden gleich im ersten Hostel ein Plätzchen in einem Viererzimmer. Der Blick aus dem Fenster haut mich um: Wir wohnen in erster Reihe am Strand, wir gucken direkt auf den wohl berühmtesten Skatepark der Welt, den man von Hunderten Aufnahmen kennt. Nicht schlecht.

Wir schlendern an den Strand, gucken den Skatern zu, können irgendwie nicht glauben, dass wir (!) tatsächlich hier (!) sind, an einem lebendig gewordenen Ort, der doch immer nur fiktiv vorhanden war, als wabernde Basis des popkulturellen Gedächtnisses. Seltsam fühlt sich das an. Stilecht leihen wir uns Longboards aus und gleiten damit elegant den Boulevard am Strand entlang. Na gut, das war gelogen. Philipp gleitet, ich holpere hinterher. Ist ein bisschen schwierig, auf einem völlig überlaufenen, sandigen schmalen Weg zum ersten Mal wirklich auf so einem Ding zu fahren. Aber ich niete immerhin niemanden um, und ein bisschen cool ist es schon auch. Look at me, Grenzbeamte, ich fahre mit einem Longboard am Venice Beach lang, I'm soooo American!

Ansonsten besteht Venice Beach aus der berühmten Ansammlung von Freaks. Von den alten romantischen Zeiten der Zwanzigerjahre, als dieses Klein-Venedig gegründet wurde, ist nichts mehr zu spüren; ebenso wenig von den wilden Beatnik- oder The-Doors-Phasen, die der Ort durchlaufen hat. Jetzt reiht sich hier ein Tattoo-Studio an den nächsten T-Shirt-Stand, dazwischen tanzen Straßentänzer, beschwören Leute Schlangen, predigen Esoteriker, skaten hippe girlz'n'boyz, verkaufen Menschen ihre Gemälde und Basteleien. Jeder will ausgefallener und crazier sein als die anderen, was im Ergebnis ein buntes, wildes Menschengemisch ergibt, das unsere die südamerikanische Schlichtheit gewohnten Augen und Gehirne erst mal ziemlich überfordert; es ist wie eine einzige bunte Explosion. Wir wissen gar nicht, wo hinschauen oder besser nicht hinschauen – zumal wir auch im Land der Obdachlosen gelandet sind: Nur eine Straße weg vom Strand leben sie in ihren Kartons und Behelfslagern, direkt neben den Touristen und Weltverbesserern von der Promenade. Abends in der Fast-Food-Kette um die Ecke speisen wir mit ein paar Leuten, die am unteren Rand der Gesellschaft hängen dürften. Sie freuen sich am Ende über Philipps übrig gelassenes Sandwich.

Wer weiß, ob es Orte gibt auf der Welt, an denen menschliches Elend und absoluter Hedonismus auf noch kleinerem Raum aufeinanderprallen als hier.

Aber unser Ausflug ins Reich der Kontraste bleibt nur ein kurzer Schnuppertrip. Schon am nächsten Tag verlassen wir Barbie World wieder und gleiten im Bus durch weites kalifornisches Hügelland, immer der untergehenden Sonne entgegen.

In paradiesnaher Lage
Philipp

Wie schon gesagt: Aus unserem ursprünglichen Plan, auf den Fidschis zwischenzustoppen, wurde leider nichts. Aber wenn wir Lust auf einen paradiesischen Inselabstecher hätten, so schlug uns unsere Reiseberaterin vor, dann könnten wir doch über Hawaii fliegen. Hawaii klang gut. Hawaii klang fantastisch, nach Paradies und Kokosnüssen, Blumenketten und Hula Hula.

Irgendwann, wir waren gerade irgendwo in den Anden unterwegs, erreichte uns die Mail von unserem Reisebüro, das uns mitteilte, unsere Flüge seien verschoben worden. Wir hätten demnach ein paar Tage mehr in San Francisco, dafür aber nur noch drei statt der sieben Tage auf Hawaii. Wir beschlossen, diese drei Tage ausschließlich in Honolulu am flughafennahen Strand von Waikiki zu verbringen. Das geplante Hopping über zumindest ein paar der acht Inseln musste leider ausfallen. Auf einen Schnelldurchlauf in drei Tagen hatten wir keine Lust. Dann lieber drei Tage zwar nicht im Paradies, aber zumindest in Strandnähe. Oder sagen wir: in Paradiesnähe.

Waikiki Beach, das ist: unser Hostel, ein Strand, eine riesige Einkaufsmeile. Und intensive Gespräche.

Im Hostel

Ist dir auch so langweilig?
Ja, ein bisschen.

Sollen wir an den Strand gehen?
Okay.

Am Strand

Wieso haben alle diese Stars-and-Stripes-Badeanzüge an?
Heute ist Independence Day.
Ah. Ich geh mal eine rauchen.
…
Wo warst du so lange?
Eine Polizistin hat mich weggeschickt. Ich musste mich zweihundert Meter vom Strandeingang entfernen und dann an den Bordstein stellen. Da durfte ich rauchen. So was dauert halt. Glaub, ich möchte noch eine rauchen. Bin gleich wieder da.

Im Meer

Da vorne steht ein Schwein auf einem Surfbrett.
Ja, genau.
Doch, guck, da vorne!
Das ist ja ein Schwein!
Sag ich doch.
Warum surft das?
Weiß ich doch nicht.

Auf der Einkaufspromenade

Wo sind wir denn am 3. Oktober?
Da werden wir in Indien sein. Warum?
Ich hätte sonst mal nach schwarz-rot-goldenen Badehosen geschaut.
Sehr witzig.
Weißt du, was noch viel witziger wäre? Man könnte zum Tag

der Deutschen Einheit schwarz-rot-goldene Bikinioberteile verkaufen. Der Slogan dazu würde lauten:
Zusammenhalten was zusammengehört – 25 Jahre Wiedervereinigung.
Ich bin froh, dass du kein Werbetexter bist.

Im Hostel

Vorhin ist eine Frau mit ihrem Auto ein Stück über den Gehweg gefahren. Eine Fußgängerin sprang zur Seite, aber da war das Auto schon zum Stehen gekommen. Die Fahrerin stieg aus und rannte die Treppe zum Hostel hoch. Glaub, sie ist verwirrt oder so. Das Auto steht jetzt direkt vor dem Hosteleingang. Die Montagearbeiter aus Colorado, weißt du, die aus der Raucherecke, die standen da rum und riefen abwechselnd: »Someone call the police! Someone call the police!« Und dann hat Someone die Polizei gerufen. Die Polizei sucht jetzt im Hostel nach der Frau. Vielleicht klopfen sie ja gleich.
(Gepolter auf dem Flur.)

Im Hostel

(Sechs Uhr morgens. Das WM-Spiel Frankreich-Deutschland wird übertragen.)
Ich bin müde.
Ich auch.
Wo kommen denn die ganzen Deutschen auf einmal her?
Keine Ahnung.
Jetzt wünschst du dir doch sicher den Bikini?
Welchen Bikini?
Den Einheits-Bikini! Den man auch prima zu WM-Spielen tragen kann.
Ja, sehr schade, dass ich den heute nicht tragen kann. Ich fühle mich ganz nackt in meinem Kapuzenpulli.

Am Strand

(Letzter Tag.)

Gestern Abend in der Raucherecke hatten sich die Montagearbeiter ganz viel zu erzählen. Der eine, der nie ein T-Shirt trägt, hat gesagt, dass die Polizei mal wieder nichts getan hat. Die Frau hätte man gleich einsperren sollen. Aber nein, sie musste nur das Hostel wechseln. Das war's! Die haben sie noch nicht mal durchsucht, dabei wäre sie doch ganz offensichtlich mit Drogen *vollgepumpt* gewesen. Er nannte sie abwechselnd *crack whore* und *bitch*. Diese *bitch* jedenfalls hätte ein Kind überfahren können, das sei gerade noch mal gut gegangen. Es hätte sein Kind sein können, sagte er. Ich war ein bisschen vorlaut und hab ihn gefragt: Du bist mit deinem Kind hier? Und er, wutschnaubend: Nein, mein Kind ist in Colorado bei meiner Ex, die mich hasst, aber wenn es hier gewesen wäre, dann hätte es gut sein können, dass diese *bitch* es überfahren hätte. Und dann wollte er von mir wissen, wie man in Deutschland mit solchen *psychos* umgeht. Ich sagte ihm, dass alle, die es wagen, zwei bis drei Meter auf dem Bürgersteig zu fahren, sofort weggesperrt werden. Anstalt oder Knast, das würde man von Fall zu Fall entscheiden. Er nickte eifrig, während er einen großen Schluck aus seiner Bierdose nahm. Da hast du aber nette neue Kumpels gefunden.
Ja, sehr schade, dass wir morgen schon abreisen.

Flughafen Honolulu

(In zwei Stunden geht unser Flug nach Jakarta.)

Und, wie hat dir Hawaii gefallen?
Vielleicht ist es so ähnlich wie auf den Fidschis.
Woher willst du das wissen? Da warst du doch noch nie.
Ja, aber ich war ja auch noch nie auf Hawaii. Ich war in Waikiki.

USA

INDONESIEN

Tanzen, bis der Muezzin ruft
Friederike

Ich stehe zwischen Hunderten junger Menschen, im bunt beleuchteten Dunkel, die Füße im Sand, in der Hand ein Bier. Die Menschen bewegen sich, bewegen sich irgendwie gleichförmig und dann auch wieder nicht, wiegen sich in einem unbestimmten Takt oder hüpfen wild durch die Gegend, wie auf geheime Kommandos hin. Sie wirken wie ein großer Fischschwarm, der eine Formation bildet, sich wieder aufspaltet, sodass neue Schwärme entstehen, die wieder Bilder ins Meer formen. Mitten durch das Partyvolk rauscht ab und zu ein klitzekleines Wägelchen mit einem klitzekleinen Pferdchen davor. Die Leute hören die Kutschen nicht, der Fahrer muss wild hupen und klingeln und schreien, die Pferdchen müssen eine Schneise durch die alkoholisierte Menge schlagen. Normalerweise würden die Leute mehr mitbekommen, doch heute ist hier jeder ganz für sich allein, mitten in der Masse.

Wir befinden uns auf der winzig kleinen indonesischen Insel Gili Trawangan, und es ist Silent Disco. Auf den Köpfen der wabernden Menschenkörper prangen große Kopfhörer. Für uns waren keine mehr übrig, ich höre nicht, was die anderen hören, kann nicht die Musik mit ihnen teilen. Ich beobachte. Normalerweise wird hier lautstark gefeiert, nicht silent unter Kopfhörern. Aber es ist Ramadan. Partyverbot. Oder jedenfalls Laute-Musik-Verbot. Nicht alle der umliegenden Kneipen halten sich daran, irgendwo anders läuft gar nicht mal so schlechter Elektro,

aber hier, hier in diesem Pub-Disco-Dings, ist die Party. Hier zieht es allabendlich alle Feierwütigen hin, warum auch immer.

Die Gili Islands sind, genauso wie die thailändischen Inseln, für ihre Fullmoon-Partys berühmt. Für viele Touristen – das Durchschnittsalter der Gili-Besucher dürfte ungefähr bei fünfundzwanzig liegen – sind sie sogar *der* Grund für ihren Urlaub hier. Wir hätten eigentlich auch ganz gerne mal mitgefeiert. Wir sind sogar pünktlich zum Vollmond hier. Aber während wir es auf unserer gesamten bisherigen Reise irgendwie geschafft haben, aus Versehen in so ungefähr jede Festivität zu platzen, die man sich vorstellen kann – Karneval in Mexiko, Semana Santa in ganz Zentralamerika, der Todestag irgendeines Gauchos im argentinischen Salta, die Gay Pride in San Francisco, der Independence Day auf Hawaii –, und das, obwohl wir meistens eher Ruhe suchten, ist jetzt, wo wir *einmal* Lust auf Party hätten, halt leider Ramadan. Nix mit Fullmoon- oder wenigstens Halfmoon-Party; fällt diesen Monat alles aus.

Na gut! Dann eben weiterhin: faulenzen. Denn das ist es, wie wir lernen mussten, was man in Indonesien eben so macht. Wir können das gar nicht mehr, wir wissen gar nicht, wohin mit uns, wir haben Schwierigkeiten, uns dem gegenüber Südamerika viel gemächlicheren Tempo anzupassen. Aber wir geben unser Bestes. Und hier, auf Gili Trawangan, unserer dritten Station in Indonesien, schaffen wir es endlich, in den allgemeinen Paradies-Flow reinzukommen, der diese trägen Eilande umgibt. Wir lassen uns nur noch treiben, und zwar sehr gemütlich.

Am Anfang klappte das noch nicht. Angekommen sind wir nach langem Flug von Hawaii über die Philippinen und Jakarta irgendwann auf Bali. Tatsächlich stand uns nach mehreren Monaten im doch eher kalten und weiß Gott nicht immer komfortablen Südamerika der Sinn nach ganz schnödem Strandurlaub und Erholung, und dafür erschien uns die Sonneninsel Bali gerade richtig.

Als wir dort in Kuta ankommen, sind wir aber tatsächlich erst mal eine Weile mit dem Kulturschock beschäftigt; mit den Menschenmassen, die uns plötzlich umgeben, und mit den Millionen T-Shirt-Ständen und dem fantastischen Essen, das man plötzlich an jeder Straßenecke bekommen kann. Das hier fühlt sich an wie Rimini. Eine Nacht machen wir mit ungefähr hundert anderen Deutschen in einer deutschen Kneipe durch, weil hier das WM-Spiel Deutschland–Brasilien gezeigt wird (die Zeitverschiebung macht, dass wir die WM-Spiele jetzt um drei Uhr morgens sehen dürfen). Wir finden alle doof und sehnen uns zurück in die Einöde Boliviens und die Berge Perus; wir sind überfordert von den Massen, von den Pauschaltouristen. Wir sitzen im Exotik-Paradies am anderen Ende der Welt, und wir sind nicht in der Lage zu genießen. Zweimal erwische ich Taschendiebe dabei, wie sie sich an meiner Handtasche zu schaffen machen, und kann sie nur mit einem müden Lächeln vertreiben. Wenn ihr eine Südamerika-Erprobte austricksen wollt, müsst ihr schon ein bisschen früher aufstehen, Jungs.

Weil wir wie gesagt nicht faulenzen können und weil wir es sowieso schon immer lernen wollten, fangen wir auf Bali dafür an zu surfen. Die Kenner wissen Bescheid: In Kuta lernt wirklich auch der größte Bewegungslegastheniker surfen. Auf gleichmäßig einrollender weißer Gischt muss man sich einfach nur auf sein Brettchen stellen und kann gemütlich gen Strand riden. Das ist gut, weil schnelle Erfolgserlebnisse nämlich Spaß machen. Nicht so viel Spaß macht dagegen, dass mein Surflehrer aus unerfindlichen Gründen beschließt, kilometerweit mit mir über den Strand zu laufen und durchs Meer zu waten – hin und her, hin und her. Es herrscht eine Unterströmung, die so stark ist, dass sie mir beinahe die Beine wegreißt. Ich kämpfe und kämpfe und gebe mein Äußerstes, und mit letzter Kraft japse ich mich immer wieder auf mein Brett und empfinde die paar Sekunden surfen als pure Entspannung. Philipp ist mit seinem Lehrer an einer ganz anderen Stelle, und die beiden bleiben da auch einfach, er surft an den Strand, paddelt zurück, surft wieder an den Strand … Ich habe keinen Schimmer, warum *ich* hier mehr Extremsport als alles andere machen soll, aber schön, dass Philipp so viel Spaß hat. Nach ungefähr fünfzig Kilometern Strömungswaten muss ich mich geschlagen geben, es geht einfach nix mehr, meine Beine fallen gleich ab. Dafür habe ich in der letzten Stunde wahrscheinlich ungefähr sieben Kilo abgenommen – man muss die Dinge ja positiv betrachten.

Philipp surft noch eine Weile alleine fröhlich vor sich hin, ich hingegen hänge fix und fertig auf einem der kleinen Plastikstühlchen des Surfbrett-Verleihers. Der macht sich ein bisschen Sorgen, weil er Philipp irgendwann nicht mehr entdecken kann; wahrscheinlich befürchtet er, dass er sein Brett nie wiedersieht. Zum Glück weiß er nichts von Philipps inexistentem Orientierungssinn. Ich habe auch keine Ahnung, wo Philipp sich gerade herumtreibt, würde mich aber nicht wundern, wenn er just in diesem Moment am anderen Ende des Strandes verwirrt nach uns sucht, dabei in die völlig falsche Richtung läuft und im nächsten Ort wieder rauskommt. Was er lange Zeit nicht bemerkt.

Gekonnt lenke ich den Surf-Typen ab, indem ich immer mal wieder ein Getränk bei ihm kaufe und ein paar sinnlose Fragen stelle. Schnell landen wir beim Gesprächsthema Fußball. Es gibt nichts anderes in diesen Tagen, es ist WM, Deutschland ist gut, wir werden bewundert und beglückwünscht zu den Erfolgen unserer Mannschaft, als würden wir sie höchstpersönlich trainieren (»Where are you from? Ooooh, Germany, very good team!«), nie habe ich so viele Leute in Deutschland-Trikots gesehen wie hier.

Dem Surf-Menschen brennt eine sehr wichtige Frage auf der Seele. Sie muss ihn seit Wochen beschäftigt haben.

»What is this ›Doissslaaaan‹ they always say in football game?«

»Pardon? Oh! You mean ›Deutschland‹, that's the German word for Germany.«

Er guckt mich an, und jetzt kommt dieser kollektive südostasiatische Laut, der ungefähr so viel meint wie *Ach so, jetzt weiß ich, was du meinst – obwohl warte, wenn ich ein bisschen drüber nachdenke, versteh ich nur Bahnhof:* »Aaaaaaaaaahhhh?!?«

Ich werde das Gefühl nicht los, dass er mir nicht hundertprozentig folgen kann. Hm. Gegenfragen funktioniert immer gut.

»How do you say ›Indonesia‹ in your language?«

»Indonesia.«

Äh. Ah so.

Huch, da kommt Philipp endlich, schade, gerade wurde die Diskussion so tiefschürfend.

»Oh Gott, *hier* seid ihr, boah, ich bin den ganzen Strand langgelatscht und war dann irgendwo ganz dahinten, und dann …«

Jaja, weiß ich doch schon alles, lass uns mal was essen gehen.

Das war also Bali – Surfen, Fußball und Massentourismus.

Wir flohen nach Gili Air. Mit einer Minifähre schipperten wir durch die Balisee und saßen plötzlich auf einem kleinen Häuflein Sand mit Bäumen drauf, auf dem ein paar winzige Pferdchenkutschen fuhren – das einzige Verkehrsmittel auf den Gilis – und an dessen Strand sich etliche Restaurants aneinanderreihten. Hier herrschte Nebensaison, jedenfalls war alles sehr leer, eigentlich schön, aber zu leer für so viele Restaurants, überhaupt zu viele Restaurants für uns, die wir es seit Monaten gewohnt waren, unser Essen förmlich erjagen zu müssen. Wir wussten nicht, wohin mit uns.

Jetzt befinden wir uns also auf der etwas größeren Nachbarinsel Gili Trawangan, von Insidern nur Gili T. genannt, für deren Umrundung man zu Fuß ungefähr zwei statt nur eine Stunde braucht wie auf Gili Air. Sie ist zwar als Party-Insel verschrien, aber für uns herrscht hier genau die richtige Mischung aus Paradies und Leben. Weißer Sand, türkis glitzerndes Meer, grelle Sonne, Horizont ohne Ende; eigentlich

fehlt nur noch das Piratenschiff, das langsam zwischen den Inseln hindurchgleitet. Die Strände sind traumhaft, wir schnorcheln tagelang mit großen Meeresschildkröten, auf dem Nachtmarkt kann man in fantastischen Leckereien schwelgen. (Überhaupt, das Essen hier! Nach Monaten des kulinarischen Simplizissimus – Huhn mit Reis, Huhn mit Pommes, Reis mit Pommes, Huhn ohne alles – möchte ich jetzt einfach nur noch essen, den ganzen Tag lang.) Und selbst das völlig sinnentleerte, bewirtete Rumhängen am Strand kriegen wir jetzt eigentlich ganz gut hin. Und dann wird Deutschland auch noch Weltmeister, ja Wahnsinn. Extra um zwei Uhr nachts aufgestanden sind wir für das Spiel, wir stehen an der Theke des völlig überlaufenen Silent-Disco-Pubs, erdrückt zwischen Indonesiern, Deutschen, Argentiniern, Engländern und Holländern, und starren bis um halb sieben morgens auf die Leinwand. Wow, wir sind Weltmeister. Zum Feiern sind wir aber zu müde und zum richtig Freuen irgendwie auch. Pünktlich zum zweiten Weckruf des Muezzins wanken wir ins Bett.

Apropos feiern. Der aufmerksame Gili-Besucher wird hier auf der Insel die vielen Bilder von lustigen bunten Pilzen bemerken oder auch die »Special«-Angebote in den Speisekarten. Bis vor einigen Jahren war der Konsum von Magic Mushrooms hier legal und völlig normal – jetzt ist er nicht mehr legal und immer noch völlig normal. Auch uns werden immer wieder Pilze angeboten, ob pur oder als Tee oder weiß der Geier wie. *Selbstverständlich* lehnen wir ab. Vor allem Philipp hat sich während unserer Weltreise irgendwie sehr in die Vorstellung hineingesteigert, dass wir sofort verhaftet werden würden, wenn wir auch nur irgendetwas Illegales täten oder illegale Substanzen mitführten. Unsere restlichen Kokablätter hatten wir ja in Buenos Aires fast schon panisch beseitigt, bevor wir nach L.A. einflogen. Da würden wir doch jetzt nicht das Risiko eingehen, Pilze zu kaufen, in einem Land mit Todesstrafe! Nein nein, wir sind ja nicht doof. Und wenn der Typ hinterm Tresen noch zehnmal seinen lustigen Pulli mit der Aufschrift »Mushrooms don't make you beautiful but happy« präsentiert. Nee, my friend, so leicht kriegst du uns nicht. Auch wenn wir, vor allem beim Sonnenuntergang an der wohl einsamsten und coolsten Reggae-Bude der Welt, heimlich schon auch ein bisschen neidisch auf all die anderen sind, die hier so glückselig rumchillen – noch ein klitzekleines bisschen glückseliger als wir, auch wenn das eigentlich kaum möglich ist.

Jedenfalls sind wir jetzt voll drin, im Slow-Motion-Südsee-Insel-Modus. So könnte es auch gerne ewig weitergehen. Vielleicht erst zum zweiten Mal auf unserer Reise, nach dem Lago de Atitlán in Guatemala, schweben wir in akuter Gefahr, hängenzubleiben. Die Neugier auf alles, was noch kommt, schafft es kaum, sich gegen die pure Faulheit im Inselparadies durchzusetzen.

Aber für immer und ewig nur schnorcheln und am Strand rumhängen kann man ja auch irgendwie nicht. Es muss wieder ein bisschen Action her. Zusammen mit hundert Leergut-Bierkästen vom gestrigen Abend setzen wir in einem wackeligen Kahn über nach Lombok. Zum Glück wollen wir nicht nach Gili Meno, der kleinsten der drei Gilis – denn dann müssten wir mit all den anderen, die hier aus dem Boot klettern, noch hundert Meter über scharfkantiges Riff durchs Meer eiern, das Gepäck über den Köpfen balancierend. Wir begnügen uns damit, das

Spektakel zu beobachten und Fotos von den wankenden, kraxelnden Menschen im Wasser zu machen.

Auf Lombok gibt es auch ein Kuta, und auch hier kann man super surfen, das wollen wir noch mal machen, mein Muskelkater von Bali ist auch beinahe schon weg. Zuerst allerdings lassen wir uns von einer Elfjährigen so dermaßen über den Tisch ziehen, dass uns schwindelig wird. Sie hat sofort registriert, dass wir neu hier sind, und fängt uns im Innenhof unseres soeben bezogenen Homestay ab. Hier in Kuta gibt es nicht viele Einwohner, aber sehr viele sehr geschäftstüchtige Kinder, die mit ihren selbst geflochtenen Armbändern ein Vermögen machen müssen. Das Mädchen eben hat uns gefühlt 42 Rupiah zu viel abgeknöpft; wir sind noch nicht so drin im Armbandgeschäft. Im Laufe unserer drei Tage hier werden unsere Handgelenke um siebzehn Armbänder reicher, denn Nein sagen ist keine Option. Wolfgang Wolle Petri muss in den Neunzigern Ähnliches widerfahren sein.

Das Lombok-Kuta gilt als Geheimtipp unter Surfern und sonstigen Individualreisenden; noch ist das Örtchen wirklich sehr verschlafen und unspektakulär. In fünf Jahren stehen hier wahrscheinlich ein paar große Hotels und fesche Restaurants. Aber noch sind wir hier mutterseelenallein. Wir mieten uns Roller und düsen durch ursprüngliche, wilde Dschungel-Landschaft über die Insel. Alles leuchtet in Grün, ab und zu kommt man an einem Gehöft vorbei, Hühner rennen über die Straße, wir wühlen uns mit

den Rollern durch große Wasserbüffelherden, selbst Affen sehen wir hier und da am Straßenrand – Autos gibt es dagegen kaum. Es ist friedlich hier, friedlich und wunderschön. Hinter jeder Straßenbiegung kann sich urplötzlich der Blick auftun über das türkisfarbene Meer, in dem rundliche grün bewachsene Felsen schwimmen wie riesenhafte Urzeittiere. Hin und wieder kommt man an winzigen Bretterbuden vorbei, auf denen so etwas steht wie »Surf Café« – das ist aber auch wirklich der einzige Hinweis darauf, dass hier irgendeine Art von Tourismus stattfindet.

Der Strand, an den wir fahren, ist eine wahr gewordene Postkarte. Weißsandig, ein paar Buden mit bunten Surfbrettern davor, hellblaues Meer, ein paar im Wasser schaukelnde bunte Fischerboote und alles umrahmt von den grünen, von einem unbestimmten Dunst umschleierten Bergen, die weit ins Meer hineinragen. Irgendjemand hat gesagt, das hier sei der Surf-Anfängerstrand. Soso. In den nächsten paar Stunden stellen wir fest: Surfen in Kuta, *Bali*, ist ein Witz. Selbst diese Pillepalle-Brandung hier überfordert uns ziemlich. Mit etlichen anderen Anfängern dümpeln wir wie dicke hilflose Enten in den kleinen Wellen, warten auf die eine große, die dann irgendwann kommt, und paddeln zu zwanzigst unbeholfen Richtung Strand. Wirklich auf dem Brett stehen tun wir eher selten. Aber jedenfalls kann man uns nicht vorwerfen, wir hätten es nicht versucht. Noch zwei, drei Tage mehr, und wir wären Vollprofis.

Was wir in Indonesien unbedingt noch machen wollen, ist ein Trip auf die Insel Flores und von dort ein Ausflug auf die Ko-

modo-Insel, auf der die berühmten Warane wohnen. Wir überlegen hin und her: Per Flugzeug wird es teuer, per Boot dauert die Fahrt dorthin drei Tage. So eine Bootstour muss ein wunderschönes und unvergessliches Erlebnis sein, wenn man genug Zeit mitbringt – wobei man auch immer wieder hört, dass diese Reise nicht ganz ungefährlich sein soll. Die Boote sind nicht im besten Zustand, und in der Balisee herrschen oft unberechenbare Stürme.

Nach langem Kopfzerbrechen entscheiden wir uns schließlich doch gegen die Warane und gönnen uns dafür noch ein paar Tage Kultur in Ubud auf Bali. Zum ersten Mal tauchen wir richtig ein in die südostasiatische Kunst und Geschichte – wir bestaunen etliche kunstfertige Tempel, erleben, wie sich fünfzig Männer bei einem beeindruckenden Kecak-Tempeltanz rhythmisch in Trance singen, und wandern durch terrassenförmig angelegte Reisfelder.

Nachdem im heiligen Affenwald vier wild gewordene Makaken so über mich herfallen, dass mein T-Shirt durchlöchert ist und eine Bisswunde mein Genick ziert, beschließen wir, dass es Zeit ist, nach Thailand weiterzureisen. Wir freuen uns auf noch mehr Strandparadies und Sonnenschein. Und am Flughafen erfahren wir, dass eines der Boote nach Flores mit zwanzig Menschen an Bord gesunken ist.

THAILAND

Von der Reisemüdigkeit
Philipp

Irgendwann war sie da. Schwierig zu sagen, wann es genau passierte, aber die Erinnerung an Thailand lässt uns auch an einen Zustand zurückdenken, der es verhinderte, mit diesem Land, in dem man es sich doch eigentlich so gut gehen lassen kann, eine, nun ja, tiefere Bindung einzugehen.

Wir waren ausgelaugt, bleischwere Reisemüdigkeit hatte uns erfasst. Wir merkten es an allen Orten. Immerhin bereisten wir das Königreich ganze drei Wochen, doch nirgendwo erfuhren wir das, was uns diese Reise bisher so kostbar gemacht hatte: das Entdecken von schönen oder auch wunderlichen Orten, die Begegnungen mit besonderen Menschen, lustigen und melancholischen, verschlossenen und offenen, und, natürlich, das Erfahren einer Mentalität, von der man irgendwann glaubt: So sind die hier also, das macht sie aus. Über Köln sagt man, es sei ein Gefühl, also man sagt: *Köln ist ein Gefühl.* Dieser Stadtslogan ist gut gelungen, er ist schlicht, und er ist wahr. Köln kann sich glücklich schätzen, diese kleine Wahrheit für sich gepachtet zu haben, doch natürlich lässt sich jeder beliebige Ort anstelle der Stadt am Rhein in diesen klaren Satz einfügen. Aber Thailand … Was ist eigentlich dein Gefühl? Ich weiß es bis heute nicht. Und die Menschen? Wie sind die drauf? Wir haben sie – es fällt schwer, das zuzugeben – in der Hauptsache als sehr freundliche, aber unsichtbar Gebliebene, meist in der Rolle einer Servicekraft in den Hostels und Bars auf unserer

Route, wahrgenommen. Unser Gefühl jedenfalls war die Erschöpfung.

Wir können uns heute fragen, war es das Land, das uns so wenig gab, oder waren wir es, die sich so wenig hingaben? Natürlich hat Thailand auch etwas bei uns hinterlassen, so eine Meinung ist ja schnell gemacht. Aber diese ist nicht sehr schmeichelhaft, ich lasse sie erst gar nicht gelten, denn was kann dieses Land dafür, dass wir es bereist haben, wie die meisten Touristen es tun? Was kann man schon sehen, wenn man sich gegenseitig die Sicht verstellt und die Augendeckel auf halbmast hängen, der innere Kompass die Entscheidung, wohin es eigentlich gehen soll, vertagt, vertagt und vertagt.

Vielleicht waren wir schlecht vorbereitet, vielleicht hätten wir mehr lesen sollen, vielleicht hätten wir nicht die erstbesten Plätze ansteuern sollen, von denen wir irgendwann mal gehört hatten, die uns irgendwer mal empfohlen hatte, weil immer irgendjemand schon mal in Thailand gewesen ist.

Wir kamen also in Phuket an, tatsächlich übernachteten wir in Patong, das ist da, wo die Ladyboys wohnen, da, wo es Ping-Pong-Shows gibt – eine Form des Tischtennis, das mit dem weiblichen Geschlechtsorgan gespielt wird – und alte weiße Männer ihre Anziehungskraft noch einmal prüfen und – siehe da – Erfolge verbuchen dürfen. Wir alle kennen das Bild, es ist langweilig, darüber zu urteilen, es ist aber auch komplett uninteressant, das zu beobachten.

Wir liefen eine ganze Nacht auf dieser sehr bekannten Vergnügungsmeile hoch und runter. Wir passierten die Gassen mit den Ladyboy-Bars, an allen gingen wir vorbei, einmal haute mich so einer mit seiner kleinen Peitsche. Hm, hatte ich das verdient? Wir wollten doch immer den Kontakt zur Bevölkerung. Diese schlaksige schöne Frau mit Bartschatten hätte vielleicht etwas zu erzählen gehabt, aber selbstverständlich hätte sie das. Nur bezweifle ich, dass sie es gewollt hätte – einfach nur reden. Einen Tag später wollten wir gehen, wir konnten gar nicht schnell genug da wegkommen.

Wir gingen nach Krabi, es muss aufregend dort sein, die felsige Küste, die Wälder, die Höhlen, doch als wir dort waren, regnete es. Es regnete unaufhörlich, Bindfäden, in Strömen, pras-

selnd, plätschernd, auf den großen Pfützen fuhr mein Flipflop einmal Boot, ich war gestolpert, und der Schlappen hatte sich von meinen Zehen gelöst. Ich schaute mir das einen Moment lang verdattert an, trat dann in die Pfütze und ließ mir ein wenig mehr Zeit in diesem kleinen Straßenteich, als es gebraucht hätte, um den Schuh zu bergen. Ich planschte. Ein großer Spaß für meine Füße, dachte ich, als ich sie betrachtete, ein Jammer, stellte ich fest, als ich den Blick zum Himmel hob. Mein Gesicht wurde ganz feucht. Bei der fünfzigsten Stunde nicht stoppenden Regens hörte ich auf zu zählen und auch zu planschen. Wir reisten wieder ab. Hätten wir bleiben sollen? Wäre am nächsten Tag die Sonne herausgekommen, um uns das *schöne* Krabi zu zeigen?

Wieder zogen wir weiter, nicht weil wir so abenteuerlustig waren, nein, auch der Müdigkeit wegen, wir suchten Reize, stärkere Reize. Ich bin mir sicher, dass jeder Weltreisende die Gier nach Abwechslung kennt, es ist eine Ermüdungserscheinung, genauer, es ist Abstumpfung. Man muss vorsichtig mit der Jagd nach Erlebnissen umgehen, denn schnell entwickelt sie sich zur Rastlosigkeit, und dann ist es um einen geschehen, dann kann man sich gleich von Red Bull sponsern lassen und aus der Stratosphäre springen, viel hat man nach so einem Weltraumsprung nicht gesehen, aber der eigene Adrenalinrausch wird dieses Erlebnis unvergesslich machen. Das kann man übrigens auch auf Rafting, Canyoning, Volcano Boarding und was es sonst noch so gibt, übertragen. Macht Spaß, macht aber nichts mit dir als Reisendem.

Der Monsun, verriet uns die Klimatabelle im Internet, verschone einige Fleckchen im Land, zum Beispiel die Inseln weiter im Norden. Es ging also weiter nach Ko Samui, hier sollte die Sonne scheinen, der Himmel unbefleckt sein. Das war er, aber der Ort war es nicht, auch wenn das ein wenig böse formuliert ist. Vielleicht lag es an den vielen älteren weißen Herren mit jungen Thailänderinnen im Arm. Ansonsten waren da Familien, Pauschalurlauber, Strandgänger. Das wollten wir doch auch machen, ganz normal am Strand liegen, aber was war eigentlich mit uns los? Wir konnten es nicht genießen. Wir wollten da nicht vor uns hin braten, keine Cocktails bestellen, keine typischen Thai-Hamburger mit Thai-Pommes, nicht dabei zuschauen, wie nichts passiert. Es war seltsam. Denn so fern liegt es uns nicht, einfach am Strand herumzulungern, aber wir hatten genug, bevor wir eigentlich damit begonnen hatten. Und wir stellten fest, hier an diesem Ort, den wir noch nicht einmal zur Hochsaison erlebten, waren wir anders, anders als die anderen – nicht in Urlaubsstimmung.

Ein Boot brachte uns und auffällig viele jüngere Menschen nach Ko Tao. Man kommt hierhin, um einigermaßen günstig einen Tauchschein zu erwerben. Wir taten genau das. Es war nicht schlecht, so hatten wir eine Aufgabe. Mein Gott, eine Aufgabe, das klingt wie: »Du bist jetzt Rentner, hier hast du ein 1000-Teile-Puzzle, bau das mal zusammen, dann hast du eine Aufgabe, und danach mähst du den Rasen, sofern es die Hüfte zulässt.« Aber die Müdigkeit ließ sich nicht abschütteln, wir

brauchten etwas, das uns nicht in den totalen Strandstumpfsinn abdriften ließ; dafür war zum einen der theoretische Unterricht gut und zum andern das neue Abenteuer, unbekannte Welten, nicht 20 000 Meilen, aber immerhin zwanzig Meter unter dem Meer zu erkunden.

Ko Tao gefiel uns schon besser, so schön übersichtlich, teilweise nette Lokale, ein Bungalow am Strand, der sich nun wirklich nicht verstecken musste, machte er auch nicht, er war entdeckt worden, schon vor vielen Jahren. Die meisten machten hier Urlaub, hatten dieses Tauchding fest eingeplant und waren dementsprechend vorfreudig, während wir uns, ich sagte es schon, den Tauchschein vornahmen, um, ja, um irgendwas zu tun. Unsere Lehrerin war ein reizender Mensch, die Gruppe sehr nett, das Unterwasserleben eher trüb, und wenn man klare Sicht hatte, starrte man auf ähnlich zusammengewürfelte Gruppen, wie wir selbst eine waren. Es war voll, auch unter dem Meeresspiegel. Eine Schildkröte schwamm vorbei, nicht weit von uns machte sie halt und labte sich an Tangen und Schwämmen. Unsere Gruppe nahm die Verfolgung auf, eine weitere folgte, und es dauerte nicht lang, bis die dritte Gruppe das Handzeichen ihres Tauchlehrers für »Schildkröte in unmittelbarer Nähe« zwar nicht verstanden hatte, aber das darauf folgende für »Komm jetzt mit!« umso besser. Inzwischen hatten sich an die siebzehn Menschen um das fressende Tier versammelt, wovon der größte Teil mit einem breiten Grinsen (was man aber unter der ganzen Tauchmaskerade nicht erkennen konnte) Augenkontakt zum Tauchmitschüler zur Rechten und zur Linken suchte, um dann mit Zeigefinger und Daumen das zu einem Kreis geformte Unterwasserhandzeichen für »Okay« auszuführen. Prägnanter kann man so ein Ereignis nicht ausdrücken, und ich wünsche mir mehr von diesen Reaktionen auf nie gesehene Phänomene, auch über Wasser. Irgendwann schwamm die Schildkröte, so gleichmütig, wie nur diese Tiere sein können, weiter, keinen von uns hatte sie nur eines einzigen Blickes gewürdigt. Aus ihrem Maul stiegen ein paar Bläschen auf. Während ich mich in diesem Tier gespiegelt sah, betrieb ich die hohe Kunst des Schildkrötenschnabellesens. Hinter den Bläschen, so konnte ich nun erkennen, gab sie Folgendes von sich: Pffffffff.

Weiter ging es nach Bangkok.

Ich bin mir sicher, dass Bangkok eine tolle Stadt ist. Nur, uns fehlte einer, der sie uns zeigte. Stattdessen folgten wir den ersten Empfehlungen unseres Reiseführers und landeten in einem Hostel, das nicht weit von dem Ort entfernt war, an dem irgend-

wann auch mal Leonardo DiCaprio wohnte, um die Hauptrolle in *The Beach* zu spielen, ein Film, der Mitschuld trägt an dem Irrglauben vieler Menschen, hier in diesem Viertel könnte es irgendwie interessant sein. Die Rede ist von der Khao San Road. Gut für Saufi-Saufi, gut für Gag-Shirts, gut für gefälschte Dokumente jeglicher Art, gut für … Mehr fällt mir nicht ein.

Da jedenfalls wohnten wir, von da aus legten wir los und sahen uns die Stadt an. Den riesigen liegenden Buddha im Wat Pho, China Town, den Königspalast, der ein unglaublich altmodisches Café beherbergt. Ein wunderbares, ruhiges Lokal, denn nicht viele legen hier eine Pause ein. Ich glaube, es liegt an den nicht vorhandenen Karten und Preistafeln, ich glaube, viele denken, hier auf königlichem Grund und Boden ist es bestimmt unfassbar teuer, besser warten, bis man wieder raus ist. Das ist es aber nicht. Dort saßen wir und fanden augenblicklich: Es ist aber wirklich sehr schön hier. Altes royales Thailand, du schaffst es also doch noch, uns ein Lächeln abzuluchsen. Wir sahen außerdem die anderen üblichen Dinge, die im Reiseführer stehen, das lässt sich am allerbesten in selbigem nachlesen. Eines soll an dieser Stelle empfohlen werden, die ständigen Ausstellungen des fotografiebegeisterten Königs, sie erzählen von einem sehr neugierigen und lustigen Mann. So einer will ich ganz bald auch wieder sein.

Das also ist der Einbruch. Auf einer sehr langen Reise hat man irgendwann ein Limit erreicht, keines, das einen abhält, für noch einmal so lange einfach weiterzumachen, aber eines, das einen stoppt, das Fragen formuliert, die unangenehm sein können und die ich weiter oben schon erwähnt habe. Das Limit möchte wissen: Was treibst du da eigentlich? Jagst du den Reizen hinterher, bist du nur auf der Flucht, vor dem, was wir Alltag nennen, musst du feststellen, dass auch auf einer Reise sich irgendwann die Routine einstellt, dass nicht immer ein Abenteuer, nicht immer ein interessanter Mensch auf dich wartet und auch kein Einheimischer, der dir etwas zeigt und vielleicht sogar ein Geheimnis verrät? Das Limit fragt dich: Hast du es schon erreicht, mich, mich, mich: deine persönliche Grenze? Und dann muss man überlegen, was man sagt, aber eigentlich nicht sehr lange, denn es gibt nur eine Antwort darauf: Nein, natürlich nicht, es soll weitergehen! Das ist der Blues, der Reisekater, da ist Sand im Getriebe, aber das kriegen wir schon wieder rausgeklopft. Wir müssen nur weiter. Irgendwann kommt wieder ein Ort, der uns gefällt, dort angekommen müssen wir rasten, müssen die Lust wiederfinden, müssen Leute um uns haben, die Gleiches wollen, dann sind wir wieder da, wo wir hinwollten, im glücklichen Zustand desjenigen, der schauen und erleben will.

Auf einmal war er dann doch da, dieser besondere Ort: Pai. Oh wie schön war Pai, wie schnell wussten wir, das ist es, das hatten wir die ganze Zeit gesucht, hier wollten wir bleiben, mit unseren Rollern durch diese Gegend fahren, zu den Wasserfällen, den Schluchten, zu den Thermalquellen, über den Nachtmarkt bummeln und in den Bars der guten Musik der Hippies und Träumer lauschen. Doch nach drei Tagen mussten wir gehen. Wir hatten einen Fehler gemacht, einen unverzeihlichen; nach unseren leider unbefriedigenden drei Wochen in Thailand hatten wir in der letzten großen Stadt, in Chiang Mai, einen Flug gebucht. Nach Siem Reap in Kambodscha. Für Pai blieben uns also nur drei Tage. Wer hätte das wissen können? Dass Pai nichts anderes ist als der Kosename vom Paradies? Wir nicht.

Uns bleibt also nicht viel mehr zu erzählen aus Thailand. Oder doch, vielleicht eines …

Will das irgendjemand nicht machen?

Philipp

Ich habe mich nicht zu den Mönchen getraut, ich bin nur an dem Schild vorbeigegangen, auf dem geschrieben stand: *Gehen Sie auf die Mönche zu und unterhalten Sie sich, zum Beispiel über Buddhismus, Thailand, das Leben ... Bleiben Sie nicht einfach nur stehen und gucken Sie.* Ich bin weitergelaufen, ich hatte Angst, dass mir nichts einfallen könnte.

Wieso habe ich mich nicht getraut?

Ich hätte den Mönch doch einfach mal auf diese Reisemüdigkeit ansprechen können.

»Lieber Mönch, sage mir, werde ich wieder ein interessiertes Wesen werden? Werden sich meine Augen irgendwann auch wieder ganz öffnen, oder bleibt das jetzt so für immer, habe ich mich sattgesehen, sattgereist, überfressen an Ländern?«

Und er hätte gesagt: »Wat.«

Und ich dann so (ich komme ja aus dem Ruhrgebiet): »Wie, watt? Satt sagte ich.«

Und er: »Ja, Wat, so nennen wir hier unsere Tempel, schauen Sie doch mal unsere schönen Wats hier in Chiang Mai an, dafür ist unsere Stadt bekannt, hier gibt es die beeindruckendsten Tempel des ganzen Landes.«

Und ich hätte ihm geantwortet: »Ach, das habe ich doch schon, die sind wirklich sehr schön, aber auch da blieb ich müde, das ganze Gold, wissen Sie, es leuchtet und glänzt so sehr, da verengen sich meine Augen, sie können gar nicht anders.«

»Dann«, hätte er gesagt, »dann probieren Sie doch einmal eine kleine Trekkingtour, sie dauert nur zwei Tage, aber in dieser kurzen Zeit bekommen Sie einiges geboten. Sie werden in einem echten Dschungel übernachten, Zip-Lining machen und Rafting, traditionelle Speisen verkosten und die berühmten Longneck-Frauen treffen. Sie werden ...«

»Entschuldigen Sie, dass ich Sie unterbreche, lieber Mönch, haben Sie das denn auch schon gemacht? Sie sind ja ganz aus dem Häuschen.«

»Aber ja, lieber Fremder, bevor ich mich für das Leben im Kloster entschieden habe, hatte ich eine Travel Agency, die nun von meinem Bruder betrieben wird.«

»Und diese Agency, wie heißt sie, wo finde ich sie?«

»Mein lieber Fremder, was sage ich, mein lieber *Gast*, Sie wissen, wir Mönche dürfen nichts besitzen, nichts bei uns tragen, doch Sie werden Verständnis dafür haben, dass auch wir nicht von Kariesbefall ausgenommen sind und zahnhygienische Maßnahmen treffen müssen, gerade nach Zwischenmahlzeiten. Mit den Ecken dieser kleinen Karte hier gelange ich in die Zahnzwischenräume und kann diese von Essensresten befreien. Ich trage sie immer bei mir. Sie sehen, es muss nicht gleich ein Zahnstocher sein, Sie sehen außerdem, wenn Sie mal schauen möchten, diese Karte enthält alle wichtigen Informationen, um die Trekking Agency meines Bruders zu erreichen. Rufen Sie da an, erleben Sie was!«

Der Mönch hatte plötzlich eine Schere in der Hand und schnitt die abgenutzten Ecken der Karte ab. Er überreichte mir diese mit den Worten: »Da haben Sie alle Informationen, die sie brauchen, und acht neue Ecken für nach den Zwischenmahlzeiten.«

»Aber was ist nun mit Ihren Zahnzwischenräumen?«

»Machen Sie sich keine Gedanken, eine einzige dieser Karten befindet sich noch in meinem Besitz.«

Mir wäre in dem Moment sicherlich noch eine profane Nachfrage eingefallen.

Aber der Mönch hätte von da an geschwiegen und mit geschlossenen Lippen sanft gelächelt.

So hätte es sein können, und es wäre sicher ein toller Bruder gewesen mit einer tollen Agentur, die uns ein fantastisches Trekking-Erlebnis geboten hätte. Aber es kam anders.

Als wir abgeholt werden, merke ich gleich, dass der Guide ein bisschen komisch ist, er ist gereizt, und er macht bescheuerte Witze. Hast du eine Freundin?, fragt er einen der drei italienischen Mitreisenden. Nein, sagt der. Doch, du hast sogar zwei, sagt der Guide und hebt zuerst die rechte Hand des Italieners

hoch und dann die linke. Die Augen der fünf Franzosen, die immer unter sich bleiben und wenig sprechen, sagen in der Hauptsache: Gott, was für einen bescheuerten Guide haben wir da eigentlich erwischt?

Später kommt noch eine zweite Gruppe dazu, achtzehnköpfig, Spanier. Ich kann mit meinem Spanisch auftrumpfen (Hola. Que tal? Do you speak English?) und finde sie tatsächlich alle nett. Einige von ihnen sind taubstumm, was in fernen Ländern, umgeben von Fremden, aber nicht weiter auffällt. Die anderen sind die Betreuer der Taubstummen, und darüber hinaus sind noch vier junge Frauen dabei, so schön, dass Annäherungsversuche zur Hauptbeschäftigung der drei italienischen Jungs werden.

Beinahe hätte ich es vergessen, da sind noch ein weiteres italienisches Pärchen und ein Koreaner mit auf dem Pritschenlaster. Ching. Ich verstehe ihn nur schlecht, obwohl er etwas Englisch spricht. Die Italiener hingegen verstehe ich immer sehr gut, wobei sie nur ungefähr zwanzig Wörter auf Englisch beherrschen, sie performen einfach besser mit ihren Händen und Füßen, Italiener können so was. Irgendwie kann hier keiner richtig Englisch, nur die eine Spanierin, die Schönste, sie hat in London gelebt, aber sie spricht nicht viel, weil sie arrogant ist, das ist sie, weil sie Angst hat. Und weil sie, das stellt sich sehr bald heraus, von Johnny als Lieblingsbelästigungsopfer auserkoren wurde. Da würde ich dann auch nicht mehr viel sagen. Sie lächelt jede Anzüglichkeit weg, zum Beispiel, als sie ihn im Dschungel fragt, wo die ganzen wilden Tiere seien, und er darauf antwortet: Tonight I show you tiger and a looong snake.

Nach einer Stunde Autofahrt und der Besichtigung einer gehtso-spannenden Schmetterlings- und Orchideenfarm kommen die Autos irgendwo im Dschungel zum Stehen. Zu neunundzwanzigst mit nur einem Guide steigen wir in eine lächerliche Höhle und erschrecken Fledermäuse mit unseren Fotoblitzen. Es ist sinnlos. Dann fahren wir noch mal ein paar Minuten, halten an einer Art Dschungelrastplatz und bekommen Reis mit Ei aus Styroporschalen vorgesetzt. Hätte er nicht meinen unfassbaren Hunger gestillt, wäre auch dieser Stopp ohne Sinn gewesen. Dann laufen wir drei Stunden durch den Dschungel. Ich überlege währenddessen, ob das, was ich hier gerade tue, für mich aufregend sein könnte, wenn ich es nicht schon ein paarmal in Südamerika gemacht hätte. Ich denke schon. Nur das Klassenausflugsgefühl ist neu, mit einer so großen Gruppe waren wir noch nicht unterwegs. Neunundzwanzig Leute laufen auf einem schmalen Pfad einem bescheuerten Guide hinterher, doch die Stimmung ist beschwingt, wir haben eine gute Klasse erwischt.

Abteilung halt! Eine große Spinne. Um die zwanzig Menschen machen nacheinander jeweils ein bis fünf Selfies mit Spinne und ein bis drei Makroaufnahmen von der Spinne in ihrem Netz. Und schon geht es weiter.

Und halt! Johnny muss rauchen. Das gibt uns auch die Gelegenheit, auf die älteren Herrschaften aus der spanischen Gruppe zu warten, die wir schon vor Ewigkeiten abgehängt haben. Nach einer halben Stunde sind sie bei uns, Zeit für sie, eine halbe Stunde Pause zu machen. Eine Frau weint, ihr ist es zu anstrengend, sie habe nicht gewusst, dass man

auch bergauf laufen müsse. Wir laufen eine halbe Stunde weiter, machen eine halbe Stunde Pause, laufen wieder eine halbe Stunde, machen zwanzig Minuten Pause undsoweiterundsofort. Ich habe noch nie so viel geraucht auf einer Wanderung.

Dann sind wir da, eine Lichtung, da steht eine Bretterbude, die als Kiosk dient, da steht so ein Unterstand, da kann man Schals und primitiven schönen Schmuck bei einem hübschen Longneck-Mädchen kaufen, das so dermaßen frisch gewaschenes und geföhntes Haar hat, dass ich mich frage, wie das geht, hier im Dschungel. Das große Haus in der Mitte des Platzes soll unsere Unterkunft sein, dreißig Matten, dreißig Moskitonetze, dreißig Kissen, dreißig Decken. Es könnte viel schlimmer riechen. Eine Feuerstelle, drumherum Bänke, hier werden wir nach dem Abendessen sitzen.

In der hintersten Ecke steht eine Hütte, in der gekocht wird, Johnny hat sich hier eingerichtet.

Nach einer schnellen kalten Dusche sitzen wir rum und trinken Chang-Bier. Ein paar Kinder spielen, sie suchen Kontakt, nach kurzer Zeit sitzen sie bei den Italienern auf den Schultern, spielen Händeklatschspiele mit den Spanierinnen und – Friederike überredet mich – *Engelchen, flieg* mit den beiden Deutschen. Ich mag das nicht, weil das immer mit langen schweren Armen endet, es ist ein typisches *Noch mal, noch mal!-Nee, der Onkel kann jetzt nicht mehr*-Spiel, so etwas gehört vermieden, hat doch keiner was von. Na okay, doch, die Kleine hatte sehr viel Spaß.

Es gibt Essen, oder sagen wir, etwas für den Magen. Die Kinder toben um uns herum, unterm Tisch schauen uns große Hundeaugen an. Ich höre Spanisch, Französisch, Italienisch und ganz viel Kauderwelsch. Das gefällt mir jetzt gerade ganz besonders, ein Dschungelnachtessen, ich mag alle hier an diesem langen Tisch. Johnny stellt uns, nein, er wirft uns eine Holzschüssel mit Bambuswurzeln auf den Tisch und schreit: »DESSERT!«

Auf den letzten Metern im Dschungel waren wir ständig stehen geblieben, weil Johnny diese Wurzeln ausgegraben hatte, eine Delikatesse, gebe es nicht immer, nur in der Regenzeit, sagte er.

Diese Wurzeln schmecken ganz gut, aber uh, was ist das? Im Abgang sind sie furchtbar bitter, nein, die schmecken doch nicht. Unterm Tisch schauen noch immer die Augen des jungen Hundes aus der Dunkelheit zu mir hoch. In nicht allerfeinster Manier lasse ich den zerkauten Bambusbrei direkt aus meinem Mund auf den Boden fallen. Der Hund schnüffelt daran, dann schaue ich schon wieder weg und warne die anderen vor. Vorsicht, bitter!

Ich laufe noch einmal zum Kiosk, da steht Johnny bei der Kioskfrau. Als ich in die Kühltruhe schaue, sehe ich, dass nur noch vier Dosen Bier übrig sind, bisschen wenig für neunundzwanzig Wanderer. Ich frage, ob das die letzten vier sind, zwei davon halte ich bereits in der Hand. Johnny sagt ja, und ich: Dann sollte ich wohl besser alle vier kaufen. Johnny lacht sich tot, als hätte ich den Megagag gerissen, so was mag er, so was mit Schadenfreude. Ich kaufe aber doch nur zwei Dosen, gehe zurück und sage der Gruppe, dass nur noch zwei übrig sind, dann schaue ich mir das Wettrennen an, so was finde ich dann auch ganz lustig.

Ein Feuer wird gemacht, und nach und nach finden sich alle ein. Johnny bringt eine Gitarre, angeblich hat er sie selbst gebaut, sie hat nur vier Saiten und ist verstimmt, er spielt das Lied, das auch die Kinder an ihrem Geburtstag spielen, wenn sie eine E-Gitarren-Attrappe aus Plastik geschenkt bekommen. Er schrammelt drauflos und tut so, als würde er Akkorde greifen. Alles, was er macht, ist Krach. Friederike und ich gucken uns an und müssen furchtbar lachen. Johnny lässt die Gitarre kreisen, es stellt sich schnell heraus, dass keiner in der Gruppe in der Lage ist, diesem Instrument eine harmonische Abfolge von Tönen zu entlocken.

Doch dann gesellt sich ein kleines altes Männchen dazu, das irgendwann im Dschungel zu uns gestoßen war. Es nimmt die Gitarre, es spielt, und sie klingt! Ganz wunderbar! Dann singt es dazu auf Thai, traditionelle Lieder, die in meinen Ohren alle gleich klingen, aber völlig verschieden sind und komplexe Themen behandeln, wie Johnny großmäulig betont. Das Männlein hat ein ganz helles warmes Stimmchen, mir gefällt das sehr, was ich hier zu hören bekommen, allen gefällt es, aber viele sind nach dem fünften Lied etwas genervt und wünschen sich zum Beispiel Bob Marley. Das kann das Männchen nicht, aber es versucht es, was mir fast das Herz bricht, so gut gemeint sind seine Versuche.

Johnny bringt Trommeln, ich bekomme eine und Marco, der Italiener, auch. Das Männchen setzt seine Lieder fort und gibt uns einen Takt vor, den wir artig befolgen. Spaß, großer Spaß! Wir jammen. Ich beobachte, wie eine Spanierin Marco beobachtet, wie Marco Kenntnis davon nimmt und die Augen schließt, um ein wenig ekstatischer zu wirken. Er ist jetzt ein Musiker! Ein italienischer Musiker, quasi Sexgott. Ich mache es ihm nach, schließe die Augen und beschließe: Das ist Jazz! Jazz in the Jungle. Jungle-Jazz. Dann mache ich weiter mit meinem idiotensicheren bummbummbumm bumm, bummbummbumm bumm, bummbummbumm bumm, sogar die Taubstummen nicken zu unseren Beats, it's magical! Bis Johnny kommt, mir die Trommel aus der Hand nimmt und meinem Rausch aus Orff-Klängen ein jähes Ende bereitet. Er will jetzt auch mal.

Das alte Männchen ist irgendwann ins Bett gegangen, die Gitarre hat es liegen lassen. Und nun? Uns fehlt der Gitarrist. Marco hat eine Idee, die mir, wenn ich sie denn richtig verstanden habe, überhaupt nicht behagt, mich sogar außerordentlich nervös werden lässt. Alle der anwesenden Vertreter einer Nation sollen ein typisches Lied aus dem eigenen Land zum Besten geben. Gemessen an der Verteilung von fünf Italienern, achtzehn Spaniern, fünf Franzosen, zwei Deutschen und einem Koreaner finde ich das etwas unfair. Und überhaupt: Deutschland. Welches typische Lied soll das denn bitte sein?

Die fünf Italiener schmettern los:

Azzurro,
il pomeriggio è troppo azzurro
e lungo per me.
Mi accorgo
di non avere più risorse,
senza di te,
e allora
io quasi quasi prendo il treno
e vengo, vengo da te,
ma il treno dei desideri
nei miei pensieri all'incontrario va.

Hach, Italiener müsste man sein.

Dann sind die Franzosen an der Reihe. So leidenschaftlich hatte ich sie noch gar nicht gesehen. Das tut gut, Franzose sein. Und zwar so:

Aux Champs-Élysées
Aux Champs-Élysées
Au soleil, sous la pluie
À midi ou à minuit
Il y a tout ce que vous voulez
Aux Champs-Élysées.

Und jetzt die Spanier, eine achtzehnköpfige Musikkapelle. Leider sind sie nicht textsicher, aber vielleicht hat dieses Lied auch gar keinen Text. Die ganze Welt kennt es, aber beschwert hat sie sich noch nie. Im Gegenteil, die Welt hat bisher immer mitgesungen. Es geht in etwa so:

Hualapopuelohuareria Macarena,
quetuveitebualhaleriacosa buena.
Hualapopuelohuareria Macarena.
Heeeeey Macarena!

Und jetzt wir! Wir haben, während diese drei großen Nationen der mediterranen Lebensfreude aus voller Kehle sangen, krampfhaft überlegt, was wir denn schönes Deutsches von uns geben könnten. Vergebens, uns ist nichts eingefallen. Oh nein, wie unangenehm. Alle starren uns an. Ich singe nicht, ich weiß nicht, was. Da wacht ein Monster neben mir auf, ein tiefer Bass ertönt:

Du
Du hast
Du hast mich
Du hast mich
Du hast mich gefragt
Du hast mich gefragt, und ich hab nichts gesagt –

Ich wusste nicht, dass sie das kann, aber sie hat soeben mit tiefsten Tiefen ein ganz spezielles Stück Musikgeschichte aus Deutschland vorgetragen. Friederike kann *Rammstein*-Texte, und sie kann sie sogar grölen. Alle lachen, alle kennen das. Gott sei Dank, Deutschland ist lustig! Friederike hat es gerettet.

Dann ist Chang dran, und er ist allein. Armer Chang, Entschuldigung, Ching. Wieso nur Korea? Wieso 2014, in jenem Jahr, als ein von einem Koreaner produziertes Musikvideo zum meistgeklickten in der Geschichte von YouTube wurde? Damit es Ching jetzt für uns performen kann. Ching steht also auf und intoniert »Gangnam Style«, und dazu tanzt er den Gangnam

Style. Er macht das ganz gut, aber er sitzt auch ganz schnell wieder auf seinem Platz. Mutiger Ching. Ching atmet schnell, seine Hände zittern. Alle lachen. Danke, Ching.

Wir sitzen hier noch eine ganze Weile, es ist stockdunkel, nur das Feuer erleuchtet den Platz, die Ersten gehen ins Bett, es ist zehn Uhr. Die Italiener folgen Johnny in seine Hütte, vorher hatte ich beobachtet, wie sie flüsternd höchstwahrscheinlich diese nun stattfindende Zusammenkunft verabredet hatten. Jetzt verschwinden auch die eine Spanierin und noch zwei weitere Italiener. Der Deutsche muss jetzt mal nach dem Rechten sehen. Ich laufe einfach allen hinterher. Aha, da sitzen sie im Kreis. Johnny stopft die Wasserpfeife. Die Spanierin sagt, das Gras würde komisch riechen. Ich greife in das Zehn-Gramm-Häufchen dieser stark zerriebenen Blüten und schnuppere. Ist das Tee? Jeder darf einen Kopf rauchen, wer mehr will, muss kaufen. Die Italiener kaufen alles. Ich ziehe sehr lange an der Plastikflasche, aus der ein kleines Bambusröhrchen schaut, gefüllt mit dem Thai-Gras. Mir ist schwindelig. Bin ich breit? Nee. Ich rauche noch einen Kopf und dann noch einen, dann bin ich ein bisschen anders und taumele zurück zum Feuer.

Es ist niemand mehr übrig geblieben, wir beschließen, ins Bett zu gehen. Neben uns schlafen die Italiener. Ich schlafe schlecht, wie die meisten. Es regnet die ganze Nacht, der Regen prasselt ohrenbetäubend aufs Wellblechdach. Irgendwann muss ich pinkeln, habe aber kein Licht und warte mit offenen Augen zwei Stunden, bis es dämmert und ich den Weg zu den Toiletten erkennen kann. Dann lege ich mich noch einmal hin, und es fühlt sich an, als hätte ich genau eine Sekunde Schlaf gefunden, da steht schon Johnny im Schlafsaal und schreit.

»AUFSTEHEN, FRÜHSTÜCK, DANN ABMARSCH!«

Nach dem schnellen Frühstück putzen wir uns hastig die Zähne und lassen uns dabei von Johnny anfeuern. Er hatte sich gleich nach dem Frühstück schon auf eine Bank gestellt und immer wieder gebrüllt, wie viel Zeit wir noch haben, bis es losgeht. Wir sind in einem Bootcamp gelandet. Die ersten verhalten sich trotzig, besonders die Älteren aus unserer Gruppe begehren auf, was das denn soll, wieso die ganze Hetze. Johnny ist das egal, er hält sich an seine Zeitvorgaben, und als der Countdown abgelaufen ist, marschiert er los. Alle, die bis dahin noch nicht bereit waren, sind es jetzt. Nach ein paar Hundert Metern erreichen wir die offenen Kleinlaster, die uns zur nächsten Station unseres großen Abenteuers bringen sollen. Elefanten.

Man kann das nicht gut finden, man will das nicht unterstützen, oh, es fühlt sich so falsch an, das zu tun. Aber irgendwie verpassen wir den richtigen Zeitpunkt auszusteigen; ehe wir uns versehen, stehen wir auf einer Plattform und sind die Nächsten, die auf einen Elefantenrücken steigen sollen. Ich versuche es mir schönzureden, immerhin bekommen sie reichlich zu essen. Auf einem Platz aus Schlamm wurde eine Art Parcours errichtet, die Elefanten laufen Hügel hoch und wieder runter, das Gelände ist durch den vielen Regen völlig unterspült, immer wieder müssen die Tiere elefantenknietiefe Wasserlöcher passieren, manchmal rutschen sie aus, und zwischendrin stehen Bananenkioske, das sind so hochsitzartige Bauten, Frauen verkaufen von da oben Bananen an die Touristen, die auf den Dickhäutern – die, das ist doch bekannt, eigentlich gar kein dickes Fell besitzen, sondern sehr sensible Wesen sind – ihr absurdes Ründchen drehen. Fertig, absteigen, Trinkgeld.

Lunchtime. Ein Buffet, ganz okay. Weiter geht's.

Floß fahren. Es regnet. Plastikponcho kaufen. Fahrt zu Ende, nicht viel gesehen, Kapuze hing im Gesicht.

Was jetzt? Longneck-Frauen-Dorf. Johnny kommt nicht mit, erklärt uns aber den Weg. »YOU ARE BACK IN FIFTEEN MINUTES!« Aye, aye, Captain.

Ist gar kein Dorf. Aber die Frauen haben sehr lange Hälse und spielen schön Gitarre und verkaufen Sachen. Fotos machen, Sachen kaufen. Und wieder zurück.

Hallo Johnny!

»WO WART IHR DIE GANZE ZEIT?«

Na, bei den Longneck-Frauen.

Johnny guckt verärgert.

Und jetzt? Zip-Lining. Da lang. Ein hundert Meter langes Seil wurde über den Fluss gespannt. Da kann man sich dran befestigen lassen.

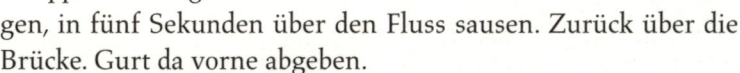

»WILL DAS IRGENDJEMAND NICHT MACHEN? OKAY, DANN HIERBLEIBEN, HINSETZEN UND WARTEN!«

Ich mach dann mal mit. Gurt an, da langlaufen, Beeilung, die nächste Gruppe kommt gleich. Am Seil hängen, in fünf Sekunden über den Fluss sausen. Zurück über die Brücke. Gurt da vorne abgeben.

Ich muss mal. Keine Zeit. Laster wartet schon.

Was jetzt, was jetzt? Rafting.

»WILL DAS IRGENDJEMAND NICHT MACHEN? OKAY, HINSETZEN UND WARTEN! DIE ANDEREN MIT-KOMMEN!«

Kurze Einweisung. Der, wie soll man ihn nennen?, der Instructor ist komplett wahnsinnig. Was ist mit dem? Er schreit rum.

»ZUHÖREN SOLLT IHR! NIEMALS SO UND SO MA-CHEN! SO MACHEN! SO WIE ICH DAS MACHE! SO! SO! SO!«

Wieso schreit der so? Friederike und ich machen das nicht zum ersten Mal, ein Glück, denn ich hätte von den Anweisungen – eine wirkliche Trockenübung gab es nicht –, die uns da mal eben in zwei Minuten schreiend vermittelt wurden, nur sehr wenig verstanden. Einsteigen. Unser Kapitän ist ein Guter. Wir haben sogar Spaß.

Da, ein gekentertes Boot! Am Ufer des Flusses klammert sich ein Mensch an einen Stein, ein paar Meter weiter noch einer. Vor uns im reißenden Wasser zwei weitere Menschen, orientie-rungslos, das Mädchen paddelt unkontrolliert. Wir hieven die beiden an Bord. Sie sind völlig fertig; das Mädchen, vielleicht ist sie Japanerin, hat einen echten Schock erlitten. Sie liegt mit dem Gesicht nach unten zwischen uns und zittert. Sie wimmert. Die Schwimmwesten der beiden sind ein Witz, eher vergleichbar mit Planschhilfen für Kleinkinder. Das Mädchen kann überhaupt nicht schwimmen, verrät uns jetzt der Mann. Niemand hatte sie danach gefragt. Unser Kapitän ist wütend, er schimpft auf die Konkurrenz, die das hier zu verantworten hat. Ich habe noch nie eine Schockreaktion gesehen, ausgelöst durch Todesangst. Die Fahrt ist vorbei.

Der Ausflug auch. Wir ziehen uns um, atmen aus, unsere Laster warten schon. Nach einer anderthalbstündigen Rückfahrt sind wir wieder in unserem Hotel. Friederike fühlt sich krank. Ich. Bin. Müde. Schon wieder müde.

KAMBODSCHA

Von Tempeln und Minen: Ein Mann und seine Mission
Friederike

So fühlt es sich also an, wenn einem den Boden unter den Füßen weggezogen wird.

Heute ist der dritte Tag, an dem wir von frühmorgens bis nachmittags die Tempel von Angkor erkunden. Im benachbarten Siem Reap haben wir Rikschafahrer Nah gefunden, der uns wahrscheinlich zum absoluten Wucherpreis tagelang durch die alte Hauptstadt des Khmer-Königreichs chauffiert. Wie so oft zählte auch diesmal Durchsetzungskraft nicht gerade zu unseren Toptalenten: Wir hatten mühselig eine bestimmte Reihenfolge für die Drei-Tage-Tour ausgetüftelt, aber Nah hat seine eigenen Pläne und macht alles ganz anders. Was soll's – Hauptsache, wir sehen Angkor. Und das ist beeindruckend. Gewaltig in seinen Ausmaßen, überwältigend in der Anzahl, Kunstfertigkeit und Gestaltung der Tempel, die da, manche von ihnen noch völlig überwuchert, seit teilweise elf Jahrhunderten mitten im Dschungel stehen. Bei sengender Hitze, ausgerüstet mit literweise Wasser in Nahs Kühlbox, erkunden wir tapfer stundenlang Tempel um Tempel, bis wir irgendwann das Gefühl haben, die ganze Welt besteht nur aus Tempeln, und jeden dieser Tempel haben wir jetzt mindestens schon dreimal gesehen.

Gekrönt wird das Ganze vom obligatorischen Sonnenaufgang über dem Haupttempel Angkor Wat, den sich außer uns nur noch etwa dreihundertsiebenundachtzig andere Touristen anschauen. Da kommt Romantik auf! Vor allem dank des modernen Touristen-Equipments *Riesen-Tablet* und *Fotostange*. Habe ich ausnahmsweise gerade mal keinen 11-Zoll-Kasten vor der Nase, auf dessen Bildschirm ich dann wenigstens wunderbar weiterhin das Naturspektakel verfolgen kann, schiebt sich garantiert von hinten ein Smartphone am Stiel in mein Blickfeld.

Wobei mir gerade wieder ein sehr netter älterer Kellner aus Trinidad in Kuba einfällt. Sein Café ist berühmt, und deshalb wollen sich hier viele Touristen fotografieren. So auch eine junge Frau, die hereinkam, als Philipp und ich gerade einen kühlen Mojito genossen, dem Kellner ihr iPad in die Hand drückte und um ein Foto bat. Und fort war sie wieder. Der Kellner sah ihr kopfschüttelnd nach und sagte zu uns: »Das ist doch seltsam, erst wurden die Fotoapparate immer kleiner, und jetzt sind sie größer als jemals zuvor!« Wir konnten uns nur schweigend mitwundern.

Aber zurück zu Angkor Wat an diesem frühen Morgen. Was, Sonne schon aufgegangen? Komisch, hab ich jetzt irgendwie verpasst vor lauter Endgeräten an ausgestreckten Armen. Wenn der Fortschritt der Technik denn wenigstens auch dazu beitragen würde, dass der sie bedienende Mensch unauffällig mit der Umgebung verschmölze! Aber nein, aus der gebückten Fotogra-

fenhaltung wurde ein ausladender Mensch mit weit zurückge-
lehntem Oberkörper und hochgereckten Armen, derer ich mich
jetzt hier erwehren muss. Aber trotz allem: Angkor ist zweifellos einer der spannendsten und beeindruckendsten Orte dieser Welt, nicht nur für die
UNESCO, sondern auch für uns.

Und nun stehen wir da plötzlich, nach tagelangem Tempel-Hop-
ping, auf einem kleinen lehmigen Platz vor einem unscheinba-
ren Gebäude, inmitten der Wälder und Reisfelder um uns herum, eben noch lustig plaudernd, und der Boden tut sich unter
uns auf. Das Schild, das ich eher beiläufig im Vorbeigehen lese,
erwischt mich völlig unvorbereitet und saugt unmittelbar alle
Geräusche und Stimmungen aus der Welt. Es erzählt die Geschichte von Aki Ra.

*Ich weiß nicht, wann ich geboren wurde, aber mir wurde
gesagt, es sei 1973 gewesen. Man erzählte mir, dass
meine Eltern von den Roten Khmer ermordet wurden,
als ich fünf war. Mein erstes Gewehr bekam ich im Alter
von zehn Jahren, als ich ein Kindersoldat der Roten
Khmer wurde. Während des Krieges habe ich viele
meiner Freunde und andere Menschen sterben sehen.
Als Kindersoldat in Kambodscha war es normal, diese
Dinge zu sehen. Die Khmer-Soldaten hatten etliche
Waffen und ließen uns wählen, welche wir benutzen
wollten: AK47, M16 oder M60. Genauso gut konnte ich
aber auch Raketenwerfer, Granatwerfer oder Bazookas
nehmen, wenn ich wollte. Für uns Kinder waren diese
Waffen unsere Spielzeuge. Einige kleinere Kinder
konnten nicht mit ihnen umgehen, und die Roten
Khmer gaben ihnen geladene, entsicherte Waffen. Einer
meiner Freunde schoss sich versehentlich in den Kopf,
weil er nicht wusste, wie die Waffe funktionierte.*

Als Aki Ra irgendwann später die Flucht aus seiner Einheit zur gegnerischen Seite, der Vietnamesischen Armee, gelang, war er immer noch ein Kind.

> *Als einer der Jüngsten wurde ich damit beauftragt, nachts Nahrung zu jagen. Wenn ich zum Jagen durch den Dschungel streifte, begegnete ich dort manchmal meinen Freunden von den Roten Khmer, Kindern wie mir, mit denen ich aufgewachsen war und die ebenfalls nach Essen jagten. Wir jagten gemeinsam, und wenn wir damit fertig waren, spielten wir miteinander. Am nächsten Tag brachten wir uns gegenseitig um.*

Als das Rote-Khmer-Regime, dem vermutlich zwei Millionen Kambodschaner zum Opfer fielen, endlich besiegt war, beschloss Aki Ra, sein Schicksal und das seiner Landsleute öffentlich zu machen, um die Welt vor Kriegen solchen Ausmaßes zu warnen. Vor allem aber will er helfen. Dies alles tut er seit 1999 mit seinem kleinen Landminenmuseum, vor dem wir jetzt also stehen. Warum aber ausgerechnet ein Museum für Landminen?

Ich legte Landminen. Tausende. Damals begriff ich nicht, wie grauenvoll Landminen sind und wie viel Schmerz sie meinem Volk zufügten. Von meiner Kindheit bis zum Erwachsenenalter war Krieg alles, was ich kannte. Ich wuchs in dem Glauben auf, dass das alles normal sei. Ich war sehr gut im Umgang mit Landminen und lernte als Soldat alles über sie. Die Landminen waren meine Freunde, denn sie konnten mir Nahrung beschaffen. Sie konnten mich sogar beschützen, wenn ich schlief.

In ein paar simpel ausgestatteten Räumen wird hier in Aki Ras Museum anhand von erschütternden Einzelschicksalen die Geschichte des Rote-Khmer-Regimes erzählt, aber vor allem über dessen grauenvolles Erbe aufgeklärt: Bis heute ist Kambodscha das Land mit den weltweit meisten aktiven Landminen, die Gesamtzahl wird auf über drei Millionen geschätzt, und vor allem im thailändischen Grenzbereich und an der Grenze zu Vietnam liegen noch etliche Tausend. Museumsbetreiber Aki Ra hat durch seine Jahre als Kindersoldat ein unschätzbares Knowhow: Er kennt alle Minentypen. Er weiß, wie sie funktionieren. Und er weiß, wie man sie entschärfen kann. Seit Kriegsende 1995 hat er es zu seiner Lebensaufgabe gemacht, überall im Land Minen zu entschärfen, sodass Bauern ihre Felder wieder bestellen, ihre Rinder wieder weiden lassen können – denn ein Reisfeld und ein paar Kühe sind für viele Khmer das Einzige, was sie zum Leben haben. Hier im Museum sammelt Aki Ra die entschärften und gehobenen Minen.

Die Fotos, die wir von seiner Arbeit sehen, sind abenteuerlich: Nur in Flipflops und kurzer Hose, ohne Helm oder Schutzweste, verrichtet er seine tödliche Arbeit. Nach seiner Schätzung wird es noch zwanzig, dreißig Jahre dauern, bis Kambodscha von den

Minen gesäubert und damit sicher ist – besser gesagt fast sicher, denn endgültige Gewissheit, ob alle Minen gefunden wurden, wird es nie geben. Inzwischen wird sein Vorhaben von den Vereinten Nationen unterstützt, die ihn auch mit besserer Ausrüstung versorgen.

Und so wandern wir durch das Museum, zwischen Hunderten verschiedenartigster Minen hindurch. Jede dieser Minen wurde entschärft; jede einzelne ist ein kleiner Erfolg – ein Fall, in dem alles gut gegangen ist. Die allermeisten Landminen aber verstümmeln und töten Menschen und Tiere, reißen Familien auseinander, machen Kinder zu Waisen, nehmen den Familien den Hauptversorger oder die Lebensgrundlage.

Das Museum ist nicht nur ein Ort der Erinnerung und Aufklärung, sondern gleichzeitig Heimat und Schule für Kinder, die durch Minenexplosionen ihre Eltern verloren haben oder so verstümmelt wurden, dass sie in ihrer Familie nicht mehr versorgt werden konnten. All diesen Kindern bietet Aki Ra hier ein neues Zuhause und eine Ausbildung. Sie werden Krankenschwestern und Lehrer, sie entschließen sich oft auch dazu, selbst beim Minen-Entschärfen zu helfen. Einige von ihnen sehen wir hier auf dem Museumsgelände – Kinder und Teenager ohne Hände, ohne Beine, auf Krücken, mit Prothesen.

Es ist bedrückend, sich die vielen Geschichten der Kinder durchzulesen und ihre selbst gemalten Bilder von Minenexplosionen anzuschauen. Da ist der achtjährige Tol, der erzählt, wie er mit seinen zwei besten Freunden auf der Wiese spielte, als plötzlich eine Mine hochging. Seine Freunde starben, ihm selbst wurde der Arm abgerissen. Oder die elfjährige Phanys, die die zwei Kühe ihrer Familie zum Grasen führte, wie es die Khmer-Kinder überall im Land tun. Die Landmine riss ihr beide Beine ab. Sie wird ihrer Familie nie wieder helfen können.

Eine besonders ekelhafte Tragik bekommt das Ganze, wenn man sich bewusst macht, dass Minen tatsächlich eben nicht als tödliche Waffen entwickelt wurden.

Sie wurden nicht entworfen, um zu töten, sondern um zu verwunden und zu verstümmeln. Wenn man einen Soldat tötet, beseitigt man nur einen aus der Schlacht. Wenn man einen verwundet, beseitigt man drei, weil man zwei braucht, um das Opfer wegzutragen.

Effizienz und Ökonomie in perfider Reinform.

Natürlich wissen wir all das. Natürlich weiß man als Wohlstandseuropäer, dass schreckliche Dinge auf dieser Welt geschehen. Natürlich weiß man als Kambodscha-Tourist um die Geschichte dieses Landes. Aber all diese realen, greifbaren Schicksale vor Augen geführt zu bekommen, macht uns traurig, beklommen und demütig. Als Deutsche sind wir es zwar gewohnt, mit einer grauenvollen Vergangenheit aufzuwachsen, aber es ist eben Vergangenheit, es ist Geschichtsunterricht. Hier ist alles plötzlich so nah. Das Durchschnittsalter in Kambodscha liegt bei Mitte zwanzig, und auch wir sehen in unseren zwei Wochen hier kaum wirklich alte Menschen. Wenn ich einem Menschen begegne, der nur ein paar Jahre älter ist als ich, kann ich mit ziemlicher Sicherheit davon ausgehen, dass er in irgendeiner Form vom Terrorregime der Roten Khmer betroffen ist – Angehörige verloren hat, als Kindersoldat selbst in den Krieg ziehen musste, keine Lebensgrundlage mehr hat.

Auf der Rückfahrt in Nahs Rikscha schweigen wir. Fahren wie die zwei Tage zuvor auch an den prächtigen Tempeln der alten Khmer-Könige vorbei und gleich daneben an Reisfeldern und kleinen Gehöften, auf denen Frauen Essen zubereiten, Hirten die Ziegen und Kühe versorgen und Kinder auf zu großen Fahrrädern lachend durch die Gegend düsen. Wir fahren an ihnen vorbei, an diesen fröhlichen, offenen Menschen, die so viel Herzlichkeit ausstrahlen. Ein Mädchen führt zwei Kühe zum Grasen.

»Mein einziges Ziel im Leben ist es,
mein Land zu einem sicheren Ort für mein Volk
zu machen.«

AKI RA

NEPAL

Explosion der Sinne: In memoriam Kathmandu
Friederike

Wir stehen im kleinsten Flughafenterminal, das ich je gesehen habe. Na ja gut, mal abgesehen von Sylt. Ein winziges Backsteingebäude aus den Fünfzigerjahren, spät am Abend, nicht viele Reisende sind hier unterwegs, und wir durchlaufen gerade das entspannteste Einreise-Prozedere unserer gesamten Reise. Hinter einem langen Tresen sitzen nebeneinander aufgereiht sieben Beamte, die teilnahmslos vor sich hin starren und gleichzeitig sehr beschäftigt wirken. Ich riskiere einen Blick über den Rand des Tresens und sehe vierzehn Hände an sieben Smartphones mit verdächtig bunten Displays. Wir müssen ein bisschen warten, bis der erste Mann in der Reihe ein *Candy-Crush*-Päuschen einlegen kann. Dann nimmt er unsere Pässe entgegen, die daraufhin alle vierzehn Hände durchwandern. Wir folgen ihnen unauffällig den Tresen entlang. Irgendeiner der Beamten drückt den Stempel in den Pass. Der letzte Beamte gibt ihn uns zurück. Fertig.

Da wären wir: Kathmandu! Wir sind sehr aufgeregt. Nepal – was für ein verheißungsvolles, mystisches Versprechen! Unbedingt wollten wir auch hier einige Zeit verbringen, bevor wir zum Abschluss unserer Reise noch Indien durchforsten werden. Der Himalaya, die Menschen hier, wieder eine völlig andere Kultur – wir sind gespannt und freuen uns darauf, das Dach der Welt zu entdecken.

Auf unserer Fahrt vom Flughafen zum Hotel wirkt Kathmandu, 1300 Meter hoch in einem Himalaya-Talkessel gelegen, eigentlich ganz niedlich und überschaubar. Am nächsten Tag entpuppt sich dieser Eindruck als Irrglaube. Es hupt, es klingelt, es rattert, es kracht, trötet, braust, staubt, tutet, schreit und lärmt überall. Autos, Motorräder, Fahrradrikschas und Fußgänger schieben und quetschen sich staubige und schlammige, steinige und bröckelnde Straßen, Pisten, Gassen entlang. Wie überall in Asien zieht der Fußgänger (wir) im Zweifel den Kürzeren. Wer nicht aus dem Weg springt und sich in Hauseingänge drückt, hat eben Pech gehabt. Wird angehupt, angeklingelt, angebrüllt oder halt auch mal angefahren. All das überlagert von einer Dunstglocke aus dickem Smog, der das Atmen schwer macht. Eine unserer ersten Anschaffungen ist eine Maske.

Wir wohnen in Thamel, dem Touristen-Getto Kathmandus. Es muss der Ort mit der größten Outdoor-Bekleidungsläden-Dichte der Welt sein. Ein Geschäft neben dem anderen verkauft poppig bunte Allwetterjacken, beigefarbene Trekkinghosen, Wanderstiefel, graue Regenhüte, Wanderstöcke, knallige Rucksäcke und weiß Gott was sonst noch alles. Die Kleider werden kunstvoll sowohl horizontal als auch vertikal an den Häuserfassaden in mehreren Reihen über- und voreinander drapiert, sodass man in diesen schmalen Gassen hier durch eine einzige neongrün-rosa-orange gescheckte Welt wandelt. Vor lauter Farben sieht man kaum noch die Straßen und ist das Gehirn ganz benebelt – lag unser Hotel noch mal hinter der roten Hose und dem grünen Rucksack oder doch hinter dem rosa Fleecepulli und der blauen Jacke?

Was wir im Gegensatz zu unserem Hotel hier allerdings schnell finden, sind Freunde. Richtig gute Freunde. Sie wollen uns gar nichts verkaufen, wirklich nicht, aber nur mal angenommen, wir sollten doch mal irgendetwas brauchen – Tonpfeifen zum Beispiel oder Marihuana, Klangschalen oder Speed oder geschnitzte Holzfiguren oder Koks –, dann können wir uns vertrauensvoll an sie wenden, denn sie verkaufen alles garantiert viel günstiger als alle anderen. Das ist gut zu wissen, finden wir. Echte Freunde sind doch einfach unbezahlbar.

Einmal machen wir einen Stadtspaziergang, der in unserem gebrauchten Reiseführer aus dem Buch-Antiquariat vorgeschlagen wird. Ein Spaziergang durch Kathmandu, das fühlt sich eher nach Wrestling für Körper und Geist an. Enge Gassen, winzigste Läden wie in einem Puppenhaus, in denen die Menschen auf drei Quadratmetern ihre Waren auslegen und auch noch selber irgendwie Platz finden. An jeder Ecke ein Tempel oder ein kleiner Schrein zu Ehren einer hinduistischen Gottheit. Bunte Farbe auf den Statuen, Räucherstäbchen und Opfergaben davor, Menschen, die im Vorübergehen ihren Gott berühren und ein Gebet murmeln. Dann plötzlich wieder versteckte Plätze zwischen den hohen Wohnhäusern, die Bahals, die oft nur durch unscheinbare schmale Türchen zu betreten sind und auf denen plötzlich eine unnatürliche Ruhe herrscht. Dann wieder ein Meer aus meterhohen Stapeln von bunten Seidenstoffbahnen, Bergen von Gewürzen, schimmernden Messingtöpfen, ein unvergleichliches Menschengewimmel, ein paar Sadhus mit ihren Dreadlocks und ausgemergelten Askese-Körpern, vorübereilende buddhistische Mönche in ihren orangefarbenen Kutten. Auf den hohen Stufen der Tempel lungern Leute herum und spielen Schach. Motorräder rasen hupend durchs Gewühl, Fahrradrikschas bahnen sich klingelnd ihren Weg. Dazwischen hocken ein paar Enten neben Hunden und schlafen. Geräusche, Farben und Gerüche überall, überhaupt, diese tausend Gerüche, an jeder Ecke überlagert einer den anderen. Wie kann all das in eine einzige Stadt passen? Alles quillt über; wir auch.

Kathmandu ist ein unergründlicher Ort. Mystisch und spirituell so aufgeladen wie vielleicht wenige andere Städte, auch wenn das geschäftige Treiben hier bei Weitem keine esoterische Atmosphäre verströmt. Von dem beschaulichen Kathmandu, das es vielleicht noch in den Siebzigerjahren war, als legendärer Sehnsuchtsort der Hippies, die sich im Schatten der Tempel der spirituellen Sinnsuche hingaben, ist jedenfalls nicht mehr viel spürbar. Und doch: So beeindruckend die Maya-Ruinen in Mexiko und Guatemala sind, so prunkvoll die Tempel in Südostasien – Kathmandu, das so unglaublich alt ist, explodiert gleichzeitig vor Lebendigkeit. Seit dem dritten Jahrhundert vor Christus treffen hier die verschiedensten Völker und damit auch Religionen aufeinander und leben in friedlichem Mit-, Neben- und irgendwie auch Übereinander. Es fühlt sich beim Erkunden nicht nach einem religiösen Ort an, nicht nach der Ehrfurcht gebietenden Dunkelheit unserer Kirchen oder der glitzernden Buddha-Verehrung in Thailand; der Glaube und die Religion sind hier einfach da. Eingebunden ins alltägliche Leben, nicht wegzudenken aus den Straßen. Hinduismus und Buddhismus existieren nicht nur friedlich nebeneinander, sondern bilden gleichsam das Netz dieser pochenden Stadt. Es gibt gefühlt fast so viele Tempel wie Wohnhäuser, die Einwohner treffen sich zum Plaudern in ihnen, die verschiedenen Gottheiten werden in den alltäglichen Ablauf einbezogen. Nepali, Exil-Tibeter, westliche Expats, Rucksacktouristen wie wir und ein paar versprengte Resthippies – sie alle wuseln in dem Labyrinth aus Straßen und Gassen geschäftig durcheinander. Es weht ein Wind durch Kathmandu, ein Brise von irgendetwas Höherem, das wir nur vage erahnen können.

Kathmandu brizzelt.

Wir klettern die 365 Treppenstufen zum Swayambhunath hoch, einem der ältesten buddhistischen Tempel der Welt, der vor ungefähr 2500 Jahren entstanden ist. Auf einem Hügel thront er über Kathmandu. Gläubige und Mönche umrunden die Stupa im Uhrzeigersinn, drehen an den rasselnden Gebetsmühlen. Und wir sehen zum ersten Mal Kathmandu von oben, wie es daliegt im Abendlicht, langgestreckt in dem riesigen Himalaya-Tal.

Wir erkunden die Schwesterstadt Patan, die inzwischen mit Kathmandu zusammengewachsen ist. Stehen staunend vor den beeindruckenden Tempeln am Durbar Square, beobachten eine hinduistische Zeremonie, bummeln durch kleine Gässchen, die nicht so überlaufen sind wie drüben in Kathmandu.

Wir besuchen eine der größten buddhistischen Stupas in Bodnath, seit dem fünften Jahrhundert eine der wichtigsten buddhistischen Pilgerstätten, und lassen uns durch das bunte

Treiben treiben: Pilger, Mönche, Touristen, Souvenirstände, Cafés, das Rattern riesiger Gebetsmühlen, das Knattern der bunten Gebetsfahnen im Wind, über allem der verwehte Klang der meditativen tibetischen Gesänge.

Und wir erleben das andere, das moderne Kathmandu, als wir eines Abends Jill und Oliver besuchen, die seit einigen Jahren hier leben und für Entwicklungsorganisationen arbeiten. Mit einem Mal befinden wir uns in einer Wohnsiedlung, wie man sie auch bei uns finden könnte – große, westlich anmutende Häuser, gepflegte Vorgärten, Bedienstete, die das Tor bewachen. Eine ganz andere Welt, und doch nur einen Steinwurf entfernt von all den windschiefen Stein- und Holzhäusern der Altstadt und deren engen, staubigen Gassen.

Und dann der Durbar Square von Kathmandu mit seinen mehr als fünfzig Palästen, Tempeln und Pagoden, die hier seit Jahrhunderten stehen. Leider finden in den Tagen, die wir hier verbringen, keine der vielen hinduistischen Feste oder Paraden statt, wie es sie hier oft gibt. Wie muss es hier aussehen, wenn sich riesige farbenprächtige Umzüge durch Tausende Zuschauer schlängeln oder beim zehntägigen Opferfest Dashain vierundfünfzig Ochsen und vierundfünfzig Ziegenböcken mit einem Schwerthieb der Kopf abgetrennt wird? Ich kann mir kaum so viele Tiere hier vorstellen. Und schon gar nicht hundertacht abgeschlagene Köpfe und hundertacht riesige kopflose Leiber und die Ströme von Blut, die den Platz fluten müssen.

Kathmandu laugt uns aus und raubt uns die Energie, und jetzt freuen wir uns auf Natur, Berge und Himmel auf unserer nächsten Station in Nepal im Annapurna. Aber trotzdem begeistert und fasziniert uns diese weltoffene Stadt mit ihren liebenswürdigen Menschen. Wir sind überflutet von Eindrücken, Bildern und dieser einzigartigen Atmosphäre, und wir haben wieder mal ein Stück unseres Herzens verloren. Vielleicht ist es gut, dass unsere Reise langsam dem Ende entgegengeht, denn bald ist nicht mehr viel übrig. Von unseren Herzen.

Namaste, Kathmandu.

SAVE TIBET

PUB
NAMASTE
paddle
TOM JER
COUNTRY H
29 - Thamel,

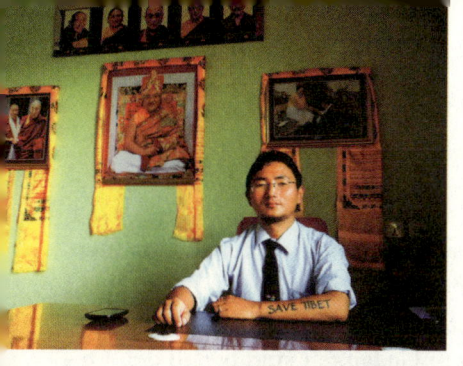

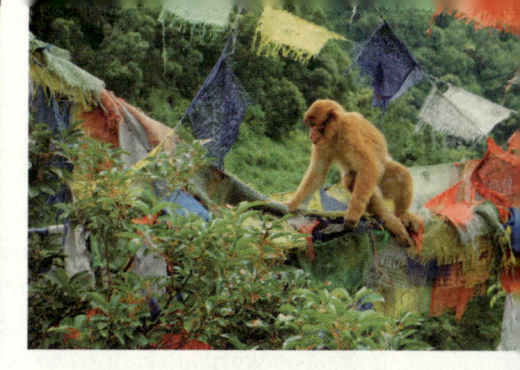

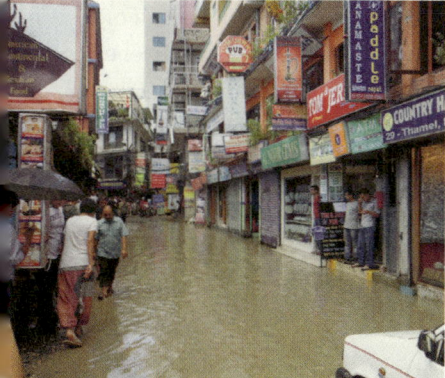

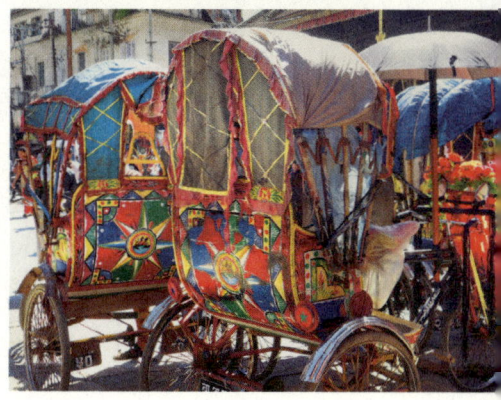

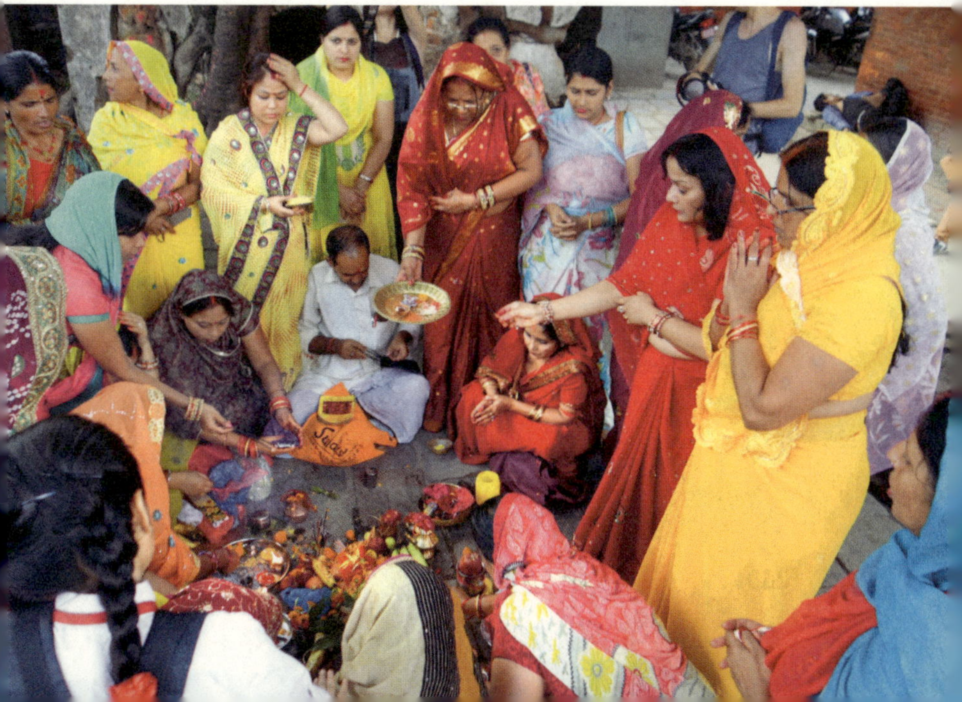

Nachtrag

Dieser Bericht entstand vor dem verheerenden Erdbeben am 25. April 2015, bei dem Tausende Menschen zu Tode kamen. Das Kathmandu, das wir kennenlernen durften, gibt es so nicht mehr. Die meisten Häuser der Altstadt und etliche Tempel und Paläste wurden zerstört. Unsere Gedanken sind bei all den Opfern und den Betroffenen des Erdbebens, unter dessen Folgen Nepal noch lange Jahre leiden wird, weshalb es noch ebenso lange Hilfe von uns benötigen wird. Nepal ist eines der ärmsten Länder dieser Erde, dessen einziger Reichtum die Natur und das – nun zerstörte – kulturelle Erbe sind. Die Menschen haben oft nur das Nötigste zum Leben, aber sie behandeln jeden Fremden mit einer so überwältigenden Gastfreundschaft, dass es einem angesichts dieser Katastrophe das Herz bricht.

Ein göttliches Kind

Philipp

Ein Mädchen mit vierzig Zähnen, mit der Brust eines Löwen, mit den Schenkeln eines Rehs und den Wimpern einer Kuh. Noch nie soll sie geblutet haben, und der Silber- und Goldschmiedekaste der buddhistischen Newar-Ethnie soll sie entstammen. Das sind noch nicht alle Merkmale (insgesamt sind es zweiunddreißig), die jenes kleine Mädchen erfüllen muss, dem wir heute begegnen möchten. Der Kumari von Kathmandu. Matina Shakya dürfte heute zehn Jahre alt sein. Am 7.10.2008 wurde sie als Dreijährige zur neuen Royal Kumari von Kathmandu ernannt. Während der Prozession, die sie sprichwörtlich in ein neues Leben führte, soll sie ziemlich gelassen reagiert haben, nahezu unbeeindruckt von dem Tamtam lächelte sie den Fotografen glücklich zu. Sie war jetzt eine Göttin, und bis zu ihrer ersten Menstruation, so sieht es die Tradition vor, soll sie es bleiben. Dann werden die Priester und Hofastrologen (nach der Abschaffung der Monarchie 2008 sind es wohl eher Staatsastrologen) wieder nach den Zeichen Ausschau halten, sie werden Horoskope möglicher Kandidatinnen prüfen und das eine, das göttliche finden. Sie werden auf die Eltern zugehen, und diese werden in den seltsamen seltenen Zustand versetzt werden, der sie über den schmerzhaften Verlust ihrer Tochter trauern lassen und im selben Augenblick ihre Herzen mit Stolz erfüllen wird. Sie haben der Welt eine Göttin geschenkt. Eine Göttin auf Erden lebt ohne Familie in einem Palast, im Kumari Bahal.

Die Kumari wird als Inkarnation der Göttin Taleju, es ist die Schutzgöttin des Landes, angesehen. Verschiedene Legenden weisen den Weg zu dieser Tradition, die bis in die Anfänge des 13. Jahrhunderts zurückreicht. Eine Legende geht zum Beispiel so: Es war einmal ein König, der hieß Prakash Malla, und der lief durch seinen Palast. Da sah er ein Mädchen, das mit seinen Freundinnen Karten spielte. Er schaute ihr eine Weile zu und bemerkte, dass dieses Mädchen immerzu gewann. Da er nicht nur König war, sondern auch Meister in jenem Kartenspiel, bot er dem Mädchen an, gegen ihn anzutreten. Nach mehreren Niederlagen kam der König zur Einsicht, dass er ebenfalls keine Chance hatte, im Kartenspiel gegen das Kind zu bestehen. Jetzt aber fühlte er sich ganz besonders angezogen von dem talentierten Mädchen. Er lud es ein, ihn in seinen privaten Gemächern zu besuchen. Dort vergaß er sich und versuchte, das Mädchen zu verführen. Daraufhin geriet das Mädchen in Zorn, sie wurde so wütend, dass Flammen aus ihren Augen schlugen. Jetzt begriff der König, wer vor ihm stand: Es war Kali, die schreckliche Göttin des Todes und der Zerstörung, aber auch der Erneuerung. Dann drohte sie sogar damit, den Palast des Königs zu zerstören. Und verschwand.

Einige Zeit später erschien dem König die Göttin im Traum und sagte: »Es gibt eine Möglichkeit, dein schlechtes Verhalten wiedergutzumachen. Finde eine Jungfrau, bau ihr einen Tempel und verehre sie. Wenn sie ihre erste Periode bekommt, wirst du ihre Inkarnation finden müssen.« Der König war erleichtert. Sofort ließ er den Kumari Bahal bauen.

Und hier stehen wir heute. Im Kumari Bahal, im Innenhof, dem Kumari Chowk. Es ist Viertel vor vier, in einer Viertelstunde soll die Kumari am Fenster erscheinen. Das macht sie jeden Tag und manchmal nicht. Wenn sie keine Lust hat, wenn sie zum Beispiel lieber fernsehen möchte. Angeblich liebt sie es fernzusehen. Widersprechen darf ihr sowieso niemand.

Wir sind hier allein. Hat denn sonst niemand Interesse? Tauben leisten uns Gesellschaft, flattern in diesem Innenhof auf und ab, als könnten sie den Ausgang nicht finden. Gurren, paaren sich und verlieren Kot, der auf die aufwendig gestalteten hölzernen Fassaden des Palastes am verkehrsberuhigten Durbar Square tropft. Mir ist ein bisschen langweilig, ich bin zwar ganz angenehm aufgeregt, aber gleichzeitig glaube ich, dass hier heute gar nichts mehr passieren wird. Ein Mann hatte uns angesprochen, er bot uns eine Führung über den Durbar Square an, wir lehnten jedoch ab, er ließ nicht gleich locker, aber wir blieben hartnäckig, und bevor er ging, sagte er, wir sollten um 16 Uhr nicht die Kumari verpassen. Jetzt, wo hier kein Mensch mit uns wartet, denke ich, dass er uns angelogen hat, dass hier gar nichts stattfinden wird und dass wir das jetzt davon hätten, ihn nicht engagiert zu haben.

Jemand kommt. Kommt in den Hof gelaufen und guckt gleich hoch zum Fenster. Noch zwei weitere Leute betreten den Hof. Und jetzt steht eine ganze Reisegruppe vor meiner Nase; ich hatte mich auf die Stufen gleich gegenüber dem Fenster gesetzt und schaue nun auf beigefarbene Reisehosenhintern. Es wird immer voller. Hinter mir sitzt ein Sadhu, er schaut glücklich aus und wendet den Blick nicht ab von dem Fenster zum Hof. Dieser ist mittlerweile voller Menschen, die Aufregung ist groß, es werden letzte Fotos gemacht, dann die Kameras verstaut. Aber nicht jeder hat seinen Reiseführer gelesen und weiß, dass gleich, wenn die Kindsgöttin am Fenster erscheinen sollte, absolutes Fotografierverbot herrscht. Dann endlich bewegt sich etwas. Am linken Fensterflügel sitzt jemand und lünkert zu uns runter, das ist nicht die Kumari, eine Betreuerin vielleicht. Jetzt ertönt aus der rechten Seite des Hofes eine mahnende Stimme. Ein Mann sagt:»Machen Sie bitte keine Fotos. Wer beim Fotografieren erwischt wird, muss seine Kamera an Ort und Stelle abgeben. Bitte machen Sie keine Fotos. Und keine Filme!« Die Kameras senken sich, Selfie-Sticks werden ineinandergeschoben.

Dann ist die Kumari da. Die Gespräche verstummen. Stille. Wir wurden erlöst, mit zwanzigminütiger Verspätung. Die Kumari ist offensichtlich ein bisschen genervt oder gelangweilt. Ihr Haar ist zu einem sehr festen Dutt zusammengebunden, ihre Augen schwarz ummalt, ein überdimensionierter Lidstrich zieht sich bis über die Schläfen, ihr Gesicht ist aufgehellt, Lippen so rot wie frisches Blut, und auf der Stirn leuchtet ein drittes Auge. Reglos schaut die Göttin auf uns herab, keinem ins Gesicht, sie fixiert einen leeren Punkt, ein so ernstes Kind, dann schaut sie auf zum Himmel, und dann seufzt sie. Hat sie geseufzt? Jemand lacht. Warum lacht er? Hat er das auch gesehen? Dann ist die Kumari schon wieder weg.

Etwas Unangenehmes passiert jetzt. Jemand fängt an zu applaudieren, und ganz viele steigen mit ein. So wird die göttliche Erscheinung zu einer profanen Theatervorstellung herabgestuft. Da bin ich streng. Es ist schade, denn ich hätte gerne an dieser Stelle behauptet, beseelt den Hof verlassen zu haben. Aber das tat ich nicht. Als uns jemand am Ausgang des Hofes eine Postkarte mit dem Konterfei der Göttin anbietet, lehnen wir dankend ab.

Wir sind hungrig und finden ein kleines Lokal, nicht weit vom Durbar Square, auf der Freak Street. Wir starren auf den Fernseher, eine Sitcom läuft. Während die Lachspuren nach jedem der Gags abgespielt werden, die sogar wir, die des Nepalesischen nicht mächtig sind, hin und wieder verstehen, überlegen wir, was wohl die Kumari in diesem Moment gerade macht.

Was ist das überhaupt für ein Leben? Ein Mädchen wohnt in einem Tempel. Es ist allein. Wenn es das Fenster öffnet, sind da hundert Gesichter, alle starren es an, und das Mädchen blickt ins Leere, eine Kindheit lang.

Im Fernseher schlägt sich der nepalesische Bill Cosby seine Hand vors Gesicht, dann gleitet seine Hand langsam nach unten, und eine groteske Grimasse kommt zum Vorschein. Er spielt den genervten Papa, seine kleine Serientochter hat etwas angestellt, was genau, haben wir diesmal nicht verstanden. Lachen. Der Fernseher lacht.

Lesen

Gerhard Haase-Hindenberg: *Göttin auf Zeit: Amitas Kindheit als Kumari in Kathmandu*

INDIEN

Varanasi sehen und sterben

Philipp

Wer nach Varanasi geht, kommt, um zu sterben. Denn wer in Varanasi, dem heiligsten Ort der Hindus, stirbt, wer hier verbrannt und im Ganges verstreut oder auch unverbrannt versenkt wird, der entkommt dem ewigen Kreislauf der Wiedergeburt, der spaziert heraus und hinein, in etwas, für das die Hindus sicher einen Namen haben und das dafür sorgt, nie mehr wiederkommen zu müssen.

In Varanasi jedenfalls sahen wir einen Film, den wir nicht so schnell vergessen werden. Um es korrekt auszudrücken: In Varanasi fuhren wir uns einen Film, und nicht nur einen. Wir waren im Kopfkino, und der Film hatte Überlänge. Fuck, dachte ich, während irgendwo in der Dunkelheit meines Magen-Darm-Trakts feine grünliche Partikel einer mir unbekannten Substanz seltsam funkelten, fuck, der hört überhaupt nie mehr auf, dieser Film läuft in Spiralen.

Ich hatte einiges über die Stadt gelesen, diesen durch und durch mystifizierten Ort, das ehemalige Benares, und auch einen Film gesehen, der die tollsten Farben aus dieser Stadt zauberte. Dieser Film war ganz besonders hängengeblieben. Selbstverständlich weiß ich nicht mehr, worum es in der Story ging. Glaube, einer der Filmemacher hatte irgendwelche persönlichen Probleme und musste vorzeitig abreisen. Aber was ich noch weiß, ist, was ich dachte: Varanasi ist so schön; irgendwann, irgendwann einmal will ich dahin.

In diesem Moment schaue ich mir den Film noch einmal an, noch immer verzaubert er mich mit seinen atmosphärischen Bildern. Die Sadhus, wie sie aus den Augen leuchten, als hätte etwas ihr Inneres entfacht, so wach und versunken, so sehr da und doch nicht mehr ganz von dieser Welt. Aber was den Film so stimmungsvoll macht, sind nicht nur die Farben und das Licht, es ist die Dramaturgie der Musik. Doch die Musik ist nicht da, wenn man die Stadt betritt, und wäre sie da, man würde sie nicht hören, sie würde in Grund und Boden gehupt, geknattert und gescheppert. Dafür sind die Sinne ganz anderen Reizen ausgesetzt, sie sind olfaktorischer Natur. Es stinkt. Ein Film kann auch Gestank einfangen, aber dieser wollte es nicht. Das ist okay.

Varanasi fängt ganz harmlos an, wenn man vom Flughafen kommt. Der Taxifahrer ist gemütlich, er verlangt nicht zu viel Geld, man fragt nach Wasser, er sagt, ja, aber nicht hier, zu teuer, dann fährt man ein Stück und kauft für sehr wenig Geld Wasser und lehnt sich zurück für die nächste halbe Stunde, bis der Fahrer einen auffordert auszusteigen. Sind wir da? Nein, wir steigen nur um, in eine Fahrradriksha, die leider höher ist, als man denkt, man thront. Wer will schon thronen? Erfreulicherweise gibt es ein wackliges Verdeck, unter dem wir uns vor den neugierigen Blicken verstecken können, so wie es der Einsiedlerkrebs tut, wenn zumindest ein Teil seines Körpers, verdeckt von einer Muschel, unauffällig über den Strand spaziert.

Hallo Indien, ja, wir sind da, und ja, ich kann mich an dir auch nicht sattsehen. Daran hat sich auch in den über zwanzig Jahren, seit ich das letzte Mal in Indien war, nichts geändert: Inder sind das neugierigste Volk auf der Welt, und das ist toll. Und manchmal nervt es. Aber sie haben recht – wer nicht guckt, bekommt nichts zu sehen. Fotos, ja bitte!

Die Fahrradrikscha bleibt stehen. Sind wir da? Nein, ab jetzt wird gelaufen. Aber wohin? Ein junger Mann sagt, wir sollen ihm folgen, durch die Gassen passen keine Rikschas, er kennt den Weg zu unserem Hotel, es liegt direkt neben seinem. Na dann, uns bleibt eh nichts anderes übrig, auch wenn ich weiß, wohin uns die Annahme der Dienste des jungen Mannes führen wird, höchstwahrscheinlich in ein komplett anderes Hotel, das ihm eine Provision für neue Gäste zahlen wird. Hier fängt das unheimliche Varanasi an. Das Gassenlabyrinth. Gassen so schmal, dass ich sie mit ausgestreckten Armen vermessen kann. Aber breit genug, um Kühen und Bullen Platz zum sinnlosen In-der-Gegend-Stehen zu bieten.

Der Junge ist schnell, wir schnaufen mit unseren inzwischen auf einundzwanzig Kilo angeschwollenen Rucksäcken hinterher, vorbei an Kühen, Bullen und ihren schlammigen Exkrementen, vorbei an abgerissenen Menschen, die in Wandnischen dösen, vorbei an Pissrinnen, deren Ausdünstung so sehr in der Nase sticht, dass ich meine Riechfunktion bis auf Weiteres deaktiviere und fortan durch den Mund atme, der mir das wiederum übel nimmt und meinem Gehirn folgende Nachricht steckt: Wenn du weiter durch den Mund atmest, ist das wie essen, wie schlucken, du wirst dir den ganzen Gestank einverleiben, das, was nicht auf deiner Zunge haften bleibt, wird direkt in deine Lunge wandern, der Gestank wird in dir sein, fünf Liter Gestank in zwei Luftsäcken, die unter deinem Herzen liegen. An den entscheidenden Stellen tauche ich also ab. Luft anhalten, es geht nicht anders. Es ist nicht überall so in Varanasi, es sind einige wenige Stellen, doch diese sollten bei unüberwindbarer Pingeligkeit unbedingt atemlos durchschritten werden.

Da sind wir. Ich hatte schon auf dem Weg durchs Labyrinth bemerkt, dass wir richtig laufen, die Namen der etwas größeren Hostels und Restaurants wurden mit Farbe und Pinsel und richtungsweisenden Pfeilen an die Wände gemalt. Am Hostel angekommen fragen wir nach freien Zimmern, unser Führer wartet, ich gehe noch einmal raus und möchte ihm ein Trinkgeld geben, er will nichts, er will uns weiter zu Diensten stehen, zum Beispiel könnten wir in das Hotel nebenan einchecken, das sei seines. Ich mag aber nicht. »Unser« Hotel hat was frei, es hat Internet (nicht selbstverständlich in Indien), und es wird im Netz empfohlen. Ich versuche noch einmal, ihn zu tippen. Keine Chance. In den nächsten zwei Tagen wird er morgens auf uns warten, er wird den Namen eines bekannten Elektronikherstellers rufen (»Hey Philips! Philips! Willst du eine Bootstour machen? Seide kaufen? Stadtführung?«), und jedes Mal werden wir schneller laufen und »No, thanks, man!« zurückrufen.

Als wir den Rezeptionsbereich verlassen, um uns die verschiedenen Zimmer anzuschauen (Zimmer mit A/C und Balkon, Zimmer ohne A/C mit Fenster, Keller ohne alles), überrascht uns die Weitläufigkeit dieses Hotels. Nach der Tour durch die schmalen Gassen habe ich nicht mit so viel Platz gerechnet. Es gibt eine große Terrasse mit Blick auf den Ganges, ein kleines Restaurant und noch eine kleinere Terrasse im Untergeschoss. Unser Zimmer (A/C mit Fenster) befindet sich in der ersten Etage an einem offenen Galeriegang, der einmal rund um die Terrasse führt. Wir legen unser Zeug ab, trinken etwas und starren.

Da ist er, der Ganges, dieser riesige Strom, die Personifikation einer Göttin namens Ganga, sündenreinigend, wenn man in ihm badet. Absolution versprechend.

Und da ist auch der andere Ganges, der zweitgrößte Fluss der Welt und vielleicht auch der verdreckteste.

Die Belastung durch Kolibakterien ist zweihundertmal höher als in Indien erlaubt, und das Wasser enthält hohe Konzentrationen von Cyaniden, Arsen, Blei, Zink, Chrom und Quecksilber. Zu den Fäkalabwässern kommen zahlreiche Leichenreste.

(WIKIPEDIA)

Aber so weit sind wir noch nicht. Es ist später Nachmittag, wir sind müde, das Hotelzimmer verlassen wir erst wieder gegen einundzwanzig Uhr. Zurück in den Gassen, diesmal ohne Guide, diesmal ohne Licht. Ein paar Funzeln brennen, das Licht scheint schwach aus den Häusern, an manchen Stellen scheint es gar nicht, Leute behelfen sich mit Taschenlampen, unsere liegen – wie immer, wenn wir sie brauchen – im Hotelzimmer. Ich habe keine Angst, ich bin erregt, gespannt, nervös, aber gut nervös, die Augen sind weit geöffnet.

Nirgendwo sonst als anderswo ist es spannender, um eine dunkle Ecke zu gehen. Sie muss noch nicht einmal dunkel sein, sie muss nur anderswo sein. Menschen sitzen förmlich in ihren Auslagen, man weiß nicht immer, ist das ein Laden, gibt es hier was, oder sitzt hier nur jemand? Ein Junge und ein Mann spielen Schach im gelben Licht. Wir laufen weiter, folgen den handgeschriebenen Wegweisern, lassen uns von einigen Menschen, die teilweise sehr entrückt scheinen, den Weg weisen, aber ein Restaurant finden wir nicht, keines, das geöffnet hat. Dann erreichen wir den Nachtmarkt. Viel gibt es hier nicht, das meiste kommt aus Dosen, Flaschen oder Tüten, es gibt Obst und irgendwo sicher auch etwas Warmes zu essen, aber an die Rohküchen trauen wir uns hier nicht, sie vertragen sich nicht mit unseren Nasen, es klappt einfach nicht. Wir ziehen weiter, vorbei an den Ständen, vorbei an den unzähligen Kühen, auf der Hut vor den Ochsen, jemand ruft »Lassi, Lassi!«.

Wir erreichen ein Ghat, einen der verschiedenen Treppenzugänge, die zum Ganges führen, an diesem hier wird gerade eine hinduistische Lichterzeremonie abgehalten. Teils befinden sich die Gläubigen in den Booten, teils an Land, in der Mitte steht ein Priester, wir stehen in der Masse, neben uns eine Kuh. Andächtige Stimmung und trotzdem ein Knistern in der Luft, trotzdem sind alle aufgewühlt in dieser Stadt, an diesem Ghat. Ich weiß es, ich bin es doch auch. Kleine Jungs laufen umher, sie können dich segnen, sie können dir einen roten Punkt auf die Stirn malen, vergiss nicht, ihnen dafür zu danken, du musst was zurückgeben. Sadhus sitzen, liegen, stehen. Und kommen auf dich zu. Du kannst ein Foto machen, wenn du willst, aber vergiss auch hier nicht, du musst etwas zurücklassen.

Wir beide lassen uns volllaufen. Friederike steht still und folgt dem Zeremoniellen, ich laufe umher, hungrig nach Bil-

dern und Gesichtern. Was machen die da? Heute werde ich das nicht mehr herausfinden, aber voll bin ich, voll sind wir, diesmal haben wir nicht auf Ganesha-Statuen geblickt, sind nicht durch Tempel flaniert mit dem Reiseführer in der Hand, kurzen Texten, Abrissen einer Mythologie folgend, die doch ein ganzes Studium verlangt, ein ganzes Leben. Wir haben nur zugeschaut und nichts verstanden, so weit ist alles weg, so unbegreiflich das Gebaren der Leute, wir sind besoffen von Eindrücken. Die Zeremonie ist zu Ende, noch nicht einmal das haben wir verstanden.

Da stehen wir und schauen wieder nur zu, wie sich alles auflöst, und irgendwie lösen auch wir uns ein bisschen auf. Einer dieser Jungen gibt uns seinen Segen. Ein roter Punkt auf meiner Stirn zeugt davon. Später werde ich ihn mir mit einer nervösen Bewegung, die durchaus mit Angst zu tun hat, aus dem Gesicht wischen.

Der Pulk hat sich verteilt, die Bettler und Sadhus haben sich oberhalb des Ghats längs aufgestellt, die Gemeinde zieht vorbei und gibt denen, die brauchen. Klingelbeutel auf Hindi.

Noch immer haben wir nichts gegessen. Friederike schlägt vor, wenigstens einen Lassi zu trinken. Da war vorhin ein Junge, der hatte »Lassi, Lassi!« gerufen, das hat Friederike sich gemerkt. Wir finden den Jungen wieder, Friederike weiß genau, was sie will, also wird entsprechend schnell geordert, der Magen knurrt.

Friederike: »May I have a Lassi?«

Typ: »Mang Lassi?«

»Mango? Yes, fine!«

»You want strong?«

»Ehm, strong? Okay, why not?«

»For your husband no Lassi?«

Ich: »No, thanks. I'll have a Lemonade.«

Die sind eigentlich ganz nett, die Jungs. Sie sagen, wir sollen uns setzen, und ich denke, wieso denn setzen, und setze mich. Friederike und ich sitzen jetzt in dem kleinen Kabuff, ich nuckel an meinem Softdrink, stecke mir eine Zigarette an, biete dem Jungen neben mir eine an, der nimmt sie und setzt sich neben mich. Wir plaudern, ich zeige ihm Fotos auf meiner Kamera, erzähle ihm von den Khukuris, den großen Jagdmessern, die ich in Nepal gekauft habe, finde nur leider kein Foto, er sagt, morgen solle ich wiederkommen mit den Messern, die müsse ich ihm zeigen.

Da kommt Friederikes Lassi, gar nicht so milkshakehaft, wie ich ihn mir vorgestellt hatte, ich hatte mir mehr vorgestellt, mehr im Glas. Überhaupt, dieser Lassi sieht so gar nicht nach dem Mango-Lassi aus, wie ich ihn kenne. Der hier befindet sich in einer kleinen Tonschale, die Menge entspricht ungefähr der eines doppelten Espresso. Es ist eine ganz grüne Flüssigkeit, auf ihr schwimmen fein gehackte Kräuter, der Lassi sieht exakt so aus wie die wohlschmeckende Spezialität aus dem Frankfurter Raum, die man mit Ei und Kartoffeln genießt: Grüne Soße, oder wie der Hesse sagt: Grie Soß.

Jetzt muss ich auch mal probieren, oh, es schmeckt ganz fabelhaft, so nach Kräutern mit Honig, irgendwie exotisch, diese Kräuter kenne ich nicht, oder doch, aber ich komme nicht drauf, nur nach Mango schmeckt es nicht. Der Junge am Herd fragt mich noch einmal: Für dich wirklich keinen Lassi? Doch, für mich auch einen! So einen Rieseneimer wollte ich nicht, aber jetzt, wo ich weiß, dass der Lassi so kurz ist wie ein Espresso und mir ganz fein munden wird, kann ich mir ja ruhig auch mal einen gönnen. Das denke ich wirklich.

»Strong?«

»Sure!«

Wir haben unsere Tonschälchen geleert, ein Junge kommt und kippt etwas Wasser in die Schälchen, alles muss weg, sagt er, und ich denke, ach, sie haben ja recht, keine Lebensmittel verschwenden, die paar Kräuter nehmen wir natürlich auch noch zu uns. Die Schalen sind blitzsauber. Die Jungs grinsen, sie grinsen die ganze Zeit schon, ich hatte natürlich gleich gemerkt, dass sich die Brüder hier, bevor wir kamen, einen Joint genehmigt hatten, das sieht man nämlich an ihren Augen. Ich will jetzt gehen, Friederike auch, the bill, please.

What?

Ich bin ein bisschen wütend, wütend auf mich selbst, es gibt eine alte Reiseregel: Frage immer, *bevor* du etwas kaufst oder in Anspruch nimmst, nach dem Preis, niemals danach. Der Junge

möchte umgerechnet fünf Dollar pro Lassi und 35 Cents für die Sprite. Ich bin entsetzt und frage, was das soll. Wieso will er so viel für das bisschen Kräuterhonigmilch? Die Jungs lachen, einer kringelt sich sogar dabei, sie sagen, das sei der ganz normale Preis für Bhang in Indien. Bhang? Ich dachte Mang, also Mango (weil die Inder gerne die letzte Silbe weglassen). Aber es hatte ja gar nicht nach Mango geschmeckt. Egal jetzt. Ich komme da eh nicht mehr raus, zahle, die Jungs sagen, bis morgen, ich sage, bis morgen, weil ich auf einmal ganz versöhnlich werde, und dann laufen wir langsam los, durch die finsteren stinkenden Gassen zurück zum Hotel.

»Weißt du, mein Mäuschen, ich fühle mich ganz entrückt. Diese Stadt ... Ich mein, ich habe hier an diesem ersten Tag schon so viele Sachen gesehen, ich bin ganz entrückt, besser, ich leg mich gleich mal hin.«

»Schon wieder schlafen? Wir sind doch gerade erst aufgestanden.«

»Ja, aber ich bin so entrückt, weißt du. Die ganzen Eindrücke. Ganz entrückt bin ich.«

Ich kann mich irgendwie nicht von diesem Wort trennen. Entrückt, entrückt, entrückt. Dieses Wort beschreibt meinen Zustand ganz hervorragend. Ich gehe noch einmal alle Dinge durch, die sich heute vor meinen Augen abgespielt haben. Das war schon eine ganze Menge. Und auch die anderen Sinne wurden ganz schön beansprucht. Das Hupen in meinen Ohren, die Kuhfladen in meiner Nase (auf meiner Zunge, in meiner Lunge). Viel, das war echt viel ... Dann schießt mir ein ganz neuer Gedanke in den Kopf, ich denke: Bin ich etwa breit? Stoned, high, dicht, lattendicht?

»Du, glaubst du, da war irgendwas drin? Ich fühl mich schon so ein bisschen, hm, breit.«

»Also ich spür nichts. Glaube ich nicht«, sagt Friederike.

»Okay.«

Wir tasten uns durch die Gassen, wir tapsen, ich zumindest, ich sehe nämlich fast nichts. Ich bin jetzt nicht nur entrückt, ich bin auch nachtblind. Die Augen, die Augen, sie haben heute schon zu viel gesehen, sie müssen sich ausruhen.

Endlich da. Wir setzen uns an einen Tisch auf der Hotelterrasse, gleich unter uns fließt der Ganges, schwarz und dreckig, Leichenreste spült er fort und Sünden.

»Die Sterne, guck mal die Sterne, Friederike!«

»Do you want to order something?«

Oh, ein Kellner, da frage ich doch mal nach Bier, obwohl ich weiß, dass das in Varanasi (wir erinnern uns: der heiligsten Stadt der Hindus) nicht so gerne gesehen wird, und tatsächlich habe ich an keiner der zahlreichen Kioskbuden auch nur ein einziges Bier gesehen.

Der Kellner grinst und freut sich, mir eine gute Nachricht zu überbringen: »Yes, Sir, we have!«

Wir ordern zwei Kingfisher, das ganz okaye indische Bier, und starren auf die Speisekarte. Ach so, wir hätten ja auch gleich hier essen können. Der Kellner kehrt mit zwei Bierdosen zurück, und wir bestellen French Fries. Pommes und Bier, ein Spitzen-Nachtmahl, wie wir finden.

Jetzt muss ich noch mal fragen, denn ich werde dichter und dichter: »Also du spürst wirklich nichts?«

»Nein, echt nicht. Hihihihihihihihi!«

»Wieso kicherst du dann so?«

»Ich kicher doch gar hihihihihihihi ...«

Okay. Sie ist auch breit.

Während Friederike sich ein bisschen totlacht, ist mir ganz anders zumute, ich fühle mich inzwischen mehr als entrückt, es fühlt sich so an, als würde gleich der Trip losgehen, so mit Halluzination, Paranoia und allem Drum und Dran. Das hier ist kein Bekifftsein, ich glaube, uns steht eine längere Reise bevor. Vielleicht eine Reise ins Reich der Pilze oder in die Welt der Stechäpfel, Tollkirschen, Engelstrompeten. Ich weiß es nicht, ich weiß nur: Ich will nicht, ich will gar keinen Trip.

Wichtigstes Tripgebot: Du solltest da schon Bock drauf haben.

Habe ich aber nicht, zumal ich keine Ahnung habe, was ich da gerade zu mir genommen habe.

Friederike guckt mich ängstlich an, irgendetwas davon muss ich laut ausgesprochen haben, vielleicht das mit den Engelstrompeten.

Okay, wir sind jetzt wenigstens beide dicht.

»Was machen wir denn jetzt? Was war denn dadrin?«

»Weiß ich nicht. Wir warten mal ab.«

»Na toll.«

»Ja.«

Unsere Sätze werden immer kürzer. Bei mir liegt es unter anderem an meiner Stimme, ich erkenne sie nicht mehr wieder, sie ist mir peinlich, ich will eigentlich nicht mehr so viel sprechen, ich will eigentlich auch nicht mehr hier sitzen, die Leute und so, ich will nicht, dass die mich so sehen, völlig verstrahlt durch eine andere Wirklichkeit taumelnd. Ich will hier weg.

»Komm, lass uns gehen.« (Peinlich, wie klinge ich denn?)

»Wohin?«

»Zimmer.« (Wer spricht da, ich?)

Friederike, zögernd: »Und die Pommes?«

»Egal.« (Das habe definitiv nicht *ich* gesagt.)

Friederike, leise: »Also hochgehen?«

»Egal.« (Doch, ist wohl meine Stimme.)

»Was egal?«

»Hä? Komm jetzt. Kannst du laufen?« (Und kann ich es überhaupt?)

»Weiß nicht. Glaub, mein eines Bein ist kürzer.«

»Warum bringt der Kellner denn nichts? Ich steh jetzt auf. Du auch?«

»Okay.«

»Also jetzt.«

»Ja.«

Der Kellner läuft über die Terrasse.

»Warte, bis der Kellner weg ist.«

Der Kellner verschwindet in der Küche.

»JETZT!«

Wenn ich an uns beide in diesem Moment zurückdenke, dann sehe ich nur einen einzigen Menschen, wie wir da von unseren Stühlen aufstanden, wie ein Mensch, der sehr lange aufgrund einer Lähmung an einen Stuhl gefesselt war und jetzt die ersten Schritte wagt. Wir wackeln also ein bisschen, sind noch etwas unsicher, dann geht es aber ganz zügig voran. Mein Gott, wir können gehen! Auf der Treppe, die zu unserem Zimmer führt, entdecke ich eine ganz neue Methode des Stufenerklimmens für mich. Hände! Man muss seine Hände mitbenutzen, das geht viel besser, überhaupt, man sollte diesen Vorteil, ein eigentlicher Vierbeiner zu sein, viel häufiger ausnutzen. Ich nehme mir vor: Sollte dieser Trip irgendwann vorbei sein, sollte ich irgendwann wieder normal werden (was ziemlich unwahrscheinlich ist), bei den Händen werde ich bleiben. Treppen – ab jetzt nur noch auf allen vieren!

Vor der Zimmertür angekommen, werfe ich noch rasch einen Blick nach unten: kein Kellner in Sicht, gut so. Ich schließe jetzt die Tür auf. Nein, ich bin nicht in der Lage, die Tür aufzuschließen.

Wieso ist dieser Schlüssel nur so winzig? Wieso hat diese Tür kein normales Schloss, sondern so ein Scheißvorhängeschloss? Ich werde nervös. Jetzt steckt der Schlüssel im Schloss, aber falschrum oder was weiß ich, er geht nicht mehr raus. DIE SCHEISSE GEHT NICHT MEHR RAUS!

»Beeil dich, ich glaub, ich muss kotzen.«

Oh Gott! Zusatzmission: nicht nur vor den Leuten (Kellner) verstecken, sondern auch die Tür möglichst schnell aufschließen, weil sonst Kotze vor der Tür inklusive aufsehenerregender Würggeräusche.

Nur keine Gewalt anwenden, vorsichtig den verkehrt herumen Schlüssel aus dem Schloss entfernen, denn wenn er abbricht, ist das Spiel vorbei, dann liegt Kotze vor der Tür und tausend Augen werden uns anstarren, dann wird einer aus dem Augenmeer sagen: Die haben wohl Drogen genommen. DROGEN!!! Und die Augen werden sich auf uns zubewegen …

Es klappt, die Tür ist auf. Komm, kleine Maus, jetzt kotz dich mal schön aus. Friederike muss sich gar nicht mehr übergeben, sie scheint überhaupt nichts mehr zu müssen, sie steht einfach nur still da in der hintersten Ecke des Zimmers, aber dann sagt sie doch was: »Langsam wird mir das unheimlich.«

Besser kann man eine aufsteigende Paranoia nicht begrüßen. Vielleicht kann man die ja wegduschen. Denke ich und finde mich augenblicklich unter der Dusche wieder. Das ist okay, das ist nicht schlecht, das ist sogar ein bisschen lustig – vor der Dusche hängt ein Spiegel –, ich komme einigermaßen erquickt zurück ins Zimmer, aber dicht bin ich noch immer. Wenigstens kann ich mich noch bewegen. Friederike liegt recht steif im Bett, stumm in die Luft starrend, angsterfüllt, das weiß ich.

Neue Mission: Frau beschützen. Der Pommeskellner, wenn er denn irgendwann mal kommt, darf auf keinen Fall dieses Zimmer betreten, niemand darf dieses Zimmer betreten.

»Du, ich stell mich mal vor die Tür und halte Wache.«

»Was?«

»Ich halte Wache. Wegen der Pommes.«

»Was?«

»Ich bin einfach draußen.«

Friederike, ängstlich: »Ja?«

»Ich steh direkt vor der Tür.«

»Okay.«

Draußen vor der Tür ist es ganz ruhig. Von hier kann ich fast die gesamte Terrasse überblicken. Nur ein Inder sitzt dort und isst ein indisches Gericht, sieht mir nach Thali aus, sonst ist da niemand. Ich nehme einen Schluck Bier und rauche, dann stelle ich die Dose auf den Boden, sehr umständlich, ich beuge mich sehr tief nach unten, mein Gott, ich habe das Ablegen von Gegenständen verlernt. Was kommt als Nächstes? Rauchen, wie hält man dieses Ding denn? Während ich mir also meine Zigarette ganz dicht vors Gesicht halte und sie mir genau anschaue, verschiebe ich aus Versehen den Fokus ein bisschen, und mein Blick fällt plötzlich auf einen dicken bärtigen Mann, der mir gegenüber auf der anderen Seite des Galerieumgangs auf einem Stuhl (Wieso hat der einen Stuhl?) sitzt und raucht. Ich kann sein Gesicht nicht erkennen, ein Schatten liegt über seinen Augen. Ich frage meine Paranoia um Rat: Was soll ich tun, liebe Paranoia, da sitzt ein dicker Mann mit Bart vor seinem Zimmer und raucht? Bist du bescheuert, antwortet die Paranoia, dreh dich sofort um fünfundvierzig Grad, dann sieht er dich vielleicht nicht mehr, dann kommt er dich, wenn du Glück hast, nicht holen, und wenn du noch mehr Glück hast, spricht er dich noch nicht einmal an (was in Wahrheit meine größte Angst ist)! Ich drehe mich also halb weg, was fast so ein gutes Versteck ist wie Augen zumachen, und beobachte nun das Treiben im Restaurant (ein Mann isst) aufmerksam aus dem Augenwinkel.

Da, der Kellner! Er trägt einen kleinen Teller vor sich her, da liegt etwas Gelbes drauf, das sehe ich doch. Er läuft bis zu den Tischen, die vorne am Fluss stehen (da saßen wir vorhin noch), dann läuft er zurück und stellt dem Inder den Teller hin. Paranoia, denkst du das, was ich denke? Hat der Kellner etwa dem Inder unsere Pommes hingestellt, weil er uns nicht gesehen hat und dachte, er könnte die Pommes einfach »verschwinden« lassen, uns aber dann in Rechnung stellen? Die Paranoia antwortet unerträglich selbstsicher: Genauso sieht es aus. Was machst du hier noch?

Ich habe es nun sehr eilig, dabei will ich es noch nicht einmal, aber ich muss das jetzt klären, wieso haben wir nur diese blöden Pommes bestellt – ich laufe los. Als ich vor dem Tisch des essenden Inders stehe und mein leicht irrer Blick über die Tischplatte wandert, kommt er zu dem Ergebnis: keine Pommes. Auf dem kleinen Teller liegen ein paar Scheiben Chapati, indisches Fladenbrot.

Der Inder guckt.

Ich gucke.

Dann sage ich (auf Deutsch): »Ach so«, und drehe mich schnell weg (er kann mich also nicht mehr sehen).

Der Kellner! Kann es sein, dass wir jetzt schon zwei Stunden auf eine Portion Pommes ohne alles warten? Wenn ich sprechen könnte, würde ich mich aber so was von beschweren; augenblicklich reicht es aber nur für ein: »French Fries. Roomservice. Thank you.«

Zurück auf den Wachtposten.

Kurzer Blick ins Zimmer: »Hey, ich bin gleich fertig.«

Friederike, zu Tode erschreckt, aus ihrem Dämmerzustand gerissen: »WAAAASSSS?!«

»Ich komm gleich rein. Bin gleich fertig.«

»Womit fertig?«

»Mit dem Kellner.«

»Okay.«

Der dicke Mann mit Bart ist weg, niemand sonst ist hier auf der Galerie. Ich lehne mich auf das Geländer und starre nach unten, keine Pommes in Sicht. Ich könnte ja schon mal das Geld abzählen, dann dauert es gleich nicht so lang. Nach gefühlt einer Stunde habe ich den Betrag zusammen und gefaltet in meiner Hosentasche verstaut, dann lehne ich mich wieder aufs Geländer, ich will ganz aufmerksam sein, aber es gelingt mir nicht. Ich drifte ab, ich denke schöne Sachen, ich will sie mir unbedingt merken, es ist so interessant, doch heute ist nichts mehr davon da, ich weiß nur, ich war verdammt weit weg, und es war verdammt interessant.

Dann schüttele ich mich und fokussiere die Treppe, und tatsächlich – Wie viel Zeit ist bisher vergangen? Ich stehe doch schon so lange hier! –, da kommt der Kellner die Treppe hinaufgelaufen, er hat einen Teller in der Hand. Und ich eine Dose Bier in der einen und eine Zigarette (an der ich schon lange nicht mehr ziehe) in der anderen.

Was macht er denn da? Der Kellner will sich an mir vorbei ins Zimmer drängen. Ich stelle mich ihm in den Weg und sage: »No, no, here is your money!«, und er guckt, ich gucke, dann stelle ich die Bierdose neben seinen linken Schuh, und die Zigarette lege ich neben seinen rechten. Beim Aufrichten versuche ich nicht slapstickhaft mit dem Kopf gegen den Teller zu knallen, es dauert halt etwas, bis ich aufrecht stehe, dann aber nehme ich hastig den Teller entgegen und drücke ihm die Scheine in die Hand. Er sagt irgendwas, nicht verstanden, ich drehe mich um und gehe ins Zimmer, stelle den Teller in den Kleiderschrank und verriegele die Tür so schnell es mein neues Zeitlupen-Dasein zulässt. Drei Riegel, oben, in der Mitte und unten. Alles zu. Geschafft.

Wir haben Glück, wir haben Wi-Fi in diesem Hotel, das ist wie schon erwähnt nicht selbstverständlich in Indien. Mein Plan ist es, irgendwelche Dokus zu gucken. Glotzen und runterkommen, alles soll normal sein. Ich entscheide mich, während das Tippen mir einige Probleme macht, für einen Film über Reinhold Messner, irgendwas mit Nepal, da waren wir vor zwei Tagen noch. Es war bewölkt, und auf unserer dreitägigen Wanderung bekamen wir leider nicht allzu viel vom Annapurna-Gebirge zu sehen, hin und wieder einen Gletschergipfel.

Dieser Film wird uns sicher einen viel besseren Ausblick verschaffen. Doch der Film ist kein wirklicher Wohlfühlfilm, ich hatte mir so etwas wie die schönsten Bahnstrecken im Himalaya erhofft, aber hier geht es um die Messner-Brüder, die im Jahre 1970 den Achttausender Nanga Parbat (übrigens nicht in Nepal) besteigen wollten. Beim Abstieg starb Messners Bruder Günther.

Warum, und was Reinhold damit zu tun hatte oder auch nicht, weiß ich heute nicht mehr. Ich weiß nur, dass ich in dieser Nacht Reinhold Messner für das allergrößte Schwein halte, einen Mörder. Armer Günther. Mein Gott, wie schlimm, was haben die da nur gemacht, ich steigere mich da so rein, ich verstehe nicht, wieso der Mörder mit den amputierten Zehen danach so oft im Fernsehen zu sehen war, so populär, aber doch ganz klar ein Schwein.

Und dann klopft es.

Ich, panisch: »Hat es geklopft?«

»Glaub schon.«

»Nee.«

KLOPF KLOPF

»Ich mach nicht auf!«

»Nein, mach nicht auf!«

Dann noch einmal, noch lauter, die Tür wackelt, glücklicherweise von drei Riegeln gehalten, das habe ich zwischendurch immer wieder überprüft.

»Ich glaub, ich muss aufmachen.«

»Wirklich?«

Ich weiß noch, wie ich die Riegel beiseiteschob, wie ich dachte, oh mein Gott, oh mein Gott, wer ist das? Polizei. So klopft nur die Polizei. Ich bin unschuldig, ich hab nur Kräutermilch getrunken, die war so lecker.

Vor der Tür steht der Kellner und sagt was von »one Dollar, one Dollar«.

Ich verstehe nicht.

Ich frage, und ich verstehe mich selbst nicht, schon wieder ist da diese seltsame Stimme, und wie sie das Wort in die Länge zieht, ich sage: »Soooooooooooooorryyyyyyyyyyyyyyyyyyyyyyyyy?«

Der Kellner guckt, ich gucke, das ist mir peinlich. Meine

Stimme hat quasi einen fahren lassen. Dazu muss ich wie ein Irrer geguckt haben, immer noch auf der Hut vor Reinhold Messner.

Irgendwas mit »one Dollar«, wiederholt er.

Dann denke ich, oh, ich verstehe, der will Geld, kann er haben. Ich greife zum Portemonnaie, das neben der Tür liegt, hole alle Rupien raus, die ich habe, halte sie ihm hin und sage: »Take it!«, während er auf die Zimmernummer guckt und »No« sagt und auf die Tür nebenan deutet, ich verstehe nicht, ich laufe ihm hinterher, denn er geht schon weiter, ich habe aber doch noch gar nicht gezahlt, also rufe ich: »Take my money, please!«

Ich will nur eines: Er soll nie mehr bei uns anklopfen, wir brauchen Ruhe, wir müssen hier Dokus gucken zum Runterkommen. Aber er lässt mich stehen.

Ich überlege, das Geld vor die Tür zu legen, aber das ist mir dann zu unsicher, nachher klopft jemand an und will es uns zurückgeben. Also gehe ich zurück ins Bett.

Ich weiß nicht mehr, was wir uns noch ansahen, ich weiß auch nicht mehr, was ich dachte, nur, dass es irgendwie spiralförmig war.

Irgendwann schläft Friederike, was mich für sie sehr freut. Ich schleiche zum Kleiderschrank und hole mir die Pommes. Ich starre auf den Bildschirm und bin mir sicher, dass der Pommesteller inzwischen von Ameisen belagert ist, aber es ist dunkel, ich kann nicht sehr viel erkennen, also taste ich jede Pommes nach Lebewesen ab, um sie mir dann genüsslich in den Mund zu schieben, nach einer Weile lasse ich das mit dem Abtasten, ich denke, och, Ameisen, wir sind hier schließlich in Asien.

Dann fallen mir die alten Kekse im Rucksack ein, auch die verputze ich, haben sich doch ganz gut gehalten. In der alten Hose müssen noch zwei Bonbons sein, bereitgelegt für bettelnde Kinder. Lecker. Ich zerbeiße sie sofort und kaue sie kaputt, die sind so schön süß. Dann liege ich ein paar Minuten rum. Und ich danke meinem Gedächtnis bis heute dafür, in diesem Moment fällt mir die Banane wieder ein, wir hatten sie bei unserer Ankunft in den Mülleimer geschmissen. Eine ganze

Banane! Ich schleiche ums Bett herum, fische den schwarz verfärbten Leckerbissen aus dem Eimer, öffne die überreife Frucht und schlürfe ihr breiiges Fleisch aus der Schale. Oh, das ist gut. Unverhofft finde ich in unserer Reiseapotheke, die ich gründlich durchsuche, ein paar Pfefferminzpastillen. Viele grüne Smarties, ich werfe sie mir alle zusammen in den Mund. Mhm, wie das schmeckt.

Als wir aufwachen, sind wir immer noch dicht. Dreizehn Stunden dicht. Wow. Die Paranoia ist verflogen, nicht dass ich gerne ein Bad in der Menge genommen hätte, aber ich bin nicht mehr entrückt, einen Schritt könnte man vor die Tür wagen, meine Stimme erkenne ich auch schon fast wieder. Ein Spaziergang würde uns guttun.

»Was ist mit dir, Friederike?«

»Ja, geht, aber was zur Hölle war das?«

Bhang-Lassi besteht, das sagen zumindest die meisten Seiten im Netz, aus Marihuana. Es gibt allerdings einige Berichte von Gewohnheitskiffern, die, der Übermut war schuld (»Yes, strong. Why not?«), von Trips berichten, die sie ein bisschen mehr als dicht machten und sehr weit wegtrugen, unerwartet stark, unerwartet unangenehm. Ganz weit weg.

Wir sind jedenfalls wieder da. Und Varanasi haben wir eigentlich noch gar nicht gesehen.

Im Reiseführer steht, dass der Assi-Ghat einer der berühmtesten ist, da sei ganz besonders viel los … Wir sprechen einen Rikschafahrer an, er macht uns einen ganz guten Preis. Komischerweise hat die Rikscha zwei Fahrer, der zweite will ein bisschen quatschen. Wir lassen alles mit uns machen. Und als der nicht fahrende Rikschafahrer, nachdem wir ein kleines Stückchen gefahren sind, sagt, wir sollen den fahrenden zahlen und dann mit ihm mitkommen, machen wir auch das. Der fotogene Ghat ist okay, kein Topmodel, würde ich sagen, aber er ist schön menschenleer. Friederike macht ein paar Bilder, und ich sitze mit dem Nichtrikschafahrer rum. Er sagt, Bhang-Lassi finde er ganz gut, aber man solle nicht den starken bestellen, viel zu heftig, es gebe auch eine Light-Version und eine normale. Wir könnten gleich los, einen heben. Nein danke, ein andermal.

Wir würden jetzt gerne das berühmte Verbrennungsghat sehen. Wir laufen nicht zurück zur Rikscha, sondern nach Norden, wir gehen die ganze Strecke zu Fuß zum Ghat. Wofür haben wir noch mal die Rikscha bezahlt? Der Junge ist ganz nett, offensichtlich haben wir eine Stadtführung bezahlt, na gut, er warnt uns vor jedem Kuhfladen, sodass wir einen Bogen drum herum machen können, ich weiß nicht, ob ich das ohne ihn schaffen würde, er sagt, hier wohnen ganz viele Junkies, aufpassen, und wir passen auf; dort könne man Wasser kaufen, und ich kaufe Wasser. Dann sagt er, wir sollen das Fotografieren einstellen, gleich seien wir da, die Angehörigen der Toten würden nicht so gerne abgelichtet. Wir laufen über irgendwelche Berge aus Müll, Schutt und Scheiße und stehen vor einem Haus.

Der Junge sagt, das sei ein Hospiz, von der ersten Etage aus könnten wir die Scheiterhaufen sehen, aber um das tun zu können, müssten wir eine Führung von einem Hospizpfleger in Anspruch nehmen. Hospiz?, denke ich, nicht gerade sehr voll hier. Das Erdgeschoss steht leer, der Boden ist aus Erde, ein Sadhu steht dort und pisst. Da kommt der Pfleger, nimmt uns mit, die Treppe hoch. Es ist sehr finster hier. Ich sehe einen anderen Sadhu vor einem menschlichen Totenschädel sitzen; um ihn herum liegt ganz viel, ich nenne es mal Voodoo-Zeugs. Würde ich ihn fragen, wie es ihm geht, er würde sicher antworten: Also ich fühl mich so entrückt, weiß auch nicht, so entrückt. Vielleicht ist er ein Aghori, denn ...

Sie leben an Verbrennungsplätzen, und ihr Kennzeichen ist ein Totenschädel als Bettelschale, der sie ständig an die Vergänglichkeit erinnern soll. Bewusst gebärden sie sich »verrückt« in Sprache und Benehmen. Das extreme Verhalten soll die Überwindung der Welt ausdrücken. Ihre Praktiken werden geheim gehalten. Man munkelt aber, sie würden Leichenteile und Exkremente essen und ihre Speisen auf Leichenholzresten kochen. Auch Geschlechtsverkehr mit Toten wird ihnen nachgesagt. Alles, was Hindus als unrein gilt, dient ihnen zur inneren Reinigung. So essen sie rohes Fleisch, trinken Alkohol und reiben sich mit der Asche verbrannter Leichen ein.

(WIKIPEDIA)

Der Pfleger führt uns ans Geländer des Balkons, und jetzt sehen wir die Scheiterhaufen, es sind drei, das meiste ist nicht mehr zu sehen, aber jetzt kommt ein frischer Leichnam, eingewickelt, wir sehen keinen Flecken Haut, er wird aufs Feuer gelegt. Die rechte Wade brennt zuerst, sie brennt ganz weg, wie ein Stück Wachs, das man von der Kerze knibbelt und dann in die Flamme hält, der Rest brennt auch, alles brennt weg, nur der Kopf bleibt liegen. Hat der Sadhu vielleicht Bedarf angemeldet? Der Pfleger redet und redet, was ein bisschen stört, denn das Starren auf brennende Leichen hat in dem Moment etwas durchaus Beruhigendes. Wir sehen ein paar Männer, die Trauergemeinde. Frauen sind direkt an den Feuerstellen nicht erlaubt, zu viele hätten sich in der Vergangenheit zu ihren verstorbenen Männern ins Feuer gestürzt. Während wir dastehen, kommen noch drei weitere Leichen an, sie werden zuerst im Ganges gewaschen, bevor sie auf den Scheiterhaufen gelegt werden. Dann kommt eine Kuh, dann kommt ein Hund, in den Bergen aus Stoffresten und Asche am Ufer finden sie Knochen, an denen Nahrung hängt. Der Hund wird verscheucht. Die Kuh darf passieren, sie ist frei, und sie tut, was eine Kuh tun muss.

Dann hat der Pfleger zu Ende erzählt, wir bleiben noch eine Weile an der Brüstung stehen, aber er bedeutet uns, so langsam den Platz für andere Interessierte zu räumen. Neben dem Totenschädel-Sadhu gibt es hier noch ein paar Frauen, die auf dem Boden sitzen. Wie ein Hospiz sieht das bisher nicht aus, aber über uns liegen noch ein paar Stockwerke. Vielleicht da. Die Treppe kommen wir nicht gleich herunter, der Pfleger drückt

mich an der Schulter zu Boden, nicht sehr fest, aber ich folge seinen Bewegungen, noch ganz weich vom Bhang.

Jetzt sitze ich auf dem Boden vor einer Frau, sie wird mir als Hospizälteste vorgestellt, ihr Segen sei heilig. Sie fragt nach meinem Namen, dann nach dem Namen meines Vaters und legt mir ihre Hand auf die Stirn. Macht 300 Rupees. What? Ja, is normal. Spende fürs Brennholz. Sandelholz ist teuer, und nur dieses kann zur Verbrennung der Toten verwendet werden.

Irgendjemand wird hier gerade über den Tisch gezogen. Ich schaue in Friederikes Gesicht, da steht sinngemäß, ähm, was machst du da, du willst das doch nicht zahlen? Ich schaue zurück und sage: »Ähm, ich muss das ja wohl jetzt zahlen, Mann, das ist doch ein Hospiz.« Ich zahle, wir gehen, unser Guide hat

gewartet, auch er hält jetzt die Hand auf, ich gebe ihm das, was die Rikscha gekostet hat, ich zahle also den doppelten Preis, obwohl wir die Hälfte der Strecke zu Fuß gelaufen sind. Er guckt ganz traurig, und ich sage, mehr geht nicht, dann kommt ein Typ vorbei und stellt sich zu uns und fragt, ob er auch etwas haben könne, ich frage, wieso denn jetzt du?, und er fragt zurück, wieso denn nicht?

Am nächsten Morgen machen wir zum Sonnenaufgang eine kleine Tour mit dem Boot und schauen uns die Ghats vom Fluss aus an. Als wir am Verbrennungsghat vorbeischaukeln, frage ich den Bootsmann nach dem Hospiz. Er lacht. Ob man mir das erzählt habe? Nein, das sei kein Hospiz, da wohnten nur Freaks. Das Haus stehe nur da, damit sich die Angehörigen der Verstorbenen bei Regen unterstellen könnten. Die Menschen in diesem Haus lügen, sagt er.

Dann schweigen wir eine Weile. Hinter dunklen Wolken muss die Sonne aufgegangen sein. Zumindest ist es jetzt hell.

Lesen
Gregory David Roberts: *Shantaram*
Helge Timmerberg:
Shiva Moon. Eine Reise durch Indien

Gucken
Cale Glendening (Regie): *Beyond*

Als ich von Raufasertapete träumte
Philipp

1991, als ich zehn Jahre alt war, fuhr ich zusammen mit meiner Mutter und meiner Schwester nach Indien. Wir kamen in Mumbai an, das früher noch Bombay hieß, und wurden dort von meinem Onkel Jakob empfangen, der damals als *Agent* arbeitete, ich glaube, er war Angestellter eines Reisebüros, aber als er mir am Flughafen seine Visitenkarte zeigte und ich das Wort *Agent* las, dachte ich, er sei ein Spion, der James Bond von Bombay. Er kam nicht mit, als wir weiter in den Süden fuhren – was mir sofort einleuchtete, schließlich hatte er »Aufträge« zu erledigen –, nach Kerala, in jenen Bundesstaat Indiens, der katholischer ist als Alt-Öttingen und auch heute noch eine beträchtliche Anzahl junger Nonnen nach Deutschland schickt, um ihnen dort die Möglichkeit zu geben, eine Ausbildung im Pflegebereich zu machen. Aus den Ordensschwestern werden Krankenschwestern. Meine Mutter, geboren hier in Kerala, war eine von diesen Ordensschwestern, aus ihr wurde allerdings auch eine Ehefrau und Mutter von zwei Kindern. Untypisch für eine Nonne. Das fand auch das Kloster, und vorbei war die Zeit der Andacht für meine Mutter, zumindest innerhalb der Mauern des katholischen Schwesternheimes in der Stadt Düren, wo sie damals untergebracht war.

Wir verbrachten die vier Wochen in Indien fast ausschließlich in dem kleinen Dorf, aus dem meine Mutter stammt und in dem der größte Teil meiner indischen Familie, zumindest damals, immer noch lebte.

Viel gab es für uns Kinder dort nicht zu tun. Wir wohnten in dem Haus von Ammamma, Appappa war damals schon tot, außerdem war dort meine Tante Trisa zu Hause (die Frau des Spions) und ihre beiden Söhne, meine Cousins Bijou und Binoj. Die beiden waren zwar ungefähr in meinem Alter, und wir hätten einiges anstellen können, doch meine Cousins waren eigentlich immer in der Schule, so kam es mir zumindest damals vor.

Ansonsten waren meine Schwester und ich die meiste Zeit mit unseren Gameboys beschäftigt. Wir stapelten Klötzchen auf Klötzchen und warteten einerseits auf das Ende des Regens – wir befanden uns in unseren deutschen Sommerferien, dem indischen Monsun war das allerdings egal – und andererseits auf den langen geraden Balken, der gleich vier Reihen auf einmal verschwinden ließ und für den größtmöglichen Erfolg in diesem Spiel sorgte, sodass er sogar namensgebend war für selbiges. Tetris. Das russische Tetris-Gedudel und der prasselnde Regen, der vor der Veranda, auf der wir saßen, und überall auf dem riesigen Grundstück des Hauses, das mir damals erschien wie ein Privatdschungel, Pfützen so groß wie kleine Teiche entstehen ließ, das war der Sound of India.

Während wir also da rumsaßen und auf unsere kleinen Konsolen starrten, kam Ammamma in regelmäßigen Abständen vorbei und brachte uns Bananen. Wir konnten damals noch kein Englisch, es hätte uns auch in der Beziehung zu unserer indischen Oma nichts genützt, denn sie sprach ebenfalls kein Wort der Sprache der ehemaligen Besatzer Indiens. Unsere Sprache ging so: Ammamma brachte Bananen, wir nahmen sie dankend entgegen, aßen sie, gaben Ammamma die Schale zurück, sie lächelte und ging wieder ins Haus. Unsere Kommunikation beschränkte sich aufs Wesentliche, in ihrer Gleichförmigkeit jedoch veränderte der Gegenstand, um den sich hier alles drehte, gelegentlich seine Form und auch den Geschmack. Ammamma brachte kleine Bananen, normale Bananen, riesige Bananen, sehr süße Bananen und auch sehr mehlige, ziemlich eklige Bananen. Anfangs freuten wir uns darüber, ganz besonders über die kleinen süßen Bananen, die kannten wir nicht aus Deutschland, aber dann, dann wurde es zu viel. Ammamma brachte Banane um Banane, wer sollte das denn essen? Mit der Zeit wurde uns ein bisschen schlecht auf der Veranda, aber was sollten wir tun? »Nein danke« sagen? Hypothetisch ist das möglich, praktisch kommt man damit in Indien vielleicht einmal durch, dann aber, na ja, dann besteht die Gefahr, missverstanden zu werden, als undankbares, verschmähendes, unfreundliches Familienmitglied zu gelten. Will man so in Erscheinung treten? Man sieht sich doch so selten, man muss einander doch achten, Respekt zeigen, liebevoll sein, denkt man und schält tapfer Banane um Banane, auch die mehligen und ekligen.

Wenn ich nicht auf der Veranda saß, lag ich im Bett und weinte, ich hatte schreckliches Heimweh, und ich hatte Sommerferien, da wollte ich am Strand sein, am liebsten in Italien, stattdessen hockte ich in einem Haus im Dschungel, den ganzen Tag regnete es, und überall waren Tierchen. Ameisen so groß wie mein kleiner Finger, Spinnen, merkwürdige Käfer, die mich allein durch ihren Anblick veranlassten, Hunderte Meter weit wegzusprinten, in eine andere Ecke des Privatdschungels, wo, wenn ich Pech hatte, das nächste gefährliche Tier auf mich lauerte und ich erneut die Beine in die Hand nehmen musste. Von der Tarantel wurde ich allerdings nie gestochen. Irgendwann hatte ich die Lust verloren, durch den eigentlich sehr abenteuerlichen Garten zu streifen, hier gab es einen kleinen Bach (wer hat schon einen eigenen Bach im Garten?), Palmen, kleine Hügel, überall blühte es, alles stand im Saft, alles war satt und grün, und das Gelände nahm kein Ende, nie hatte ich herausgefunden, wo das Grundstück eigentlich aufhörte. Aber jetzt lag ich, wie gesagt, einfach nur im Bett, wollte zwar nicht sterben, aber schlafen, lange schlafen. Meistens träumte ich von Teppichboden, ordentlich verlegtem Teppichboden, frei von Ungeziefer. Ich träumte von unserer Wohnung in Deutschland. Von strahlend weißer Raufasertapete, von einer Toilette, auf die man sich setzen konnte, und einem Bett mit trockener Bettwäsche, in das ich mich kuscheln konnte, ohne vorher unter ein Moskitonetz schlüpfen und es peinlich genau auf Durchlässigkeit überprüfen zu müssen. Aber am allerliebsten wollte ich nach Italien. An den Strand.

Als ich wieder einmal im Bett lag, kam meine Schwester ins Zimmer, sie sagte, ich hätte etwas *toootaaal Lustiges* verpasst. Da passiert die ganze Zeit nichts, und wenn was passiert, verpasse ich es! Ich nahm mir vor, es nicht lustig zu finden, komme da jetzt, was wolle. Ammamma, erzählte meine Schwester, hatte, nachdem sie meine Schwester eine halbe Stunde unter russischem Gedudel beim Tetrisspielen beobachtet hatte und meine Schwester die Kassette aus dem Gameboy nahm, um das Spiel Alleyway einzusetzen, da hatte Ammamma die Tetris-Kassette vom Tisch aufgehoben und an ihr Ohr gehalten. So wie man eine Muschel ans Ohr hält, um das Rauschen des Meeres zu hören, hatte Ammamma versucht, dem russischen Tetris-Soundtrack zu lauschen. Hahaha! Das fand ich jetzt doch ganz witzig. Das blieb bis zum Ende unseres Aufenthaltes lustig, das blieb noch ganz lange *total lustig,* und sehr niedlich fanden wir es auch. Wenn ich es mir recht überlege, ist es die intensivste Erinnerung, die ich an meine indische Oma habe, obwohl ich das alles verpasst hatte, als ich von Raufasertapete träumte.

Niemand glotzt, niemand am Bahnhof von Bangalore scheint sonderlich an uns interessiert zu sein, als Friederike und ich heute, dreiundzwanzig Jahre nach Tetris, hier ankommen. Nur ein bisschen vielleicht, die Taxi- und ein Rikschafahrer, klar, aber es ist nicht wie früher, als ich für mich feststellte: »So muss sich Michael Jackson fühlen, genau so.« Und das war kein gutes Gefühl, nein, ein Superstar will man nicht sein. Damals glotzte uns einfach jeder an, egal, wohin wir kamen, am heftigsten war es im Dorf meiner Mutter, dabei waren wir nicht gerade weiß und blond, doch unsere Kleidung fiel auf. Meine Mutter trug Hosen statt Sari, und dann die Farben unserer T-Shirts, allein, dass es T-Shirts waren, hätte schon gereicht, hinzu kam allerdings, dass sie, den Neunzigern sei Dank, häufig mit Neonfarben besprenkelt waren. Wir müssen sehr seltsam ausgesehen haben zwischen den weiß gekleideten Alten und den Frauen und Mädchen in Saris und den Männern und Jungs, die entweder einen Lungi oder eine schlichte Stoffhose mit Bügelfalte in gedeckten Farben trugen, kombiniert mit einem Oberhemd. Doch heute unterscheiden wir uns nicht mehr. Der männliche Inder hat zwar nach wie vor eine Schwäche für Oberhemden (sie sind oft sehr elegant geschnitten, überhaupt, man sollte sich bei einem Indienaufenthalt mit Oberhemden eindecken), die Frauen tragen nach wie vor Saris, aber in Bangalore ist es unter den Frauen gar nicht mehr unüblich, Hosen zu tragen. Ein neonbesprenkeltes T-Shirt versetzt heute kein Dorf mehr in Aufruhr. Und auch das Gesicht eines Mischlings an der Seite einer blonden Frau erzeugt heute höchstens Interesse, aber keine Massenkarambolage im Straßenverkehr von Bangalore.

Als wir an einer Einfahrt ankommen, an deren Ende sich ein großer Appartementkomplex befindet, öffnet sich das Tor davor automatisch, und ein Pförtner steht da und will wissen, wohin wir wollen. Ich nenne den Namen meiner Cousine, was er lächelnd, vielleicht ein wenig belustigt zur Kenntnis nimmt, und auch ich finde es lächerlich, angesichts dieses luxuriösen Plattenbaus einen x-beliebigen Namen zu nennen, hier nennt man die Nummer des Appartements, etwas anderes führt zu nix, aber da sehe ich schon George. Ich kenne ihn von Bildern, er ist der Mann meiner Cousine, und er trägt ein Trikot von Manchester United, Shorts und nagelneue Nikes.

George setzt sich nach vorne zum Rikschafahrer, sagt ihm, wo er lang muss, und wir finden uns in einer Tiefgarage wieder, in der sich Neuwagen an Neuwagen reiht. Von hier aus nehmen wir den Aufzug. Die Wohnung von George und seiner Familie sieht aus wie eine Wohnung, wie wir sie aus Deutschland kennen. Diese Dinger mit Toiletten zum Hinsetzen, Tapeten, kuscheligen Betten, Cerankochfeld … Mein Sehnsuchtstraum

in den schlimmsten Stunden des Heimwehs, damals vor dreiundzwanzig Jahren im indischen Dorf meiner Mutter, ist hier
wahr geworden. Aber natürlich ist er das, die indische Wirtschaft
boomt schon so lange, viele Inder sind mit Soft- und Hardware-
firmen reich geworden (der Mann meiner Cousine ist einer davon), und im Gegensatz zu den Chinesen kommt es bei Indern
auf dem globalen Markt zu weniger Verständnisschwierigkeiten,
sie können Englisch. Fast ganz Bangalore, das indische Silicon
Valley, wie es immer noch genannt wird, spricht Englisch. In den
Firmen, in den Schulen, unter Freunden in den heiß geliebten
Shoppingmalls. Meinen dümmlichen Kommentar, dass es in der
Wohnung aussehe wie bei uns, dass das hier ja *Western Style*
sei, hätte ich mir sparen können. George guckt, hm, wie guckt
er denn, ich muss dazu sagen, dass George die freundlichsten
und wärmsten Augen der Welt hat, er guckt, auch wenn es diese
Augen kaum zulassen, ein wenig gekränkt. Er fragt sich wohl,
was ich von Bangalore erwartet hatte. Und ich muss zugeben,
auch wenn ich meinen Reiseführer gelesen habe und auch wenn
meine Mutter mir vom neuen Wohlstand meiner Familie erzählt
hat, die Bilder von früher sind geblieben.

Indien, das war immer dieses chaotische, wilde Land gewesen.
Ungestüm war es, so neugierig war hier jeder! Das Gewusel der
Welt ist hier dauerhaft ausgestellt. Nirgendwo sonst, außer in
Weltmetropolen, aber in ganz anderer Form, gibt es ein so man-
nigfaltiges Nebeneinander von Kulturen, Sprachen und Religionen. Im Gegensatz zu New York kommen hier allerdings alle
aus demselben Land. Dieses Land ist ohne feststellbare Identität,
und das ist es, was es ausmacht, das große Unbekannte. Indien
kann dir tausend Welten, tausend Götter aus dem Hut zaubern,
doch nie war es so, wie ich die Welt in Deutschland erlebte. Indien zu bereisen, bedeutete für mich auch meine eigene Welt
kompromisslos zu verlassen. Indien war ohne Vergleich. Und es
machte mir manchmal Angst.

Was mein Ich vor dreiundzwanzig Jahren so verunsicherte,
lässt mich heute nicht mehr los, fasziniert mich, erfüllt mich
mit einem tiefen Gefühl der Zuneigung. Wir sind jetzt seit zwei

Wochen in Indien unterwegs, von Varanasi ging es per Nachtzug über ein paar Stationen nach Mumbai, dann legten wir eine Pause im mystischen Hampi ein. Und ich kann sagen: Indien hat sich für mich geöffnet.

Reisen ist ja sowieso so, als könnte man in ein schlaues Buch reinlaufen, ganz tief rein, mit Fantasie hat das nichts mehr zu tun, man ist dann einfach da und schaut sich um und lernt ganz viel und *wird erzählt:*

Dieses Bild kam ihm auf der Reise häufiger in den Kopf, und jetzt, am Ende ihrer Tage, merkte er, wie Indien zum intensivsten Kapitel werden sollte. Er wusste, es liegt nicht nur an diesem ungestümen Land, dazu kam es vor allem auch, weil er anfing, Ausschau zu halten. Ausschau nach seiner eigenen Geschichte, die ihn mit diesem wundersamen Land verband.

Heute, hier in Bangalore, in diesem riesigen Appartementkomplex, ist alles westlich. Oder besser: Es ist simulierter, gefühlter Westen. Noch ist die Unsicherheit und Tapsigkeit des Neureichen zu spüren. Wir können dabei zuschauen, wie die immer noch junge indische obere Mittelschicht ihren Platz findet, Abstand nimmt vom Kastenwesen und dieses ersetzt durch ein Klassensystem, das, wie wir es kennen, über Einkommen, Besitz und Konsumvorlieben definiert wird. Oh, und in diesem Moment in der Wohnung von George und seiner Familie können wir beobachten, wie unter großem Gekicher und zur Feier des Tages versucht wird, den Champagner mit einem Korkenzieher zu öffnen. Bald schon wird das leichter von der Hand gehen. Langsam kommen lassen, nicht schlimm, wenn es nicht knallt. Im Gegenteil. Cheers!

George ist ein bisschen traurig. Er musste heute seinem Fahrer freigeben, denn es ist Gandhis Geburtstag, ein Feiertag. *Seinem Fahrer.* Aber der Blick auf seine Smartwatch stimmt George glücklich, heute wird er ein paar Kalorien mehr verbrennen, denn wir haben viel vor. Ich muss Besorgungen machen. Meine Mutter hatte mir schon vor Wochen am Telefon gesagt, dass ich der Familie ein paar Gastgeschenke mitbringen muss. Gar nicht viel, nur ein paar Kleinigkeiten. Dann schickte sie mir in größter Eile eine E-Mail hinterher.

---------- Weitergeleitete Nachricht ----------
Von: XxxxxxRusch <xxxxxxrusch@xxxx.de>
Datum: 27. August 2014 um 18:34
Betreff: verwandtenbesuch
An: philipp Rusch <x.x.x.rusch@xxxxx.com>

Lieber Philipp!
Ich habe jetzt alles aufgeschrieben:
2 Tage in Bangalore
George: Fl. Whisky als Geschenk
Geela: Modeschmuck= Halskette mit Perlen evtl.
Aldous: 17 Jahre geht in Internatschule
Glare: 15 Jahre, Modeschmuck (Armband o. Ohrringe)
Zugfahrt könnte länger dauern als Busfahrt nach Trichur.
Von Haltestelle mit Taxi zu Gelix.
Gelix: kein Alkohol, ein schöne Mitbringsel für Showcase
Rosily: seine Frau, teilt Geschenk mit ihrenm Mann.
Anju: 20 Jahre studiert. Modeschmuck
Jomol:11 Jahre   für beiden
kurzer Besuch bei Gently betreibt Geschäft mit Malartikel
Beena: seine Frau
Jokutten: 13 Jahre ,T-Shirt, ruhig 2 Größen größer
Georgina: 9-10 Jahre, Modeschmuck
Zu Simon nach Mathilakam mit Taxi
Simon: Whisky
Anny: seine Frau
Jerry: Sohn
Nija: Schwiegertochter
Ivana: 7 Jahre
Ryan. knapp 1 Jahr, Anziehsachen für beiden

Fortsetzung folgt

Kurzer Besuch bei Jacob's Familie
Treesa
Binoj
Jesny: seine Frau ihr Vater ist auch vor kurzem gestorben.
Biju: ein kleines Geschenk als Mitbringsel

Wilson:
Joicy: beide gehen arbeiten. Ein kurzer Abendbesuch
Jenny:
Tony: ihr Mann
Jeff:16 Jahre, T-Shirt Geschenk

Irin:14 Jahre, Modeschmuck

6 Tage mindestens muss drin sein. Sonst wäre eine Enttäu-
schung für sie. Ist ja nur ein Tag länger. Die Zwischenfahr-
ten dauern viel länger als hier.

Liebe Grüße
Mama

In Mumbai lief uns allerdings so dermaßen der Schweiß in Strömen herunter, als wir versuchten, ein paar der Dinge aufzutrei-
ben, dass die Buchstaben auf der ausgedruckten Mail von meiner Mutter verschwammen ... Wir gaben auf.

Ich erzähle allen von meinem Dilemma. Geela, meine Cousine, ist zuversichtlich, sie glaubt, dass wir schon was Schönes
finden werden. George findet das alles unnötig, er meint, das
müsse nicht sein. Alle wüssten, dass ich um die halbe Welt ge-
reist sei, keiner erwarte, dass ich mit Koffern voller Geschenke

296   INDIEN

vor der Tür stände. Ein paar Kleinigkeiten reichten. Aber was sind Kleinigkeiten? Ein Ausflug in die hiesige Shoppingmall wird für die nötige Inspiration sorgen. Da sind sich alle einig. Um es vorwegzunehmen: Ich habe versagt. Meine Familie hat keine besonderen Geschenke bekommen, und schon mal gar nicht in der passenden Größe. Nachdem wir die komplette Mall durchschlendert hatten und ich mich für nichts entscheiden konnte außer für ein T-Shirt mit einem Tiger, der im Dunkeln leuchtet (Das soll mal jemand analysieren – ein Typ, der Indien nicht mehr wiedererkennt, kauft einen Tiger, der im Dunkeln leuchtet!), landen wir im Untergeschoss der Mall, hier ist der Supermarkt. Und auf einmal steht dort eine riesige Pyramide aus Ferrero Rocher. Ich denke, hey, das ist doch typisch Deutsch, und es ist gold. Inder lieben Gold, und sie wollen ein Mitbringsel, am liebsten aus Deutschland. Das also dürfte die perfekte Kombination sein. Ich kaufe für sechzig Dollar von den goldenen Kugeln. An der Kasse fällt mir dann der Slogan aus der Rocher-Werbung ein, der irgendwann Ende der Achtzigerjahre in meinem Gedächtnis eingelagert wurde, nur um heute in diesem empfindlichen Moment der plötzlichen Unsicherheit (Ich habe keinen Schmuck für die Damen, keine coolen Klamotten für die Kids, keinen Whiskey für die Männer, ich habe gar nichts besorgt!) in mein Gehirn zu schießen:

An den Geschenken erkennt man den Stil des Hauses!

George stupst mich an, fragt mich, worüber ich nachdenke. Ich zeige auf die goldenen Bälle in den Plastikdosen, die der Verkäufer jetzt in eine große Tüte stapelt, so könnte man auch Goldbarren stapeln, und sage:

»You know what? *This* is a sign of good taste.«

George lacht. Und ich lache ein bisschen mit und merke einen leichten Anflug von Wahnsinn in mir aufsteigen.

Meet and Eat mit der indischen Verwandtschaft

Philipp

Sieben Tage lang tauchen wir ein in das Leben Keralas, dieser Provinz Indiens, von der einmal gesagt wurde, sie sei »Indien ohne seine Fehler«. Und tatsächlich trifft man hier auf weniger Bettler. Die Slums sind unsichtbar, dafür erstrahlen die Eigenheime erstaunlich schön in leuchtenden Farben, die Baustile wechseln einander fröhlich ab, kein Haus gleicht dem anderen, jeder Bauherr scheint hier seinen eigenen Architekten zu haben. Die Wohlhabenden leisten sich auch schon mal bauliche Exzesse, die ähnlich kühn gestaltet sind wie deutsche Fertighäuser aus der Reihe *Mediterran,* nur vielleicht mit der ein oder anderen griechischen Säule mehr im Entree. Die Straßen sind für indische Verhältnisse sehr sauber, auch das absolute Rauchverbot im öffentlichen Raum trägt dazu bei. Wenn jetzt noch die geplante Prohibition durchgesetzt wird, muss sich auch keiner mehr vor unschön berauschten Gestalten fürchten. Kerala ist immergrün, die Menschen freundlich und überdurchschnittlich gebildet, den Frauen werden hier mehr Rechte eingeräumt als in anderen Teilen Indiens (mit Gleichberechtigung hat das natürlich immer noch nicht viel zu tun), das Essen ist fantastisch und besonders für Liebhaber von Meerestieren und -früchten ein Traum, und ein großer Teil der Kerala-Touristen wird von der Ayurveda-Welle ins Land gespült, um sich entweder ausbilden oder therapieren zu lassen. Hier nämlich fand die indische Heilkunde ihren Ursprung. Es ist bei einem Kerala-Aufenthalt fast unmöglich, sich nicht in einer heilsamen »ayurvedischen« Massagetherapie wiederzufinden. Doch, dieses seifenblasige Versprechen müssen wir uns mal aus der Nähe betrachten. Oh, schon geplatzt: Ayurveda, das *Wissen vom Leben*, hat überhaupt gar nichts mit Massagen zu. Sie kommen einfach nicht vor in der traditionellen Heilslehre, so erfahren wir jedenfalls im ehrwürdigen Vaidyaratnam Ayurveda Museum in Trisshur. Dort sehen wir dafür

lustige 3-D-Fotos von sich übergebenden Menschen. Gesund macht so eine Massage also nicht, aber glücklich. Wie so viele Annehmlichkeiten im Urlaub.

Wir hingegen sind familienbedingt weniger touristisch unterwegs, doch zwischendurch gönnen wir uns eine Fahrt auf einem Hausboot durch die berühmten Backwaters. Für uns bedeutet dieser Ausflug in der Hauptsache die Wiederentdeckung eines lang vermissten Zustandes: Ruhe. Einfach nur Ruhe. Das Schiff schippert dahin, niemand sonst ist an Bord, die Ausstattung ist unanständig luxuriös, allein die Tatsache, dass wir uns hier alleine, nur mit Kapitän und Koch, an Bord befinden, macht diesen Ausflug zu einem besonderen Erlebnis, das nur durch eine Unannehmlichkeit getrübt wird: beständiges Erbrechen.

Nicht weil das Essen etwa schlecht wäre, nein, es war in der letzten Zeit einfach zu viel.

Ich bin froh, dass ich auf Friederikes Kalendereinträge zurückgreifen und mit eigenen Eindrücken vermengen kann, denn die sieben Tage, die wir in Kerala verbrachten, waren randvoll. Da verliert man schon mal die Übersicht.

Hier kommt nun das Protokoll von der Begegnung mit meinem indischen Familienclan.

Samstag, 4. Oktober 2014

Flug nach Kochin. Gently (älterer Cousin), Beena (seine Frau), Georgina (Tochter), Georgi (Sohn) und Oma besuchen. Frühstück und Mittagessen in einem. Alle stehen um uns herum und schauen zu, wie wir essen. Danke, schmeckt ganz ausgezeichnet. Der Showcase! Hatte ich ganz vergessen. Jedes Haus hat so eine Vitrine. Inhalt: alles was glänzt und glitzert, und manchmal auch blinkt. Gold und Neon. Nippes und Tinnef, auch weich gezeichnete Ikonen. Wie von einer Elster kuratiert.

Gelix (Gentlys Bruder), Rosily (seine Frau), Angely (Tochter 1), Georgia (Tochter 2) sind auch da. Gently ist ein Foto-Maniac, zeigt uns alle seine Bilder und fotografiert uns sekündlich. Zurzeit steckt er in einer Selfie-Phase. Ich entdecke mir unbekannte Bilder meiner Eltern aus den Siebzigern, so hatte ich sie noch nie gesehen. Was machen diese Bilder in Indien? Wir besuchen einen Elefantenpark. Überreiche feierlich eine Box Ferrero Rocher. Große Freude! Abends zu Gelix, wo wir übernachten.

Sonntag, 5. Oktober 2015

Gelix fährt uns durch Thrissur und zeigt uns jede der gefühlt dreißig Kirchen. Dann mit der ganzen Familie zu den Wasserfällen von Athirappilly. Schön hier. Ich war hier mal als Kind. Wasserfall sehr groß, wir gehen ganz nah ran, dann sehr nass. Zurück nach Thrissur, Jenny (Cousine) besuchen. Wir lernen ihren wunderbaren Mann Tony kennen und ihre beiden Kinder (Irene und Jeff). Agricola (Tante, Ordensschwester) kommt zu Besuch. Früher als Kind immer Angst vor ihr gehabt. Heute nicht mehr. Sie ist ein sehr witziger, ironischer Mensch, vielleicht lag es daran. Kinder und Ironie, das klappt selten. Stelle Ferrero Rocher auf den Tisch, alle sind überglücklich. Tony zeigt uns die Stadt; das, was Gelix uns noch nicht gezeigt hatte. Er erzählt klug und angenehm. Wir besuchen eine Verkaufsmesse. Eine Messe für was? Es gibt hier Küchengeräte, Couchgarnituren und Hühner. Ungefähr 5000 Menschen, Haut an Haut. Nass geschwitzt. Zurück nach Hause. Die Familie betet vor dem Hausaltar. Jenny betet vor, die anderen beten nach. Verstehen kein Wort, aber es klingt so schön. Essen, essen, essen. Und dann gibt es einen Drink für die Deutschen, außer uns trinkt hier niemand.

Montag, 6. Oktober 2014

Unser Gepäck fährt schon mal vor in ein anderes Dorf. Wir besuchen Tonys Eltern zu Fuß. Verstehen sie nicht, sie uns auch nicht. Macht nichts. Wir lächeln einander ein paar Minuten lang an, trinken einen Saft, dann gehen wir wieder. Besuchen dann Agricola in ihrem Konvent. Die anderen Schwestern (also die Nonnen) sind auch da. Wir trinken Tee und essen Nüsse und Cracker. Die eine Schwester ist sehr autoritär, wir haben ein bisschen Angst vor ihr. Wir reden sehr respektvoll über den neuen Papst. Schon lange nicht mehr gemacht, eigentlich noch nie. Dann verabschieden wir uns. Ich verpasse es, Agricola zum Abschied zu umarmen, hatte zu viel Respekt vor ihrer Schwesterntracht. Im Auto bereue ich es. Frage Tony, ob eine Umarmung okay gewesen wäre. Er sagt, klar, sie ist deine Tante. Werden von Gelix, Rosily, Angely und Georgia abgeholt. Fahren zu einer Hill Station, 1000 Meter über NN. Es ist, als hätte jemand die Klimaanlage angestellt, knackig kalt hier oben. Dichter Nebel zieht blitzschnell auf.

Man sieht nichts, unser Hotel finden wir trotzdem. Friederike übergibt sich nach dem Essen. Abends hängen wir im Hotelzimmer ab und bringen Angely und Georgia Deutsch bei, sie uns Malayalam. Sie schummeln, wir müssen sehr schwierige Filmtitel nachsprechen. Großer Spaß. Georgia entpuppt sich als großes Sprachtalent, ihre Aussprache ist verblüffend gut. Und jetzt, Georgia, sag mal Feh-re-roo-ro-schee. Hinter meinem Rücken zaubere ich die eben genannte Süßigkeit hervor. Alle strahlen und greifen beherzt zu.

Dienstag, 7. Oktober 2014

Setzen Angely in ihrem College ab und fahren nach Alappuzha (auch Aleppey genannt), wo die Hausboote ablegen und durch die Backwaters fahren. Kommen etwas zu spät, aber dann endlich Backwater-Bootstour. Familienpause. Erholen, Ruhe, glotzen, entspannen. Wir wollen eigentlich nur schlafen, haben aber das Gefühl, dem netten Kapitän Gesellschaft leisten zu müssen. Verständigen uns auf abwechselndes Schicht-Schlafen. Friederike hat Nahrungsaufnahmesperre, zwingt sich trotzdem ein bisschen von meinem fangfrischen Krebs rein, dann übergibt sie sich wieder. Ferrero Rocher? Sie winkt ab.

Mittwoch, 8. Oktober 2014

Leider schon um 9 Uhr wieder zurück. Jerry (Cousin) holt uns ab. Wir fahren mit ihm nach Kochin. Besuchen erst komisches Dorf, angeblich Touristenziel, keiner weiß, wieso, alle lachen, es gibt da nichts zu sehen. Jerry ist supergelassen und witzig. Dutch Palace, Synagoge und Judenviertel, Fort Kochin, Bootsfahrt. Abends ins Heimatdorf meiner Mutter, hier wohnt Jerry mit seinen Eltern Simon (Onkel) und Anni (Tante), seiner Frau Nija, seiner Tochter Ivana und seinem Sohn Ryan. Unfassbar süße Kinder. Essen, essen, essen. Aber für ein Dessert ist noch Platz: Der feine Monsieur Rocher gibt sich die Ehre.

Donnerstag, 9. Oktober 2014

Morgens zu Bijou und Binoj (Cousins), Jesny (Binojs Frau) und Trisa (Tante). Zum ersten Mal seit dreiundzwanzig Jahren wieder in Ammammas Haus. Das riesige Grundstück gibt es nicht mehr, der Privatdschungel wurde bebaut. Der Eingang ist jetzt

da, wo früher hinten war. Seltsam, wieder hier zu sein. Hier spielte ich Tetris. Alles ist anders. Fahren mit Binoj und Jesny an den Strand, die berühmten Fischernetze anschauen. Besuchen Jesnys Eltern. Friederike fühlt sich nicht wohl, legt sich hin. Ich muss für drei essen, schaffe es nicht. Die Gastgeber sind enttäuscht. Doch die vorletzte Packung Ferrero Rocher hellt die Stimmung bedeutend auf. Fahren in den Dreamland-Waterthemepark. Niemand da, es ist unter der Woche, nur eine Schulklasse. Keiner will sich umziehen, ich verstehe nicht. Gehe alleine in die Umkleidekabine und dusche. Komme nass zurück, alle starren mich an, fragen, warum ich so nass bin. Ich sage: »Ähm, weil das hier ein Waterthemepark ist, wir gehen doch

gleich ins Wasser.« »Wieso ins Wasser?« Schaue mich um. Die versteckte Kamera ist wirklich sehr gut versteckt. Die Wasserbecken auch. Versuche, mich mit einer Art Bettlaken abzutrocknen. Dann gehen wir ins 3-D-Kino. Friere in meiner nassen Badehose im Kinosessel. Wickel mich mit dem Bettlaken ein. Jetzt könnte es fast ein Lungi sein. Im Film kämpft ein Skelett mit Piraten. Die Pistolenkugeln fliegen direkt auf den Betrachter zu. Keiner geht in Deckung. Nach dem Film geht es auf verschiedene Fahrgeschäfte. Danach endlich kann man die Wasserrutschen sehen, die Badehose findet zurück zu ihrer Bestimmung. Niemand kommt mit. Vergnüge mich auf einem großen Gummiring mit Siebtklässlern, die alle noch ihre Schuluniform tragen. Ich komme mir blöd vor, ziehe mein labbriges T-Shirt an. Jeder will einmal mit mir zusammen rutschen. Cool, habe viele neue Freunde gefunden.

Später geht es noch ins Wellenbad. Links die Mädchen, rechts die Jungs, immer noch alle in Schuluniform.

Abfahrt. Binoj hat Bier für uns gekauft, es ist sehr warm,

wir lehnen ab. Haben wir ihn gekränkt? Man kommt hier doch nur so schlecht an Bier ran. Abends bei Wilson (Onkel), Joicy (seiner Frau) und Francina Mary (Tante, Ordensschwester). Sehr lieb und nett. Großes Essen. Eine Köchin ist extra gekommen. Gesprächsthemen: arrangierte Ehen. Das Mitspracherecht ist höher, als wir angenommen hatten. Mein Cousin Thomas (einer der wenigen, den wir nicht treffen, er lebt in Singapur) zum Beispiel hat schon viermal abgelehnt. Wieso sucht er sich dann nicht direkt ... Gespräch stockt. *Kugelförmige Waffeln, die mit einer Nougat-Creme und einer ganzen Haselnuss gefüllt und mit einer Schicht aus Nuss-Stückchen und Schokolade kuvertiert sind,* zaubern schließlich allen Anwesenden doch noch ein Lächeln ins Gesicht. Außer Friederike.

Freitag, 10. Oktober 2014

Wilson fährt uns wieder zu Simons Haus. Mit ihm fahren wir auf eine Fischfarm. Ich fange einen Blackfish. Hitze! Regen! Simon ist ein lustiger Mensch. Auf dem Rückweg Besuch bei Katrina (Tante, an die ich mich nicht mehr erinnere). Sehr alt, redet mit mir Malayalam. Verstehe nichts, alle lächeln, eine Viertelstunde lang, dann gehen wir wieder. Bei Simon zu Hause, mit den Kindern spielen, zu Kirche und Friedhof. Meine Großeltern liegen hier und mein Onkel Jakob, der erst vor einem halben Jahr gestorben ist, als Friederike und ich gerade in Guatemala waren. Abends zu Gentlys Familie, essen gehen. Georgi dolmetscht und managt mit seinen zwölf Jahren die gesamte Konversation, die kleine Georgia guckt mit großen Augen, unsere Herzen platzen ein bisschen. Alles ist so niedlich.

Abends fallen wir todmüde ins Bett, es wird die letzte Nacht in Kerala sein.

Das war sie also, die große Familienzusammenführung. Zugegeben im Schnelldurchlauf. Oder auch Schweinsgalopp. Wenn ich jetzt einmal den Finger von der Fast-Forward-Taste nehme und gemäßigten Tempos zurückblicke, dann weiß ich eines ganz gewiss: Die Begegnung mit meiner indischen Verwandtschaft hat mich sehr glücklich gemacht. Die Tage waren übervoll an Begegnungen, sie waren manchmal stressig, aber nie kam ein komisches Gefühl auf, damit meine ich, es hat sich nie falsch oder fremd angefühlt, obwohl wir uns eigentlich nicht kennen, teilweise nur einmal gesehen hatten, und das vor über zwanzig

Jahren. Und damals konnten wir uns noch nicht einmal unterhalten. Wie seltsam es für mich war, dass all die Gesichter von früher plötzlich eine Stimme bekamen, die ich verstand, wie die Menschen durch dieses Wunder Sprache zu Persönlichkeiten wurden, die mich überraschten und auch bestätigten in meinen Eindrücken von damals. Bei manchen dachte ich, ach, das hatte ich mir doch gedacht, dass du ein eher kritischer Zeitgenosse bist, aber von dir zum Beispiel hätte ich nie diesen feinen Humor erwartet, und das war ja klar, dass du niemals erwachsen werden wirst, wie schön das ist!

Für mich, der in Deutschland eine sehr kleine Familie hat, war es auch eine besondere Erfahrung, so viele Menschen, die irgendwie etwas mit mir zu tun haben, um mich herum zu haben. Ich fuhr Tausende von Kilometern um die Welt und endete bei meiner eigenen Familie. Bei meiner zweiten Familie, einem ganzen Clan in Indien.

Eines bleibt noch zu erwähnen: Ich habe gelogen. Ich sah keine Einzige und keinen Einzigen aus meiner Familie die mitgebrachten Ferrero Rochers anrühren. Inder haben es nicht so mit Schokolade, glaube ich. Aber sie mögen Gold und alles, was glänzt.

Bei meinem nächsten Besuch werde ich als Allererstes die Showcases nach goldenen Kugeln inspizieren. Darauf freue ich mich schon sehr. Und auch auf ein Wiedersehen und vielleicht eine Kleinigkeit zu essen.

Die Götter haben gesprochen. Das Ende
Friederike

Heute ist mein Geburtstag! Aber zum Glück weiß das niemand. Ich habe Philipp streng verboten, es seiner Familie zu erzählen, denn *noch mehr* Aufmerksamkeit (und im Zweifel auch noch mehr Essen, ich habe Visionen von riesigen Geburtstagstorten) schaffe ich einfach nicht. Es war unsere letzte Nacht bei seinen Verwandten, wir sind bei Gentlys zauberhafter Familie. Frühmorgens rauscht auch Gelix noch mal an, der uns später zum Flughafen bringen wird. Nachdem Georgi mir noch mal seinen gebastelten Schmuck gezeigt und mir ein paar Stücke geschenkt hat, Gently uns stolz seine selbst gemachten Spiegel vorgeführt hat und Philipp sich schließlich dazu erweichen ließ, einen davon mitzunehmen, überreicht uns auch Gelix zum Abschied noch feierlich zwei glitzernde Rosenkränze, zusammen mit einer Anleitung, wie man dazu betet und wo man dies auch im Internet gemeinsam mit anderen tun kann (ich bin mir nicht ganz sicher, ob ich das richtig verstanden habe). Ich gebe mir Mühe, ihm zu folgen, aber mein Hirn streikt, ich kann einfach nichts mehr aufnehmen, und inzwischen sitzt auch ein kleiner Bartleby in meinem Kopf: I would prefer not to.

Und auch wenn der Abschied von Gently und seiner Familie schwerfällt und traurig ist – wir freuen uns jetzt wirklich auf Goa, unsere nächste Station. Vortrefflich ausgestattet mit Modeschmuck, Rosenkränzen und einem Spiegel in praktischer DIN-A3-Reisegröße geht es nach dem Frühstück per Flieger dorthin. Es ist nicht nur die nächste, sondern gleichzeitig auch die allerletzte Etappe unserer großen Reise. Die Bilder im Kopf gehen so: Urlaubsparadies, Sandstrand, Hängematte. Noch fünf Tage Zeit für uns, um endlich mal runterzufahren. Nix tun. Nichts mehr besichtigen, mit niemandem mehr sprechen. Lesen, schwimmen, schlafen, sonnen, es uns gut gehen lassen. Vielleicht das letzte Dreivierteljahr etwas sacken lassen, wenn das überhaupt irgendwie möglich ist. Endlich auch mal Urlaub, bevor wir uns wieder in Oktober-Deutschland eingewöhnen müssen.

Nachmittags checken wir zu Ehren meines Geburtstags und überhaupt, weil wir es uns jetzt einfach mal verdient haben, in ein hübsches luxuriöses Anwesen ein. Wir haben das größte und schönste Zimmer unserer gesamten Reise, mit eigenem Balkon und einem traumhaften Bad (mit richtiger Dusche!), ausgestattet mit Armaturen aus deutscher Wertarbeit. Es gibt einen großartigen Pool. Rund um das Anwesen ist nichts außer Landschaft. Am Pool ist kein Mensch außer uns. Endlich Ruhe! Es ist herrlich.

Es ist schrecklich. Irgendwie der einsamste Geburtstag meines Lebens. Was nicht daran liegt, dass wir hier ganz allein zu zweit sind. Es ist eine innere Einsamkeit, es ist ein riesengroßer Kater nach dem Dauerrausch. Der ganze Trubel von Indien, die Millionen Eindrücke, das siebentägige Treffen mit Philipps bezaubernder Familie, die ich komplett ins Herz geschlossen habe (Und es waren siebenunddreißig neue Menschen! Mein Herz ist sehr voll jetzt), das Bewusstsein, dass das hier jetzt der Anfang vom Ende ist, dass die letzten Tage der Reise angebrochen sind: Schon jetzt trauere ich darum, dass alles vorbei ist, und gleichzeitig freue ich mich auf zu Hause, ich weiß überhaupt nichts mehr, plötzlich geht alles so schnell. Ich fühle mich unglaublich fehl am Platz.

Wir sind leer, so leer.

Entsprechend verstört machen wir uns am Abend auf den Weg in einen der kleinen Strandorte, wo Philipp ein traumhaft schönes Restaurant für mein Geburtstagsessen gefunden hat.

Bambushölzerne offene Terrassen, weiche Sofas mit vielen Kissen, orangerote Lampen, man riecht das Meer, es weht eine zarte Brise – und es gibt Wein und italienische Küche, das ist nach sieben Tagen Reis mit Fleisch, dreimal täglich wohlgemerkt, eine unschätzbare Freude. Uns geht es gut. Und dann auch wieder nicht. Wir können nicht fassen, dass das alles vorbei sein soll, unser Ausbruch aus dem Leben, unser neues Leben.

Ich will genießen und mich verwöhnen lassen, aber irgendetwas in mir klemmt einfach. Und dann passiert etwas Unfassbares: Ich nehme Musik wahr, einen Song, der im Restaurant läuft, ich mag den Klang, die Melodie, ich sage noch zu Philipp: »Schönes Lied!«, und in dieser Sekunde bricht die Erkenntnis über mich herein. Das ist *mein* Südamerika-Lied. *Mein* Reise-Lied. Der Soundtrack Hunderter Busfahrten und vorüberziehender gewaltiger Landschaften. Ein relativ unbekanntes Lied, das ich noch nie an einem öffentlichen Ort gehört habe. Das mich monatelang begleitet hat. Wie kann es sein, dass das hier und jetzt, in dieser Bar in Goa, an meinem Geburtstag, am Anfang vom Ende, läuft? Vor meinen Augen sofort sämtliche Bilder unserer Reise, in Türmen übereinandergestapelt, ein endloser Film, ein Strudel. Und die Tränen fließen. Und wollen nicht mehr aufhören.

Es ist Nebensaison in Goa, die Strände sind nicht sehr einladend, wir sind in den seelenlosen Küstenort mit dem schönen Restaurant umgezogen, unsere Tage und Abende bestehen darin, immer wieder dieselbe Touristenmeile entlangzutrotten, auf und ab, hoch und runter. Wir merken, dass wir tatsächlich am Ende sind; am Ende unserer Reise, aber auch am Ende unserer Kräfte und Begeisterungsfähigkeit. Es blitzt immer wieder auf, das Gefühl, wir müssen es doch noch auskosten! Wir sollten Roller mieten und durch die Gegend düsen, Goa erkunden! Allein, wir können einfach nicht mehr. Der Kater hat uns fest im Griff.

Noch ein allerletztes Mal sitzen wir mit einem Kingfisher-Bier am Strand und schauen der Sonne dabei zu, wie sie im Meer verglüht. Dann reisen wir für den Abschluss nach Panaji,

Goas Hauptstadt im Landesinneren. Die mögen wir, es ist alles sehr portugiesisch, und in Portugal sind wir sehr verliebt. Lustig, mitten in Indien durch einen portugiesischen Ort zu schlendern, in einer portugiesischen Pension zu wohnen und ein fantastisches portugiesisches Restaurant zu entdecken. Ein bisschen ist es auch wie die erste Etappe des Zurückkehrens – immerhin schon mal Europa, wir pirschen uns langsam an Deutschland heran. Dennoch überwiegt unsere Plattheit; wir bewegen uns nur noch wenig, sind nicht mehr in der Lage, die Zeit aktiv zu befüllen. Das große Warten hat begonnen, das Warten auf ein unabdingbares Ende, und fast wünschen wir es uns mittlerweile herbei, damit wir endlich dieses elende Zwischenreich des Gefühlschaos' verlassen können.

Aber nur fast. In Wahrheit wünschen wir uns natürlich, dass die berühmte gute Fee vorbeikommt und uns mitteilt, dass wir nicht nach Hause müssen. Dass sie einen nimmer versiegenden Geldstrom angezapft hat und wir für immer so weiterleben dürfen. Frei sein dürfen.

Tja, was soll ich sagen? Die blöde Fee kommt einfach nicht.

Und so tritt er ein, der völlig unrealistische aller-, aller(!)-letzte Abend unserer Weltreise. Wir können es nicht glauben, wir haben uns noch nie so merkwürdig roh gefühlt. Noch einmal gehen wir in ein nettes Restaurant in der Nähe der fetten Kasinoschiffe auf dem Fluss. Und so sitzen wir da. Auf einem winzigen gusseisernen Balkon in Indien, über einer Gasse mit portugiesischen Häusern. Schauen dem abendlichen Treiben zu. Trinken guten Wein und Goas Nationalschnaps Feni, essen leckeres Essen, keine Ahnung, was. Fotografieren die von oben bis unten vollgeschriebene und -gemalte Wand des Restaurants. Mittendrin in dem Gewirr aus Buchstaben und Bildern ein großer, deutlicher Spruch. Auf Deutsch. »Nirgends seid ihr sicher«, sagt die Wand. Wir haben jetzt Angst.

Und dann, dann passiert es. Das alles, das innere Gebeuteltsein der letzten Tage, ist wohl einfach zu viel: Ich drehe vollkommen durch, mein Hirn hat eine Fehlzündung! Plötzlich habe ich eine Stimme im Kopf, eine deutschsprachige Stimme, die irgendwas von Abschied faselt. Hat uns wieder jemand Bhang untergejubelt?

Unsicher gucke ich zu Philipp. Der schaut mich im selben Moment genauso seltsam an, wie ich mich fühle.

»Hörst du das auch?«, frage ich.

»Ist das Deutsch?«

»Ist das Volksmusik?«

»Läuft das hier?«

Und dann vernehmen wir es beide, ganz deutlich, unmissverständlich. Es ist Andy Borg. Und er singt, hier in diesem Restaurant, in Indien, aber gleichzeitig auch irgendwie in Portugal, am letzten Abend unserer Reise durch sechzehn Länder, auf Deutsch, zu uns:

»Auf Wiiiederseh'n, der Abend waaar so schöön!«

Wir gucken uns an, sprachlos, dann sagt einer: Das ist ja lustig. Und keiner lacht. Ich bekomme einen furchtbar psychotischen AndySchmierlappenBorgAufWiedersehen-

Ohrwurm, den ich durch lautes Singen zu vertreiben
versuche, und Friederike setzt ein Gesicht auf, das ich
bisher nur vom Hörensagen kannte: Ein Auge lacht, eins
weint. (P.)

Dann ein lautes Rauschen. Der Kellner dreht den Schlagersender raus und Restaurantuntermalungslala rein. Harter Schnitt auf Realität.

Natürlich finden wir heute kein Ende. Wir gehen in eine der düsteren indischen Spelunken, nehmen uns noch Bier mit und sitzen die halbe Nacht vor der kleinen Kirche neben unserer Pension, mit unseren Freunden, den Straßenhunden. Wir nehmen Abschied, endlich. Wir weinen.

Passenderweise sind wir am nächsten Tag völlig verkatert. Und der Flug von Goa nach Mumbai wurde verschoben, sodass wiederum unser Anschluss nach Frankfurt fraglich ist. Wir beschließen, einen früheren Flug nach Mumbai zu nehmen. Die Taxifahrt zum Flughafen dauert ewig. Etliche Dörfchen müssen durchquert werden, der Fahrer hat es auch nicht sonderlich eilig. Wir fahren und fahren. Die Uhr tickt. Dann, natürlich: Reifenpanne. Die erste und einzige auf unserer gesamten Reise! Mich wundert gar nichts mehr nach meinem Geburtstagslied, der sprechenden Wand und Andy Borg. Indien will nicht, dass wir gehen, ich hab's verstanden. Wir stehen mitten im Dschungel, und das Auto ist kaputt. Der Fahrer findet das ziemlich lustig. Mir ist inzwischen fast alles egal. Tschüss, Rückflug. Liebe Familie, Freunde, Kollegen: Wir bleiben doch hier, sorry, nicht unsere Entscheidung!

Aber nein: Ein anderes Auto naht, hält an, wir steigen ein. Der Mann fährt uns zum Flughafen. Jetzt also wohl doch.

Und dann ist plötzlich alles vorbei.

Danke!

Es gibt viele, viele Menschen, ohne die dieses Buch niemals entstanden wäre und die uns während der Arbeit daran unglaublich unterstützt haben. Sie alle hier namentlich aufzuzählen, würde völlig ausufern. Deshalb:

Ein riesengroßes Dankeschön an unsere Familien, an unsere fantastischen Freunde und natürlich an all die tollen Menschen vom Verlag Kiepenheuer & Witsch!

Euer geduldiges Zuhören und Mitdiskutieren, Eure kritischen Meinungen und eigenen Ideen, Eure Vorfreude auf das fertige Buch oder auch Euer unermüdliches Mutmachen, wenn unsere Nerven blank lagen, waren uns eine riesige Hilfe. Dafür sind wir Euch allen unendlich dankbar!